保险本原

一个保险人的心灵路标

王长明◎著

中国商务出版社
CHINA COMMERCE AND TRADE PRESS

图书在版编目（ＣＩＰ）数据

保险本原 / 王长明著 . -- 北京：中国商务出版社，
2018.8
ISBN 978-7-5103-2506-9

Ⅰ.①保… Ⅱ.①王… Ⅲ.①保险业—研究—中国
Ⅳ.① F842

中国版本图书馆 CIP 数据核字（2018）第 162629 号

保 险 本 原
BAOXIAN BENYUAN

王长明　著
出　　　版：中国商务出版社
地　　　址：北京市东城区安定门外大街东后巷 28 号　邮编：100710
责任部门：商务与法律事业部（010-64245686）
责任编辑：陈红雷

总 发 行：中国商务出版社发行部（010-64266193　64515150）
网　　　址：http://www.cctpress.com
邮　　　箱：cctpress1980@163.com
排　　　版：中尚图
印　　　刷：北京盛彩捷印刷有限公司
开　　　本：710 毫米 × 1000 毫米　　1/16
印　　　张：19　　　　　　　　字　　数：289 千字
版　　　次：2018 年 8 月第 1 版　　印　　次：2018 年 8 月第 1 次印刷
书　　　号：ISBN 978-7-5103-2506-9
定　　　价：59.80 元

前　言

很早就想写一本关于保险的书，列了许多题目和提纲，由于工作繁忙就放下了，2017年恰是从业30年，久拖的愿望一定要实现，于是写了这本《保险本原》送给自己以作纪念。如果顺带对看到此书的人有所启发，那就再好不过了。

之所以写《保险本原》是深思熟虑过的。保险的本质是什么、保险究竟有什么用、怎样定位保险、评价保险、保险业有哪些问题、未来行业的发展方向等构成了本书的主要内容。多年从业的经历、保险行业的火热现实、社会对保险的议论等是写这本书的心灵路标。

《保险本原》不是教科书，不是学术专著，不是故事书，不是励志书，没有教科书的条理结构，没有学术专著的精确严谨，没有故事书的情景桥段，更没有励志书的激情澎湃，而是一本平铺直叙、中规中矩的类专业书籍。它可能不会成为爆款畅销书，但读了它可能会使您多了一个看保险的窗口。

这本书在这几个方面我是思考比较多的：第一，结构布局。四个部分看似老套，实际紧扣主题。第二，书写体裁。每一小段里的重要事件、人物、名词等都在本段下面直接解释，避免集中注释，读者查找、翻阅不便。第三，特别思考。保险功能、保险作用、保险定位、保险评价等方面有实质性的突破性思考。第四，赋能与创造。扩充保险密度内涵，创造保险广度和保险力度两个新概念，创建新的保险评价指标体系。只有思考，没顾对错。以上诸多，缘于作者水平有限且极不成熟，不当之处还望广大读者朋友指正。

本书将要收笔之时，恰逢中国保险监督管理委员会撤销，保监会与银监会合并成银行保险监督管理委员会，开启了中国保险业的新时代。此书的完稿也是一个时代的结束和新时代的开始。

　　此书写作过程中得到了老领导、老同事及家人的指点和帮助，包括对有些内容给出的专业的建议，对篇章结构、数据分析、内容取舍等方面的指点，以及家人在物质和精神上的鼓励和支持等。虽然著作水平不高，若没有这些支持和帮助，完成书稿也是不可能的，在此一并感谢。

王长明

2018 年 3 月　哈尔滨

目　录

第一部分
保险产生和发展

人类自诞生之日起，就面临着自然灾害和意外事故的侵扰，同时生、老、病、死、残等各类风险时刻存在。人类祖先一直孜孜不倦地寻求规避风险的办法，出现了诸多抵御自然灾害和应对风险的保险思想和保险原始形态。

有的历史学家把人类的发展史大致分为五个时期：远古时代（地球产生到公元前5000年），上古时代（公元前4999年—475年），中古时代（公元476年—1639年），近代（1640年—1917年），现代（1918年—现在）。本书采用这种分类。

远古时代没有文字记载，那个时候发生的事件无法考证。据文字记载，保险原始形态可追溯到上古时代，发源于古巴比伦、古埃及、古罗马、古希腊和古代中国等文明古国。中古时代产生了商业保险，14世纪出现了第一张保险单，海上保险随之快速发展。近现代，海上保险持续发展，火灾保险、人寿保险、责任保险陆续出现，承保的风险由简单的海上灾害到火灾、爆炸、飓风、地震巨灾风险、特殊风险等，保险业蓬勃发展。

伴随着人类文明进步，保险从萌芽到成熟已经走过了几千年！

第一章 上古时代保险

上古时代（公元前4999年—475年）是古史分期中的一个阶段，指自古代文明产生，到西罗马帝国灭亡这段时间。

古巴比伦保险

英国学者托兰纳认为，保险思想起源于巴比伦，传至腓尼基，再传入希腊。《汉穆拉比法典》是最早有关保险的法规吗？

古埃及保险

公元前4000年，修建金字塔的石匠中的互助会组织，具备了互助保险的雏形。

古希腊保险

腓尼基分担航海风险的思路和办法、古希腊船货抵押借款制度、古老的《罗得法》是海商法的渊源吗？

古罗马保险

布匿战争期间，政府向商人收费以补偿船货损失、成立的各雷基亚共济组织、古罗马帝国时代的士兵组织，是人寿保险的萌芽吗？

古中国保险

帝国的仓储、赈济制度，分舟运货的分摊制度，转嫁风险的镖局制度，互助的长寿会习俗等出现很早，而真正的商业保险没有出现。

一、古巴比伦保险

公元前 20 世纪，古巴比伦国王命令僧侣、法官、市长等，对其所辖境内居民征收赋金，以备救济火灾及其他天灾损失之用。

古巴比伦王国是人们已知的历史最悠久的古代东方国家之一，位于美索不达米亚地区。美索不达米亚是世界上最早的文明发源地之一，《圣经》中称为"伊甸园"，意为"两条河中间的地方"，位于亚洲西部，今天的伊拉克、伊朗、叙利亚一带。公元前 3500 年后，"苏美尔人"先后在这里建立了很多奴隶制城邦，其间不断地出现政权更迭，使国家一直处于无序状态。

苏美尔人：历史上两河流域早期的定居民族。他们所建立的苏美尔文明是整个美索不达米亚文明中最早，同时也是全世界已知最早产生的文明。苏美尔文明的开端可以追溯至公元前 4000 年，约结束在公元前 2000 年，被阿摩利人建立的巴比伦所代替。苏美尔人发明了人类最早的象形文字——楔形文字，将图形符号固定下来形成文字，用三角形尖头的芦苇秆刻写在泥板上，为目前公认的最早的文字记录，可以被定期约为公元前 36 世纪。

巴比伦曾一度向北方的亚述称臣，后利用其地理条件的优势，逐渐发展壮大，但直到汉谟拉比继位之后，巴比伦才成为一个强国。

公元前 18 世纪初，巴比伦第六位国王汉谟拉比继承城邦王位。他十分勤政，兴修水利，奖励商业，组织了一支常备军，征服南北诸城并建立中央集权的专制制度，颁布了《汉谟拉比法典》。征服活动大约进行了 35 年，耗尽了汉谟拉比的生命，两河流域已基本统一在汉谟拉比的铁腕下。

《汉谟拉比法典》被认为是世界上最早的一部成文法典，竭力维护不平等的社会等级制度和奴隶主贵族的利益。其中两个最著名的原则是"以眼还眼"和"让买者小心提防"。法典全文用楔形文字铭刻在一根高 2.25 米，上周长

1.65 米，底部周长 1.9 米的黑色玄武岩石柱上，又称"石柱法"，共 3500 行，分为序言、正文和结语三部分，正文共有条文 282 条。

《汉穆拉比法典》的主要内容包括：法院、诉讼、盗窃处理、租赁、雇佣、商业高利贷、债务关系、家庭和婚姻、伤害赔偿以及劳动工具和奴隶地位等方面的规定等。它为后人研究古巴比伦社会经济关系和西亚法律史提供了珍贵资料。

法典包含大量调整手工业和商业的规范，有关财产、契约的规定，几乎占全部条文的一半。其中规定："商人可以雇佣一个销货员去外国港口销售货物，当其航行归来商人可以收取一半的销售利润；若销货员未归，或归来时既无货物也无销售利润，商人可没收其财产，甚至将其妻子作为债务奴隶，但若货物是被强盗劫夺，则可以免除销货员的债务。这被认为是保险原始形态的雏形。"[1]

有人认为《汉穆拉比法典》是有关保险的最早法规，我认为该法典只是保险法律的萌芽。

二、古埃及保险

古埃及位于非洲东北部"尼罗河"中下游，这里曾经建立起世界上第一个统一的奴隶制国家。早在氏族社会末期，古埃及就出现了城市。

据记载，公元前 4000 年末，尼罗河沿岸出现了几十个以原始城市为中心的奴隶制小王国。各小王国为了争夺土地、水源、奴隶和财富，经常进行战争。几百年后形成了两个霸主王国——南方河谷地带的上埃及和北方三角洲地带的下埃及。

公元前 3100 年，上埃及打败了下埃及，建立了初步统一的古代埃及国家。古埃及有自己的象形文字系统、完善的政治体系、稳定的国家体制和多神信仰的宗教系统，国王称为"法老"，是古埃及最大的奴隶主，拥有至高无上的权

---

[1]　中国保险行业协会编，《保险原理》，中国金融出版，2016。

力，被看作神的化身。他们为自己修建了巨大的陵墓——"金字塔"，金字塔是法老权力的象征。古埃及文明迅速超越两河流域文明。

公元前332年，希腊马其顿王亚历山大大帝侵入埃及，灭波斯王朝，结束了延续3000年之久的法老时代。到公元前30年归入罗马，埃及共经历了31个王朝。古埃及文明对后世的古希腊、古罗马、犹太等文明产生了巨大影响。

尼罗河：一条流经非洲东部与北部的河流，自南向北注入地中海。与中非地区的刚果河以及西非地区的尼日尔河并列非洲最大的三个河流系统。全长6670公里，是世界上最长的河流。有两条主要支流，白尼罗河和青尼罗河。发源于埃塞俄比亚高原的青尼罗河是尼罗河下游大多数水和营养的来源，白尼罗河则是两条支流中最长的。

法老：是古埃及国王的尊称，也是一个神秘的名字。在古王国时代（约前2686～前2181）仅指王宫，并不涉及国王本身。新王国第十八王朝起，开始用于国王自身，并逐渐演变成对国王的一种尊称。第二十二王朝以后，成为国王的正式头衔。习惯上把古埃及的国王通称为法老。法老作为奴隶制专制君主，掌握全国的军政、司法、宗教大权，其意志就是法律，是古埃及的最高统治者。法老自称是太阳神之子，是神在地上的代理人和化身，令臣民将其当作神一样来崇拜。

金字塔：古埃及帝王陵墓，主要分布在古埃及的上埃及、中埃及、下埃及，今苏丹和埃及境内。现在的尼罗河下游，散布着约80座金字塔遗迹，大小不一。其中最高大的是胡夫金字塔，高146.5米，底周长230米，共用230万块平均每块2.5吨的石块砌成，占地52000平方米。石块之间没有任何黏着物，靠石块的相互叠压和咬合垒成。在胡夫拉金字塔前，还有一尊狮身人面像守卫着法老们的陵墓，象征国王权力与尊严。金字塔被称为世界八大建筑奇迹之一。

在古埃及，修建金字塔的石匠中有一种互助会组织，向每个成员收取会费，用来支付个别成员伤亡后的丧葬费。这种通过互助的方式，用集体的力量解决个人经济困难的形式，具备了互助保险的雏形。

横越沙漠的犹太商队之间，对丢失骆驼的损失，也采用互助共济的方式进行补偿。

三、古希腊保险

在地中海东岸，有个以航海业闻名的"腓尼基"帝国。由于航海业风险极大，大约公元前 2000 年的时候，商人们通过长期实践，摸索出了分担风险的思路和办法，即当船舶航行中发生危急情况时，船长可做出抛弃货物的决定，以保全其他船货和人身安全。由此引起的损失，由获益的船货各方进行分摊。

腓尼基：古代腓尼基大约相当于今黎巴嫩地域。古代的腓尼基并非指的一个国家，而是整个地区。腓尼基从未形成过统一国家，公元前 5000 年，腓尼基就有人居住。公元前 1200 年—前 800 年，腓尼基得以独霸地中海，控制了通往印度的航线，此外还控制了北经叙利亚到亚述和亚美尼亚的路线。公元前 800 年左右，腓尼基开始衰败，商业优势逐渐颓废。而希腊城邦此时开始逐渐强盛起来，夺取腓尼基人在海上的殖民地和市场。公元前 500 年左右，希腊人在东地中海占据了上风。

在"古希腊"，曾盛行过一种团体，即组织有相同政治、哲学观点或宗教信仰的人或同一行业的工匠入会，每月交付一定的会费，当入会者遭遇意外事故或自然灾害造成经济损失时，由该团体给予救济。

古希腊（公元前 800 年—公元前 146 年），位于欧洲南部，地中海的东北部，包括今巴尔干半岛南部、小亚细亚半岛西岸和爱琴海中的许多小岛。公元前 5 世纪—前 6 世纪，特别是希波战争以后，经济生活高度繁荣，产生了光辉灿烂的希腊文化，对后世有深远的影响。古希腊人在哲学思想、历史、建筑、文学、戏剧、雕塑等诸多方面有很深的造诣。这一文明遗产在古希腊灭亡后，被古罗马人延续下去，从而成为整个西方文明的精神源泉。公元前2000年前后，爱琴文明发祥于克里特岛，后来文明中心移至希腊半岛，出现迈锡尼文明。克里特岛文明与迈锡尼文明合称爱琴文明，历时约800年，它是古代希腊文明的开端。

公元前916年，在地中海的"罗德岛"上，国王为了保证海上贸易的正常进行，制定了《罗德海法》，规定，"凡因减轻船只载重投弃入海的货物，如为全体利益而损失的，须有船主、所有货主全体共同分摊。"这是海上保险的萌芽。体现了海上保险的分摊损失、互助共济这一保险的基本原理。《罗德海法》把这种做法首次用法律条文固定下来。几个世纪后，罗马法典对此作了更具体的规定，使其得以推广并流传至今。

罗德岛： 名称来自于古希腊语中的玫瑰，罗德岛是希腊第四大岛，爱琴文明的起源地之一，地处爱琴海东南部，爱琴海和地中海的交界处，其中心距离雅典约430公里。罗德岛与土耳其隔海相望，距离土耳其东岸约17公里。罗德岛有相当古老的神话，称是太阳神和女神罗得结合的产物。在希腊化时期，这个岛屿的鼎盛时期，人们竖立起一个巨大的太阳神雕塑，成为古代世界七大奇迹之一。罗德岛以它的文学气质和独特的历史内涵成为爱琴诸岛中的一颗明珠。

共同海损分摊制度起源于爱琴文化。古希腊南端爱琴海诸岛中间，商船往返频繁。最初船、货为一人所有，后来产生了接受承运业务。当发生航行危险时，抛弃一部分承运货物，以减轻船载，避免船货全部倾覆，而后共同承担海损损失，在当时已形成习惯。罗马法有成文规定，最初见于《十二铜表法》中。《十二铜表法》又称《十二表法》，是古罗马国家立法的纪念碑，也是最早的罗马法文献。公元前5世纪时，罗马的法律还是习惯法，它的解释权操在贵族法官手里。法官利用这个权利为贵族谋利益。平民要求制定成文法，经过长期的斗争，于公元前 449 年逼使贵族成立十人委员会（十人团）制定和公布了成文法。因这个文法刻在十二块牌子（铜表）上而得名。后被欧洲各国引用，形成本国的法律，如波罗的海《维斯比法集》、荷兰《阿姆斯特丹法》、比利时《佛兰德法》、意大利《热那亚法》、西班牙《加泰罗尼亚法》等。

共同海损指在同一海上航程中，当船舶、货物和其他财产遭遇共同危险时，为了共同安全，有意地、合理地采取措施所直接造成的"特殊牺牲"、支付的"特殊费用"，由各受益方按比例分摊的法律制度。共同海损的措施必须是有意的、合理的、有效的。因此共同海损的成立应具备一定的条件，即海损的损失必须是特殊的、异常的，并由共损措施直接造成。

特殊牺牲：即共同海损牺牲包括抛弃货物、为扑灭船上火灾而造成的货损船损、割弃残损物造成的损失、机器和锅炉的损害、作为燃料而使用的货物、船用材料和物料、在卸货的过程中造成的损害等。

特殊费用：即共同海损费用包括救助报酬、搁浅船舶减载费用以及因此而受的损害、避难港费用、驶往和在避难港等地支付给船员的工资及其他开支、修理费用、代替费用、垫付手续费和保险费、共同海损损失的利息等。

船货抵押借款这一古老的做法起源于何时已无从考究，船货抵押借款制度产生于古老的《罗得法》，船货抵押借款在公元前 800 至前 700 年间已很盛行。这种借款制度规定，当船舶在海运途中急需用款时，船东可以船舶或货物抵押，向高利贷者借款。如果船货安全抵达目的地，须还本付息，如果船货中途发生损失，则可免去借款人部分甚至全部债务。船货抵押借款制度是贷款与损失保障的结合，它已具备了保险的基本要素和特征。借贷双方同时相当于保险当事人，船舶或货物相当于保险标的，一旦船货受损，免去借款人部分或全部债务，等于用借款预付了赔款。由于贷款人要冒很大的风险，为了保证自身利益，只能采用高利率，利率通常为本金的 1/3 或 1/4。

这种利率实际包含两部分，一部分为当时一般借贷利率，另一部分相当于保险费率，即超出一般借贷利息的超额利息相当于保险费。保险费率应与船货损失概率直接相关。船货抵押借款制度是海上保险的雏形。现在以船货抵押的方式借款已经非常鲜见。

四、古罗马保险

古罗马指从公元前 9 世纪初在意大利半岛中部兴起的文明，古罗马先后经历"罗马王政时代"（公元前 753—前 509 年）、"罗马共和国"（公元前 509—前 27 年）、"罗马帝国"（公元前 27—476 年 /1453 年）三个阶段，存在长达一千年。公元前 3 世纪至前 2 世纪，罗马为争夺地中海霸权，掠夺资源与奴隶，同地中海西部强国迦太基进行了三次战争。公元前 2 世纪，罗马成为地中海霸主。

罗马王政时代：又称为罗马王国，伊特鲁利亚时期，是罗马从原始社会的公社制度向国家过渡时期。此时的古罗马还没有成为强大的帝国，尚未建立共和国，是一个传统的君主制国家。

罗马共和国：公元前 509 年罗马废除"王政"，开始了近 500 年的罗马共和国时期。从公元前 3 世纪中叶起，罗马共和国逐步向海外扩张，通过布匿战争、马其顿战争和叙利亚战争，确立了在地中海地区的霸权。这一时期，罗马基本完成疆域扩张，到公元 1 世纪前后成为横跨欧亚非、称霸地中海的庞大罗马帝国。公元前 27 年，罗马元老院授予屋大维"奥古斯都"的尊号，建立元首制，成为事实上的皇帝，罗马共和国宣告结束。

罗马帝国：西罗马帝国于 476 年灭亡，东罗马帝国于 1453 年灭亡，存在一千多年，是古罗马文明的一个阶段。罗马共和国的扩张使罗马超出了一个城邦的概念，成为一个环地中海的多民族、多宗教、多语言、多文化大国。

安敦尼王朝皇帝图拉真在位时（公元98年—117年），罗马帝国达到极盛，经济空前繁荣，疆域也达到最大：西起西班牙、高卢与不列颠，东到幼发拉底河上游，南至非洲北部，北达莱茵河与多瑙河一带，地中海成为帝国的内海，全盛时期控制了大约500万平方公里的土地，是世界古代史上国土面积最大的君主制国家之一。

公元395年，狄奥多西一世将帝国分给两个儿子，从此罗马帝国一分为二，实行永久分治。410年，日耳曼的西哥特人进入意大利，围攻罗马城，此后在西罗马帝国境内建立西哥特王国。476年，西罗马最后一个皇帝被废黜，西罗马灭亡。西罗马帝国灭亡后，欧洲进入了近一千年的中世纪（公元476年—1453年）。公元1453年，奥斯曼帝国攻破君士坦丁堡，东罗马帝国（拜占庭帝国）灭亡。

公元前264年—前146年"布匿战争"期间，古罗马人为了解决军事运输问题，收取商人24%~36%的费用作为后备基金，以补偿船货损失。

布匿战争： 在古罗马和古迦太基两个奴隶制国家之间，为争夺地中海西部统治权而进行的战争。两国为争夺地中海沿岸霸权发生了三次战争；第一次布匿战争（前264年—前241年），主要是在地中海上的海战。开始在西西里岛交战，接着罗马进攻迦太基本土，迦太基被打败。第二次布匿战争（前218年—前201年），迦太基主帅汉尼拔率6万大军穿过阿尔卑斯山，入侵罗马，罗马则出兵迦太基本土，汉尼拔回军驰援，迦太基战败，丧失全部海外领地，交出舰船，并向罗马赔款。第三次布匿战争（前149年—前146年），罗马主动进攻，长期围困迦太基城，最后迦太基战败惨遭屠城，领土成为罗马的一个省份。布匿战争的结果是迦太基被灭，迦太基城也被夷为平地，罗马争得了地中海西部的霸权。

据多种资料显示，公元前133年，在古罗马成立的各雷基亚共济组织，向加入该组织的人收取100阿斯，和一瓶敬人的清酒。另外每个月收取5阿斯，积累起来成为公积金，用于丧葬的补助费，这是人寿保险的萌芽。

古罗马帝国时代的士兵组织，以集资的形式为阵亡将士的遗属提供生活费，逐渐形成保险制度。

五、古中国保险

中国是最早发明风险分散这一保险基本原理的国家。公元前3000年，中国的商人就将风险分散原理运用在货物运输中。我国长江流域的粮食商人在运输中常采用""分舟送米""的方法，将所要运送的粮食分装在同一航程的几艘船上，以免单船运输风险过于集中，体现了分散风险的原理。

分舟送米：传说在3000多年以前，即商朝末周朝初，有一个年轻的在长江上做生意的四川商人名叫刘牧，提出要改变过去那种把货物集中装载在一条船上的做法，而把货物分装在不同的船上。开始时很多商人都反对这种做法，因为如果采取这种做法，就要与别的商人打交道，还增加了货物装卸工作量。但经过努力地说服，刘牧成功了。采取这种办法后的第一次航行，果然发生了事故，船队中有一艘船沉没了。但由于采取了分装法，使损失分摊到每个商人头上后，损失就变得小了，大家都避过了灭顶之灾。这种分散风险的方法在长江运输货物的商人们中被广泛地接受，进而得到了发展。

镖局是我国特有的一种货物运输保险的原始形式。商人交"镖局"承运货物，俗称"镖码"（相当于保险标的）。货物须经镖局检验，按贵贱分级，根据不同等级确定"镖力"（相当于保险费率），据此收费签发"镖单"（相当于保险单）。货到目的地，收货人按镖单验收后，在镖单上签注日期，加盖印章，交护送人带回，以完成手续。镖局的这些手续与现代保险的承保手续大致相同。

镖局：最早时叫镖行，是专门为别人保护财物或人身安全的机构。古时候交通很不方便，路上不安全，在这种情况下，保镖行业应运而生。随着社会的发展，镖局承担的工作越来越广泛，业务已经不再局限于承接、保送一般私家财物，就连地方官上缴的饷银也靠镖局运送。人们在生意中的一些汇款业务，也由镖局承当。后来，商号、票号、银行等也来找镖局帮忙。镖局在中国存在了五百年之久，于20世纪20年代消失。

2500年前的"春秋时期"，孔子专门阐述过"三年耕必有一年之食，九年耕必有三年之食，以三十年之通，虽有凶旱水溢，民无菜色，然后天子食日奉为乐"的道理。他主张"老有所终，壮有所用，幼有所长；鳏寡孤独废疾者皆有所养"。认为一个国家必须建立应付灾害意外的后备，以为振恤救济之用。荀子提出"节用裕民，而善藏其余""岁虽凶败水旱，使百姓无冻馁之患"的理论。这些可谓是中国最古老的风险防备思想。

春秋时期：（公元前770年—前476年），儒家文化的创始人孔子编了一部记载当时鲁国历史的史书《春秋》，这部史书记载的时间跨度与东周的前半期大体相当，后人就将这一历史阶段称为春秋时期。

在古代中国漫长的社会里，农业生产一直占据主导地位，仓储制度也应运而生。历代所形成的"储粮备荒，赈济灾民"的传统制度，如委积、常平仓和义仓等，由政府统筹，具有强制性，起到了防灾防损的作用。历史悠久的各种仓储制度是我国古代原始风险管理的一个重要标志，具有社会保障的萌芽和雏形。

委积：① 谓储备粮草，"大宾客，令野脩道委积"（《周礼·地官·大司徒》）、"凡储聚禾米薪刍之属，通谓之委积"（《周礼正义》）、"贼千里孤军，后无委积，求战不得，自然瓦解"（《南齐书·高帝纪上》）；② 泛指财物，货财，"是故军无辎重则亡，无粮食则亡，无委积则亡"（《孙子兵法》）；③ 聚积，堆积，"材朴委积兮，莫知余之所有"（《楚辞》）、"然其所徵之物，或委积经年，至腐朽不可复用"（《金史·河渠志》）。

常平仓：中国古代政府为调节粮价，储粮备荒而设置的粮仓。在市场粮价低的时候，适当提高粮价进行大量收购，不仅使朝廷储藏粮食的太仓和甘泉仓都充满了粮食，而且边郡地方也仓廪充盈。在市场粮价高的时候，适当降低价格进行出售。这一措施，既避免了谷贱伤农，又防止了谷贵伤民，对平抑粮食市场和巩固封建政权起到了积极作用，在一定程度上反映了人民群众的利益和愿望。

义仓：隋开皇三年度支尚书见天下州县多罹水旱，奏令民间每秋家出粟麦一石以下，贫富差等，储之闾巷，以备凶年，名曰义仓。隋文帝表彰并采纳其建议。唐太宗于贞观二年（公元 628 年）再置义仓。王公以下一般百姓亩纳粟两升以备灾年赈给，由官府管理。唐高宗永徽二年（公元 651 年）改为按户出粟，上上户五石，余各有差。自武则天末年起，便以义仓粮解决国家财政困难。唐玄宗以后更把义仓税定为国家正式赋税收入。义仓在历史上时废时设。

古代百姓的生老病死难以依赖政府，于是民间设有长寿会、宗亲会、孝亲会和寿缘会等社会组织。该类组织由会员自筹资金或用宗族祠堂部分共产，当入会人员死亡时支付寿金，给予死者殡葬和遗孤抚恤等物质上的帮助，这是养老保险的雏形。

由于我国古代中央集权的封建制度和重农抑商的传统观念，社会保险性质的仓储、赈济制度、分舟运货的风险分摊制度、转嫁风险的镖局制度、互助的长寿会习俗等出现很早，而真正的商业保险出现较晚，发展滞后。

第二章 中古时代保险

中古时代（公元 476 年—1639 年），从西罗马帝国灭亡后，到英国资产阶级革命爆发之前的这段时期，被称为中古时代。

相互保险

这是一种历史悠久的保险业组织形式，起源于古代的互助团体。历经数百年的发展，至今仍是保险市场主流的组织形式之一。"基尔特"组织是相互保险的前身。"友爱社"和"互助社"等都是相互保险组织。

海上保险

海上保险缘于海上贸易，意大利是海上保险的发源地。大约在 14 世纪，海上保险在西欧各地流行，逐渐商业化和专业化。1347 年，开出了世界上最早的保险单。

再保险

再保险产生于欧洲，第一份再保险合同诞生于热那亚，开始再保险仅限于海上保险。19 世纪中叶，再保险在欧美普及。

保险立法

保险史上最早的保险法规是《汉谟拉比法典》《罗德海法》，还是中世纪的三大海法？《海上保险法》源于海商法，保险法是从海商法中逐渐脱离而成。

一、相互保险

中古时期的欧洲，随着商业与手工业的不断发展，在自由城市与海滨地区，逐渐产生了一种新的联合组织"兄弟会"、又称"友谊会""协会""联盟"等。这是一种具有相互扶助性质的、旨在保护成员利益的互助保险组织。会员入会时，必须交纳一定的会费，以建立共同的互助基金。

这个时期的欧洲没有一个强有力的政权，封建割据、战争频繁，宗教对人民思想的禁锢，造成科技和生产力发展停滞，人民生活在毫无希望的痛苦中，所以中世纪（公元476—1453年）或者中世纪早期在欧美普遍被称作"黑暗时代"，传统上认为这是欧洲文明史上发展比较缓慢的时期。

4世纪，冰岛曾被称为"雾岛"，东临挪威海，北临格陵兰海，西北隔丹麦海峡和格陵兰相邻，东北部为挪威海，南界大西洋。由于海岛远离大陆，交通不便，很少有人光临。公元864年，航海家弗洛克踏上岛岸，冰岛真正被"发现"，后纳维亚人、爱尔兰人、苏格兰人纷至沓来，把该岛命名为"冰岛"。1118年，冰岛设立黑瑞甫制度，成立保险互助社，互助社对火灾及家畜死亡所致的损失承担赔偿责任。

中世纪中期，最富特征性的现象是出现了行会组织。它是由同一手工业或商业的从业人员组成的，有的是为了促进共同利益，有的是为了福利目的和共同的宗教信仰，还有的完全是为了交际目的。它于11世纪后发达起来，12世纪波及整个欧洲大陆，席卷了城市与乡镇。商人、船员、工匠、画家、教师、演员、猎人、农人、僧人等，都成立了行会。商人行会始于9世纪，在12世纪至13世纪时势力很大。手工业者起初也加入商人行会，随着手工业行会力量的不断增强，商人行会开始衰退。16世纪中叶，因商品经济进一步发展，手工工场出现，行会组织逐渐瓦解。

这一时期，欧洲各国城市中陆续出现名为"基尔特"的行会组织，是相互保险的前身，具有互助性质，一方面维护行业利益，另一方面对会员的生、老、病、死、残等共同出资救济互助，范围包括死亡、伤残、年老、火灾、盗窃、沉船、监禁、诉讼等人身和财产损失事故。随着组织成员的增多，西欧一些地区逐渐打破行业的范畴，出现了以保护救济为目的的"保护基尔特"组织，并发展成为专门办理相互保险为目的的"友爱社"和"互助社"等相互保险组织。相互保险组织形态不断丰富，相互保险社、保险合作社、交互保险社、相互保险公司等纷纷涌现。

相互保险公司是保险业中特有的公司组织形态，是由预想特定风险可能发生的多数经济单位为达到保险目的而共同构成的非营利保险组织。这种保险组织是一种中性的社团法人，它既不是公益法人，也不是营利性法人。相互保险公司的社员必须是保险加入者，即一方面发生社员关系，另一方面又发生保险关系。社员与保险合同持有人是同一个人，当保险关系终止时，社员资格也随之消失。相互保险公司的最高权力机关是社员大会或社员代表大会，但其理事也常聘请公司外部人员而并不局限于社员。

基尔特，职业相同者基于互助精神组成团体，设立相互救济的制度。该制度创始之初，有商人基尔特与工人（手工）基尔特两种，当团体中的会员死亡、疾病或遭受火灾、窃盗等灾害时，共同出资予以救济，以后，英国在基尔特制度基础上发展成立"友爱社"，对相互救济事项的范围和社员缴纳社费等都有明确规定。基尔特制度在人身保险的早期形式中是一种专门以会员及其配偶的死亡、年老、疾病等作为提供金钱救济的重心的相互制度，基尔特制度对以后人寿保险的确立和发展有重大影响。

流行于15世纪后半期的意大利北部及中部城市的"公典制度"，是一种慈善性质的金融业务，在这种金融机构里存款，最初一定时期内不计利息，经一定期间后，存款者可以取得数倍于存款金额的资金。起初资金来自捐赠，以后通过计划吸收资金。缴纳资金者经过一定期间后可以取得数倍于存入的资金。但是，如果约定的条件不成立，如到时没有结婚或者未到期即死亡，原缴存的金额归公典所有。

公典制度，对于因重大事项需要资金而个人收入低下的工人、商人及一般平民，通过共同集资贷给低利资金以对抗高利贷的制度。

在原始的互助组织的基础上，社会上需要保险的人或单位联合起来采取相互合作方式办理保险，产生了相互保险社。它是由一些对同一危险有某种保障要求的人所组成的组织，以互相帮助为目的，实行"共享收益，共摊风险"。成员交纳保费形成基金，发生灾害损失时用这笔基金来弥补灾害损失。相互保险具有先天优越性，被保险人既能得到保险的保障，同时作为组织的成员，又拥有参与管理和分享成果的权利。13 世纪至 15 世纪，相互保险在欧洲非常盛行，并随着商品经济的发展逐渐成长壮大，成为国际上主流的保险组织形式之一。

相互保险社是保险组织的原始形态，但在当今欧美各国仍较普遍。相互保险社的组织与经营都很简单，以地区范围或职业类别为其业务范围，保单持有人就是该社社员，各保单的保险金额相差不大，因而每人有相等的投票权来选举理事及高级职员。通常设一专职或兼职秘书，领受工薪，他是相互保险社的实际负责人。所有保险赔偿款项及管理方面的开支均由社员共同分担；保险费的计算并无数理基础，而是采用课赋方式。相互保险社的适用领域很广。例如：英国的友爱社、保护与赔偿协会、船东保险协会；美国的兄弟社，等等。

相互保险的先天优越性：

（1）相互保险赋予购买保险的人以民主管理的权利。投保人购买了保险，即成为该相互保险组织的成员，具有选举和被选举权。

（2）因管理者是由相互保险组织的成员推举产生，规章公开，账目公开，民主管理的透明度大。

（3）因成员的责、权、利较为清楚明了，成员之间自然形成监督机制，不容易产生欺诈公司、骗取赔款的情况。

（4）相互保险组织能够大大降低业务成本。由于相互保险成员参加保险的积极性高。这样就节省了用来发展业务方面的开支。与向商业保险公司投保相比，用较少的保险费，可得到相同的保险保障。

（5）相互保险组织成员可得到应得的红利。相互保险的经营有剩余时，要么分配给投保人，要么留作公积金，作为以后保险费的补充。

（6）相互保险公司经营稳定。作为公司成员的被保险人，因权力和利益的制约，阵容稳定且逐年扩大。一旦遇上大灾之年，亏损可通过调整保险费在成员间消化。

相互保险是与当时的生产力及生产关系发展水平相适应的。由于商品经济还不发达，生产规模和流通范围都较小，社会成员之间的接触面有限，因而要求保障的范围也很窄。在这些相互保险的互助组织中，其成员既是被保险人又是保险人，其经营资金同时又是保险基金，保险基金还未彻底独立化。但它适应了当时的自然经济和半商品经济，从而促进了生产力的发展，安定了会员生活，并为保险的商业化经营奠定了基础。

相互保险是保险业的传统组织形式，在股份制保险和社会保险尚不发达或者难以覆盖的领域，基于原始互助思想形成的相互保险，适应了经济社会的需要。相互保险始终是一种重要的保险组织形式，特别是在高风险领域和中低收入人群风险保障方面得到广泛应用。相互保险作为一种有效的保险组织形式，无论外部环境如何变化，都将始终在全球保险业占据重要地位。股份制保险公司与相互保险公司之间的转化一直没有停止过，股份制保险和相互制保险并不是彼此隔离的，而是相互促进、相互竞争、相互消长的。相互保险组织经久不衰源于相互保险先天优越性，投保人和保险人的合一性，源于相互保险组织信息对称。相互保险坚守聚焦特定群体、特定领域或特定地域的保险。在法律体系中单独规范相互保险组织，如英国、德国、日本相互保险监管法律的出台，明确了相关保险组织设立、运营、变更、终止等方面详细的规范，极大地推动了相互保险发展。

二、海上保险

近代保险制度起源于海上保险。海上保险通常是为船舶或货物损毁提供财产保护，是对自然灾害或其他意外事故造成海上运输损失的一种补偿方法。

海上保险的诞生，源于保障海上贸易和降低航运风险的需求。海上保险，以海上财产，如船舶、货物以及与之有关的利益，如租金、运费等作为保险标的，保险方与被保险方订立保险契约，根据契约被保险方应付一定费用给承保方，发生损失后则可得到承保方的补偿。

海上保险主要包括以下五种：

（1）船舶保险：以船舶为保险标的，当船舶在航行或其他作业中受到损失时，予以补偿。包括船舶定期保险、航程保险、费用保险、修船保险、造船保险、停航保险等。

（2）运费保险：以运费为保险标的，只按航程保险，通常以全损为投保条件，海损后船舶所有人无法收回的运费由保险人补偿。

（3）保障赔偿责任保险：船舶所有人之间相互保障的一种保险形式，主要承保保险单不予承保的责任险，对船舶所有人在营运过程中因各种事故引起的损失、费用、罚款等均予保险。

（4）海洋运输货物保险：以海运货物为保险标的，主要有平安险，负责赔偿因自然灾害发生意外事故造成保险货物的全部损失；水渍险，除负责平安险的全部责任外，还负责因自然灾害发生意外事故所造成的部分损失；一切险，负责保险条件中规定的除外责任以外的一切外来原因所造成的意外损失。

（5）石油开发保险：以承保海上石油开发全过程风险为标的，属于专业性的综合保险。

海上保险的发展，推动了全球贸易和资本主义的兴起。

海上保险是商业保险的鼻祖，对于海上保险的确切起源说法不一，主要有以下几种观点：第一，海上保险源于公元前9世纪至10世纪地中海流传的《罗得法》中的共同海损说；第二，源于古巴比伦时代出现的海上借贷说；第三，源于中世纪在意大利出现的冒险借贷说。多数学者认为：海上保险是最早产生的险种，共同海损分摊是海上保险的萌芽，海上借贷与船舶抵押借款是海上保险的雏形，意大利是现代海上保险的发源地。

海上借贷：即船舶抵押借款，它是古代海上借贷的变形。这种借款形式规定，借款人可以以此次出海的船舶作抵押向放款人借钱，借款利息比当时一般的借款利息高出一倍。如果船舶安全抵达目的港，借款人必须向放款人如数偿还借款的本利；如果船舶沉没，借款人可以被免除债务。这种借款事实上已经具有保险的一些基本特征，放款人相当于保险人，借款人相当于被保险人，作为被抵押的船舶是保险标的，所收利息高于普通利息的那部分实质上具有保险费的性质，而船舶沉没时放款人不再收回的借款相当于赔偿金。这一制度具有保险的性质和特征，已具备了保险的一些基本要素，因而被公认为海上保险的种最早形式。

冒险借贷： 指在海上运输活动中，借款人与银行签订的，由借款人以船舶或船载货物为抵押获得银行贷款，在船舶或货物安全抵达目的地后一定期限内偿还借款的本金和利息，若船舶航行途中受损、失事沉没，则免去借款人部分或全部还本付息义务的借贷合同。

意大利是海上保险的发源地。海上借贷是海上保险前身，而海上借贷最初又起源于中世纪意大利和地中海沿岸的城市中所盛行的商业抵押习惯，即压船借贷（冒险借贷的前身）和无偿借贷。由于银行承担了债权灭失的风险，因此其贷款利率要比一般贷款利率高得多。其高出部分的利息，实质上属于保险费的性质。

压船借贷： 最早的保险条例叫作压船借贷合同，为商人提供航运保护可追溯到公元前 3000 年。基本上，这些合同通常不过是口头协议。他们给商人借款，当知道有特定的货物在海上丢失，这些借款就不会被偿还。对这些借款的利率基于运输货物的危险性。在海贼猖獗的时期，例如，利息的数额和保单的数量相当的高。所以，保险帮助、鼓励了国际贸易。即使是最谨慎的商人都会希望冒风险去长距离运输他们的货物，就不用提那些危险的天气条件当他们可以选择这样的保护的时候。

无偿借贷： 冒险借贷曾被教会所禁止，于是冒险借贷制度后来转化为无偿借贷制度（又称假装借贷）。所谓"无偿借贷"并非现代意义的无偿借贷关系，它指的是，在航海之前，由"资本主"以借款人地位名义向"贸易商"借款。如果船货安全到达目的地，则借款人不负返还的义务。如果船货中途损失，则借款人有偿还的义务。双方签订的"借款"契约中没有利息的内容，贸易商在契约之外，向"资本主"交付一笔"危险负担费"。这种借贷关系与冒险借贷相反，但与现代保险制度较为接近。在这里，"资本主"就相当于保险人，而贸易商就相当于被保险人。无偿借贷契约最早见于 1347 年 10 月 23 日热那亚的公证书。

早在 11 世纪末叶，"十字军东征"以后，意大利商人就控制了东方和西欧的贸易，在经济繁荣的意大利北部城市特别是"热那亚"、佛罗伦萨、比萨和威尼斯等地，由于其地理位置是海上交通的要冲，这些地方已经出现类似现代形式的海上保险。十字军东征一般被认为是天主教的暴行。尽管如此，十字军东征使西欧直接接触到了当时先进的拜占庭文明和伊斯兰文明。这为欧洲的"文艺复兴"开辟了道路。

十字军东征：一系列在罗马天主教教皇的准许下进行的宗教性军事行动，由西欧的封建领主和骑士对地中海东岸的国家以清除异端的名义发动的所谓"正义"战争。当时原属于罗马天主教圣地的耶路撒冷落入伊斯兰教手中，罗马天主教为了"收复失地"，便进行多次东征行动。实际上东征不仅仅限于针对伊斯兰，如第四次东征就是针对信奉东正教的拜占庭帝国。东征期间，教会授予每一个战士十字架，参战者服装均饰以红十字为标志，组成的军队称为十字军。"十字军东征"历时近 200 年，共进行了 9 次东征，动员总人数达 200 多万人，虽然以捍卫宗教、解放圣地为口号，但实际上是以政治、宗教、社会与经济目的为主，发动的侵略劫掠战争，参加东征的各个集团都有自己的目的，封建主和骑士想以富庶的东方作为掠夺土和财富的对象；意大利的商人想控制地中海东部的商业而获得巨大利益；罗马教皇想合并东正教，扩大天主教的势力范围；生活困苦的农奴与流民受到教会和封建主的号召，引诱他们向东方去寻找出路与乐土。

热那亚：意大利最大商港和重要工业中心，热那亚首府。位于意大利西北部，著名旅游胜地。

文艺复兴：发生在 14 世纪到 16 世纪的一场反映新兴资产阶级要求的欧洲思想文化运动。当时的人们认为，文艺在希腊、罗马古典时代曾高度繁荣，但在中世纪"黑暗时代"却衰败湮没，直到 14 世纪后才获得"再生"与"复兴"，因此称为"文艺复兴"。文艺复兴最先在意大利各城市兴起，以后扩展到西欧各国，于 16 世纪达到顶峰，带来一段科学与艺术革命时期，揭开了近代欧洲历史的序幕，被认为是中古时代和近代的分界。文艺复兴是西欧近代三大思想解放运动（文艺复兴、宗教改革与启蒙运动）之一。

12 世纪初，意大利商人和高利贷者将他们的贸易、汇兑票据与保险的习惯做法带到他们所到之处，足迹遍及欧洲。许多意大利商人在英国伦敦从事海上贸易、金融和保险业务，并且按照商业惯例仲裁保险纠纷，逐渐形成了公平合理的海商法条文，后来成为西方商法的基础。

海商法：海指海洋及与海相通的江、河、湖等水域；商指国内海上贸易及国际远洋贸易。海商法主要调整商船海事（海上事故）纠纷，但若发生海上船舶碰撞，则军舰、渔船、游艇等船舶以及水上飞机都在海商法调整范围之内。海商法的内容相当广泛。主要有：船舶的取得、登记、管理，船员的调度、职责、权利和义务，客货的运送，船舶的租赁、碰撞与拖带，海上救助，共同海损，海上保险等。海商法是随着航海贸易的兴起而产生和发展起来的。就其历史发展而言，它起源于古代，形成于中世纪，系统的海商法典则诞生于近代，而现代海商法则趋于国际统一化。

商法：调整平等主体之间商事关系的法律规范的总称，主要包括公司法、保险法、合伙企业法、海商法、票据法等。商事关系指一定社会中通过市场经营活动而形成的社会关系，主要包括商事组织关系和商事交易关系。商事关系的主要标志是商人和商行为。商行为，大陆法系学者一般认为是指以营利性营业为目的而从事的各种表意行为。商法源于古罗马时代的商事规约，近代商法却是始于中世纪欧洲地中海沿岸自治城市的商人法，正式确立于 1807 年的法国商法典。

自从 1290 年犹太人被驱赶出英国后，伦敦的金融保险事业就操纵在"伦巴第人"手中，他们在伦敦西部中心区的一个街道聚居，安营扎寨，主理金融业务和其他商业生意。在伦敦至今仍是英国保险中心的伦巴街由此得名，伦巴街国际期货交易所也是国际上最大的期货交易市场。英文中的保险单（Policy）一词也源于意大利语"Polizza"。14 世纪初叶，整个欧洲的金融业，几乎被伦巴第商人所垄断。伦巴第人背负着真金白银，途经法兰西，跨越海峡，闯荡英格兰。

伦巴第人：伦巴第人是日耳曼人的一支，起源于斯堪的纳维亚，今日瑞典南部。经过约 4 个世纪的民族迁徙，伦巴第人最后到达并占据了亚平宁半岛的北部，阿尔卑斯山脉的延伸部分，坐落在意大利和瑞士交界的地方，南部有浪漫的科摩湖和宽阔的马祖尔湖，以及波河平原。在公元七八世纪的伦巴第王国，位于意大利北部，世界著名城市米兰是它的首都。中世纪时期，伦巴第是神圣罗马帝国的一部分，伦巴第人天生有着银行家的头脑，做起生意头头是道，中世纪他们活跃在整个欧洲。

14 世纪，意大利的借贷盛行于各都市，因其条件苛刻，利息惊人，双方都负有大的风险，盈利与承担风险责任的比例悬殊，素有冒险借贷之称。逐渐传达至腓尼基和古希腊船舶与货物的所有者。凡接受"资本主"的高利贷，当船舶及货物安全到达目的地，即须偿还本金及利息；若中途船货蒙受损失，则可依其受损程度，免除借贷关系中债务的全部或一部，由于借贷利息极高，约为本金的 1/4 或 1/3，其中，除正常利息外，高出一般利息部分也叫"溢价"。"溢价"的作用就是为了补偿出借人承担航程安全的代价，这一代价，实质上就是最早形式的海上保险费。后被教会禁止。以后便逐渐改用交付保险费形式，出现了保险契约或保险单。

这一时期，海上保险开始在西欧各地的商人中间流行，逐渐形成了保险的商业化和专业化。1310 年，在荷兰的布鲁日成立了保险商会，协调海上保险的承保条件和费率。

世界上最古老的保险单出现在意大利，一名叫"乔治·勒克维伦"的商人在 1347 年 10 月 23 日出立了一张承保从热那亚到马乔卡的航程保险单。这张保单是目前世界上所发现最早的保单。它沿袭和完善了巴比伦和腓尼基商人的做法，并将其用文字的形式加以记录。船东和海险商都必须履行保险单中所列明的权利和义务。应该说，这比原来一般意义上的承诺更迈进了一步。但是，这张保险单采用假借贷的形式，没有写明保险人应该承保的风险责任。因此，它还不能说是一个现代形式的保险单。这样，一份在今天看来并不完备的协议就成了第一份海上保险的保单，也成为现代商业保险的起源。据说，现在我们仍然可以在意大利热那亚博物馆看到这两张具有里程碑意义的保险单。

乔治·勒克维伦： 意大利商人，以财大气粗和喜欢冒险而著名。一天清晨，刚过营业时间，乔治·勒克维伦的办事处门被推开了，进来的是圣·克勒拉号商船的主人，他要求订立一张承担从热那亚至马乔卡的航程风险保险单。保险单上的内容类似一份虚设的借款单，它规定在商船在航海前，由乔治·勒克维伦以借款人的地位，名义上向商船的主人借入一笔款项。船舶如果的 6 个月内安全到达，借款合同随即宣告失效。如果船舶在航海中遇到海难事故，借款人承担风险，并负责赔偿。这种危险赔偿金相当于今天的保险金额。至于乔治·勒克维伦承担危险的费用，由贷款人（商船的主人）事先支付，并不写明在合同中。

1384 年 1 月 15 日，比萨的一组保险人出立的承保纺织品的货物运输保险单，史称"比萨保单"，承保从法国南部的阿尔兹至意大利比萨的一批货物和运输风险。

"比萨保单"被认为是迄今为止发现的第一张现代意义上的海上保险单。其后，无偿借贷又变为"空买卖契约"（又称假装买卖契约）。贸易商与"资本主"签订契约，假装建立商业上的一种买卖行为，条件与无偿借贷相同。在航海过程中，如果船货平安无事，则买卖契约无效；如果中途危险发生，则买卖契约成立，由"资本主"支付一定的金额。贸易商所得的这部分金额，实际与保险金相当。至于危险负担费（相当于现代保险费），则于订立契约时，以定金的名义由贸易商付给资本主。空买卖契约的最早记录，于 1370 年 7 月 12 日热那亚的公证书中亦可见及，但多数学者认为，由空买卖契约发展为纯粹的海上保险契约，应该是比萨保单。

1397 年，在"佛罗伦萨"出现了具有现代特征的保险单形式，保单上已经有承保"海上灾难、天灾、火灾、抛弃、王子的拘禁、捕捉"等字样，当时的保险单如同其他商业合同一样，是由专业的撰状人起草的。13 世纪中叶，在热那亚一带就有撰状人 200 个，据一位意大利律师调查，1393 年有位热那亚的撰状人，一年就起草了 80 多份保险单，在 14 世纪末签订此种保险单已很普遍。

佛罗伦萨：意大利中部的一个城市，托斯卡纳区首府。15 至 16 世纪时佛罗伦萨是极为著名的世界艺术之都，欧洲文化中心，欧洲文艺复兴运动的发祥地，歌剧的诞生地，举世闻名的文化旅游胜地。1865—1871 年意大利的首都，意大利的文化中心。目前，市区仍保持古罗马时期的格局，中世纪建筑艺术。全市有 40 多个博物馆和美术馆，世界第一所美术学院（世界美术最高学府）佛罗伦萨美术学院蜚声世界，意大利绘画精华荟萃于此。

1424 年，全球第一家海上保险公司出现在意大利热那亚。这个时期，意大利在海上保险中独领风骚。"莎士比亚"在《威尼斯商人》中就写到海上保险及其种类。

莎士比亚：是英国文学史上最杰出的戏剧家，也是欧洲文艺复兴时期最重要、最伟大的作家，全世界最卓越的文学家之一。他不仅是演员、剧作家，还是国王剧团的合伙人之一。1590 年到 1613 年是莎士比亚的创作的黄金时代。他的早期剧本主要是喜剧和历史剧，在 16 世纪末期达到了深度和艺术性的高峰。1608 年他主要创作悲剧，莎士比亚崇尚高尚情操，常常描写牺牲与复仇，包括《奥赛罗》《哈姆雷特》《李尔王》和《麦克白》，被认为属于英语最佳范例。在人生最后阶段，他开始创作悲喜剧，又称为传奇剧。莎士比亚流传下来的作品包括 39 部戏剧、154 首十四行诗、两首长叙事诗。他的戏剧表演次数远远超过其他任何戏剧家的作品。

《威尼斯商人》：《威尼斯商人》是莎士比亚早期的作品，是一部具有极大讽刺性的喜剧。大约作于 1596—1597 年。剧本的主题是歌颂仁爱、友谊和爱情，同时也反映了资本主义早期商业资产阶级与高利贷者之间的矛盾，表现了作者对资产阶级社会中金钱、法律和宗教等问题的人文主义思想。

在英国，1575 年为完善保险交易秩序，英国女王"伊丽莎白一世"特许在"皇家交易所"内开设保险商社，实行海上保险单登记制度，并要求保险条款规范化。这为当时海上保险提供了交易场所，从而取代了从伦巴第商人沿袭下来的一日两次在露天广场交易的习惯，促进皇家交易所保险业务的顺利发展。到 17 世纪初，皇家交易所周围聚集了许多经营船舶保险、货物保险业务的商人，为出发到世界各地或途径伦敦的各国船舶办理船货保险。为鼓励造船和航海业，建立了各类海外贸易公司，扩大英国海外市场。与北非、西非国家发展商业往来，成立了摩洛哥公司、几内亚公司，与地中海地区的贸易往来，打通了与印度等东方国家的贸易，成立了东印度公司。此时，英国颁布了第一部有关海上保险的法律，设立了保险仲裁法庭，以处理日益增多的海上保险争议案件，加强管理。

伊丽莎白一世：（1533 年 9 月 7 日—1603 年 3 月 24 日），1558 年 11 月，伊丽莎白继承王位。1559 年 1 月 15 日，正式加冕成为英格兰女王。经过近半个世纪的统治后，使英格兰成为欧洲最强大的国家之一。英格兰文化也在此期间达到了一个顶峰，涌现出诸如莎士比亚、弗朗西斯·培根这样的著名人物。北美的殖民地也开始确立。英国君主专权向议会主权转化，封建经济形态中萌生出资本主义的萌芽。1588 年打败西班牙无敌舰队，基本消除了天主教的威胁，巩固了宗教改革的成果，重立英国国教，与罗马教廷决裂。实行重商主义，保护和发展本国毛纺织业和新兴工场手工业，鼓励造船和航海业，建立各类海外贸易公司，扩大英国海外市场，鼓励圈地运动，促进社会经济变革。伊丽莎白一世终身未嫁，被称为"童贞女王"。她的统治时期，在英国历史上被称为"黄金时代"。

皇家交易所： 1568 年 12 月 22 日经伦敦市长批准开设，作为伦敦市的商业中心。这是英国第一座专业商业建筑，其设计灵感来源于比利时安特卫普的一个交易所。

海上保险的原则是指在海上保险活动中当事人应当遵循的行为准则。海上保险活动作为一种独立的经济活动类型，基于自身的特点和适用范围，逐步在长期的发展过程中形成了一系列基本原则。根据国际惯例，这些基本原则可归纳为：损失补偿原则、可保利益原则、近因原则、最大诚信原则和代位求偿原则。

损失补偿原则： 指被保险人在保险合同约定的保险事故发生之后，保险人对其遭受的实际损失应当进行充分的补偿。损失补偿原则的形成可以追溯到保险的起源。共同海损是海上保险的萌芽，船舶货物抵押贷款制度是海上保险的雏形。公元前 916 年，《罗德海法》正式规定"共同海损"原则，随后此原则成为共同海损的分摊形式。"共同海损"原则是损失补偿原则的早期雏形。无论是早期的船舶货物抵押贷款制度和共同海损，还是后来的借贷关系，它们事实上就是一种风险转嫁。从中可以看出，自诞生之日起，保险都是以损失程度补偿部分或全部的货物损失，或者是免除被保险人的部分或全部债务。而这些补偿始终没能超过被保险人遭受的全部损失或应付的债务，也就是说被保险人不能从保险风险事故获得额外的收益。

可保利益原则： 指只有对保险标的具有可保利益的投保人与保险人签订的海上保险合同才有法律效力，保险人才承担保险责任。保险利益作为保险合同的法律要件，可以有效防止赌博和道德风险。保险利益原则起源于海上冒险活动的开展。中世纪后期，有大量海上运输保险出险，保险利益原则的缺位导致许多海上运输保险成为以航程能否完成为条件的赌博。为改变这种状况，

1745 年，英国《海上保险法》做出规定，任何个人或公司均不能对英国船舶及其装载货物在没有利益，或者不能证明利益的情况下进行保险，或者以赌博的方式进行保险，如果出现这种保险，其保单无效并对各方不具有法律约束力。这就是英美法系保险利益原则最早的起源。就大陆法系而言，保险利益原则最早起源于 13 世纪的航海活动。最早的保险常以借贷合同的名义签订，保险人依据合同假设自己为了某种需要从被保险人处领取一定金额的贷款，保证如果船舶没有能够按照预期安全抵达就将合同约定款项还给被保险人。这是大陆法系保险利益的渊源。

近因原则： 为了明确事故与损失之间的因果关系，认定保险责任而专门设立的一项基本原则。它的含意是指保险人对于承保范围内的保险事故作为直接的、最接近的原因所引起的损失，承担保险责任，而对于承保范围以外的原因造成的损失，不负赔偿责任。近因原则也起源于英国海上保险实践，是英国《海上保险法》最早确立的用于认定因果关系的基本原则，发展至今已经成为各国保险理赔中遵循的惯例。它对于明确保险人的责任范围、解决理赔难题具有重要指导意义。近因原则最早见于英国《1906 年海上保险法》的规定，"依照本规定，且除保险单另有约定外，保险人对于以承保危险为近因所致的损失，负有责任，但对于非由以承保危险为近因所致的损失，不负责任"。

最大诚信原则： 指签订保险合同的各方当事人必须最大限度地按照诚实与信用精神协商签约，诚信原则在英国《1906 年海上保险法》中首先得到确定。该法第 17 条规定："海上保险合同是建立在最大诚信原则基础上的契约，如果如何一方不遵守最大诚信原则，他方可以宣告契约无效。"这也成为保险法中最大诚信原则的源头。海上保险合同当事人应当做到：① 告知。通常指的是被保险人在签订保险合同时，应该将其知道的或推定应该知道的有关保险标的的重要情况如实向保险人进行说明。如实告知是保险人判断是否承保和确定保险费率的重要依据。② 申报。申报不同于告知，具体是指在磋谈签约过程中，被保险人对于保险人提出的问题，进行的如实答复。由于申报内容也关系到保险人承保与否，涉及海上保险合同的真实有效，故成为最大诚信原则的另一基本内容。③ 保证。保证是被保险人向保险人做出的履行某种特定义务的承诺。分为明示保证和默证两类。明示保证主要有开航保证、船舶状态保证、船员人数保证、护航保证、国籍保证、中立性保证、部分不投保保证等。而默示保证则主要包括船舶适航保证、船舶不改变航程和不绕航的保证、船货合法性保证等。

代位求偿原则：有时保险标的所遭受的保险事故是由第三人的行为引起的，被保险人当然有权利向肇事者就其侵权行为所致损失进行索赔。由于海事诉讼往往牵涉到许多方面，诉讼过程旷日持久，保险人为便利被保险人，就按照保险合同的约定先行赔付，同时取得被保险人在标的物上的相关权利，代被保险人向第三人进行索赔，这就是在国际海上保险业中普遍盛行的代位求偿原则。

理赔是保险人在知悉发生保险事故并调查确认法律责任归属后，审查索赔材料，做出赔付或拒赔等决定的法律行为。理赔是保险人应尽的保险义务。海上保险的理赔应遵循以保险合同为依据，注意合理性、及时性等一些基本原则。

以保险合同为依据原则：海上事故发生后，是否属保险责任范围、是否在保险期限内、保险赔偿金额多少、免赔额的确定、被保险人自负责任等均依据保险合同确定。

合理原则：保险人在处理保险赔偿时，要注意合理性，因为海上保险合同条款不能概括所有情况。

及时原则：海上事故发生后，保险人应迅速查勘、检验、定损，保险赔偿及时到位。

三、再保险

再保险也称分保，是保险人在原保险合同的基础上，通过签订分保合同，将其所承保的部分风险和责任向其他保险人进行保险的行为。在再保险交易中，分出业务的公司称为原保险人分出公司，接受业务的公司称为再保险人，或分保接受人或分入公司。再保险转嫁风险责任支付的保费叫作分保费或再保险费；由于分出公司在招揽业务过程中支出了一定的费用，由分入公司支付给分出公司的费用报酬称为分保佣金或分保手续费。如果分保接受人又将其接受的业务再分给其他保险人，这种业务活动称为转分保或再保险，双方分别称为转分保分出人和转分保接受人。

对于每一危险单位或一系列危险单位的保险责任，分保双方通过合同按照一定的计算基础对其进行分配。分出公司根据偿付能力所确定承担的责任限额称为自留额或自负责任额；经过分保由接受公司所承担的责任限额称为分保额，或分保责任额或接受额。自留额与分保额可以以保额为基础计算，也可以以赔款为基础计算。计算基础不同，决定了再保险的方式不同。自留额与分保额可以用百分率或者绝对数表示。根据分保双方承受能力的大小，自留额与分保额均有一定的控制，如果保险责任超过自留额与分保额的控制线，则超过部分应由分出公司自负或另行安排分保。

危险单位： 指一次灾害事故可能造成的最大损失范围。危险单位的划分根据不同的险别和保险标的来决定。其划分关键是要和每次事故最大可能损失范围的估计联系起来考虑，而并不一定和保单份数相等同，但划分并不是一成不变的。危险单位划分的恰当与否，直接关系到再保险当事人双方的经济利益，甚至影响到被保险人的利益。《保险法》规定："保险公司对危险单位的划分应当符合国务院保险监督管理机构的规定。"

偿付能力： 指保险人履行赔偿或给付责任的能力。保险人应具有与其业务规模相适应的最低偿付能力。偿付能力是衡量保险公司财务状况的基本指标。偿付能力监管由保监会负责实施，即检查保险公司偿付能力，并判断保险人的财务状况能否保证其履行财务责任、并在长期中维持经营。我国《保险法》规定："保险公司应当具有与其业务规模相适应的最低偿付能力。保险公司的实际资产减去实际负债的差额不得低于金融监督管理部门规定的数额，低于规定数额的，应当增加资本金，补足差额。"

世界上迄今发现的最古老的再保险契约产生于欧洲，1370 年 7 月在意大利热那亚签订第一份再保险合同，在 1688 年劳合社建立之前，再保险仅限于海上保险。17 世纪至 18 世纪，由于商品经济和世界贸易的发展，特别是 1666

年的伦敦大火，使保险业对于承担的巨灾损失产生分保的需求，促使再保险的产生。从 19 世纪中叶开始，在德国、瑞士、英国、美国、法国等国家相继成立了再保险公司，办理水险、航空险、火险、建筑工程险以及责任保险的再保险业务，形成了庞大的国际再保险市场。第二次世界大战以后，国际再保险业进入了一个新的历史时期。20 世纪末，世界各国的保险公司，都要将其所承担的风险责任依据大数法则及保险经营财务稳定性的需要，在整个同业中分散风险，再保险已成为保险业务中不可缺少的组成部分。

再保险按责任限制分类，可分为比例再保险和非比例再保险。

（1）比例再保险。原保险人与再保险人，即分出人与分入人之间订立再保险合同，按照保险金额，约定比例，分担责任。对于约定比例内的保险业务，分出人有义务及时分出，分入人则有义务接受，双方都无选择权。在比例再保险中，又可分为成数再保险、溢额再保险以及成数和溢额混合再保险。

成数再保险：原保险人在双方约定的业务范围内，将每一笔保险业务按固定的再保险比例，分为自留额和再保险额，其保险金额、保险费、赔付保险金的分摊都按同一比例计算，自动生效，不必逐笔通知，办理手续。

溢额再保险：由原保险人先确定自己承保的保险限额，即自留额，当保险业务超出其自留额而产生溢额时，就将这个溢额根据再保险合同分给再保险人，再保险人根据双方约定的比例，计算每一笔分入业务的保险金额、保险费以及分摊的赔付保险金数额。

（2）非比例再保险。原保险人与再保险人协商议定一个由原保险人赔付保险金的额度，在此额度以内的由原保险人自行赔付，超过该额度的，就须按协议的约定由再保险人承担其部分或全部赔付责任。非比例再保险主要有超额赔款再保险和超过赔付率再保险两种。

再保险按照安排方式分类，再保险可分为临时再保险、合约再保险、预约再保险等。

（1）临时再保险，又称任意再保险、就地再保险、临分业务，它是指保险公司与再保公司之间，平时并无再保险合同存在，保险公司对于特定的保险业务，（如巨额风险或超出一定限额的个别保险业务）在有分保的需要时，临时与再保公司洽商。

（2）合约再保险，又称固定再保险，是由原保险人和再保险人事先签订再保险合同，约定分保业务范围、条件、额度、费用等事项。在合同期内，对于约定的业务，原保险人必须按约定的条件分出，再保险人也必须按约定的条件接受，双方无须逐笔洽谈，也不能对分保意外进行选择，合同约定的分保业务在原保险人与再保险人之间自动分出与分入。合约再保险适用于各种形式的比例和非比例再保险方式。

（3）预约再保险，又称预约分保，是介于合约再保险和临时再保险之间的一种再保险安排。预约再保险中的分出方（原保险人）对合同订明范围内的业务是否办理分保有选择的权利，如果需要对某一笔业务进行分保，则应按预约再保险合同规定的办法及条件办理。分入方（再保险人）对于分出方根据合同分出的业务不能选择而必须接受。因此这种形式的再保险对分出方而言可视同临时再保险，而对分入方来讲则必须受合同再保险的约束。

再保险的基础是原保险，再保险的产生正是基于原保险人经营中分散风险的需要。因此，原保险和再保险是相辅相成的，它们都是对风险的承担与分散。再保险是保险的进一步延续，也是保险业务的组成部分。再保险与原保险的区别在于：主体不同、保险标的不同、合同性质不同。再保险具有两个重要特点：第一，再保险是保险人之间的一种业务经营活动。第二，再保险合同是独立合同。共同保险与再保险的区别在于：共同保险仍然属于直接保险，是直接保险的特殊形式，是风险的第一次分散。再保险是在原保险基础上进一步分散风险，是风险的第二次分散。

四、保险立法

关于世界上最早的《保险法》是哪部，众说纷纭，总体有三种观点：第一种观点认为，世界保险史上最早有关保险的法规是公元前18世纪的《汉谟拉比法典》。原因是《汉谟拉比法典》是迄今世界上最早的一部完整保存下来的成文法典。该法有保护私有财产的规定（6至126条），也是最早载有船舶碰撞规则、货物运输规则及水上航运规则的法律，而且许多法律原则都起源这部法典。第二种观点认为，最早的《保险法》应该是《罗德海法》，因为，随着地中海地区航海贸易的发展，罗得岛成为该地区的航贸中心，并形成了一些调整航海贸易中发生的共同海损和海上保险的习惯规则，即《罗德海法》。《罗德海法》的"为减轻船载，而投弃货载者，其因保全共同利益而受之损失，应共同分担之"这一规则，后来演变成今日的共同海损规则。《罗德海法》在地中海地区有极大权威性，不仅在相当长一段时期内调整该地区的海上贸易，而且为以后所有海事立法奠定了基础，被认为是海商法的萌芽。第三种观点认为，《保险法》产生于中世纪的欧洲，西欧进入中世纪后，地中海一带的航运业十分发达，这一时期产生了各种海事习惯法，并相继编纂成册，对后世制定海商法影响最大的是中世纪的三大海法，即《康索拉多海法》《奥列隆海法》《维斯比海法》等三部著名的海商法典。这三部法典分别代表了地中海、大西洋和波罗的海沿岸地区的海商习惯及海商法发展水平，促进了海上保险法的发展。1369年的《热那亚法令》中有一些关于保险的法律规定。而从14世纪时逐渐形成了海上保险的专门化和商业化，再到近代早期英国海上保险制度的完善，其根源就在于中世纪海商法的贡献，近代保险法中的共同海损原则以及相关程序无不与其息息相关。

欧洲各国商品经济的发展，促进了海上保险立法，《海上保险法》源于海商法，保险法是从海商法中逐渐脱离，形成专门的法律规范的。作者比较认同第三种观点。

《康索拉多海法》： 13世纪中期诞生在西班牙半岛，以其丰富的内容和广泛的适用性而闻名，包含了大量的海商法实体规则，是这部法律中最古老和最核心的部分。从内容来看，《康索拉多海法》较晚的文本还规定了法院裁判海事纠纷的程序规则，以及海上私掠和捕获方面的公法性规定。这部法律为欧洲各国所普遍接受。"康索拉多"原意为"裁判官"，因此该法又称为《海商裁判例》，它收集了流行于地中海沿岸的海事判例、习惯和学说，内容丰富，体系完整，被称为当时最完备的海事法，并被誉为"海洋普通法"，对以后的欧洲航运界影响深远。

《奥列隆海法》： 这部法律主要是 13 世纪欧洲葡萄酒贸易运输中的习惯或规则。从产生过程来看，其很可能是法国西海岸之外奥列隆岛上海事司法情况的实录。这部法律在欧洲大陆西北部、北部地区和英格兰都有重要的历史地位。《奥列隆海法》主要内容涉及船舶、船长、船员、海难救助以及船长出卖运送品之权能等。该法为欧洲海商法的发展奠定了基础。

《维斯比海法》： 此法令形成于 15 世纪下半叶的瑞典哥特兰岛维斯比城，其规则最初是由吕贝克、佛兰德和荷兰三个地区的海商法规则所构成。这部法律规定了船长、船员和商人的权利义务，以及共同海损、船舶碰撞等方面的内容。《维斯比海法》在中世纪海商法和近代海商法之间起到桥梁作用，对中世纪晚期的《汉萨海法》和近代早期的《路易十四海事法令》产生过很大影响。它主要继承了《奥列隆海法》《阿姆斯特丹法》《波罗的海汉萨城镇卑克法》的传统，盛行于波罗的海沿岸及北海南岸，德国、瑞典等波罗的海沿岸国家海商法受其影响较大。

海商法是一个古老的法律部门，它起源于古代欧洲，并随着海上贸易的发生和发展逐步演变成近现代的体系。11 和 12 世纪是欧洲许多城市集中编纂档案资料和法律汇编的历史时期。"第一批中世纪海商法"即出现在这个时期。当时的海商法缺乏逻辑性和系统性，条文之间也存在矛盾和重复，其法律文本形态各异，内容比较简单，以实用为主。但正是这样一些法律汇编，为欧洲各地的船员们和商人们所熟悉，在航运贸易实践中起到保护权利、解决纷争和规范秩序的作用。

第一批中世纪海商法： 第一批比较重要的中世纪海商法出现在意大利和地中海其他地区。这些海商法见于约 1010 年的《阿马尔菲表》、约 1063 年的《特拉尼法令》、约 1160 年的《比萨习惯法》和 12 世纪的《耶路撒冷法令》等法律汇编当中。这几部海商法的出现标志了一个全新的海商法体系的诞生。地中海地区尤其是意大利，在11世纪以来的经济复兴和贸易发展中居于先发位置。

15世纪初，在海上贸易迅猛发展的时候，西班牙的对外贸易进入黄金阶段，带动了海上保险的发展，1435年，制定了世界上最古老的海上保险法典"《巴塞罗那法令》"，1556年又颁布了法令对经纪人进行管理，确定了经纪人制度。1563年西班牙国王飞利浦二世制定了"《安特卫普法令》"。《安特卫普法令》以及安特卫普交易所的习惯后来为欧洲各国普遍采用，保险制度趋于成熟和完善。

《巴塞罗那法令》：1435年春天，西班牙巴塞罗那市政当局发布了一项有关海上承保规则和损害赔偿的法令，这一被称为"巴塞罗那法令"的文本，被誉为"世界上最古老的海上保险法典"。

《安特卫普法令》：此法令分两部分，第一部分是航海法令，第二部分是海上保险法令及保单格式，对航海以及海上保险办法和保单格式作了较明确的规定。

1468年，威尼斯效仿西班牙海商法法典，制定了法院如何保证保险单实施和防止欺诈的法令。随后，法国、荷兰、德国均颁布了有关海上保险的法令，进一步规范了海上保险。后来海上保险成为国际保险的主要内容，也是涉及国际法律和公约最多的一种独立险种。

1523年，佛罗伦萨总结以往海上保险的做法，制定了一部比较完整的保险条例，成为世界上最早的保险条款。条例规定了标准保险单的格式，使保险单格式、内容更规范、更具体、更明确。

1575年，英国伊丽莎白一世女王颁布王室公告《保险费率规章》，以对海上保险业实施行政性监督。由英国政府建立一个公共性和私人性相结合的监管机构，并分别对海上保险监管的主体、客体及监管的程序做了详细规定。1601

年，伊丽莎白女王颁布了英国议会通过的《商事保险法》。这部法律规定在保险商会内设立仲裁法庭，以解决日益增多的海上保险纠纷，是英国海上保险司法制度的起源。

17世纪中叶以来，英国逐步发展成为世界贸易和航运业垄断优势的殖民帝国，这给英国商人开展全球海上保险业务提供了有利条件。1720年，经英国女王特许，创立了伦敦保险公司和英国皇家交易保险公司，专营海上保险。18世纪后期，英国成为世界海上保险的中心，占据了海上保险的统治地位。1906年，英国国会通过的"《1906年海上保险法》"对海上保险做出了巨大贡献。古老的海上保险，其内容和形式发生了明显的变化。海上保险业务在英国的兴盛和发展，为海上贸易提供了强有力的保障，英国打开了通向世界各地的海上通道，英国商人把他们的保险理念用贸易和殖民方式传播到世界各地，英国成为当时的日不落帝国。

《1906年海上保险法》：1756年至1778年，英国上院首席法官曼斯菲尔德收集了大量的海上保险案例，编制了一部海上保险法案，随后以此为基础的《1906年海上保险法》获得英国国会的通过，后来成为世界各国保险法的范本。这部法典将多年来所遵循的海上保险的做法、惯例、案例和解释等用成文法形式固定下来，法典的原则至今仍为许多国家采纳或仿效，在世界保险立法方面有相当大的影响。

海上保险的变化：

（1）海上保险的种类以由传统的承保船舶、货物、运输三种，逐步扩展到承保建造船舶、海上作业和海上资源开发以及与之有关的财产、责任、利益等；

（2）海上保险所承保的危险不仅限于原先的海上固有的危险，还包括与航海贸易有关的内河、陆上以及航空运输的危险和各种联运工具引起的责任；

（3）海上保险承保的标的已由物质的财产，逐步扩展到负责与之有关的非物质的利益、责任等。

第三章　近现代保险

近现代即近代（1640 年—1917 年），和现代（1918 年—现在）。1640年是英国资产阶级革命的开端，1917 年俄国爆发社会主义革命。

劳合社

17 世纪中叶，泰晤士河、伦敦、劳埃德咖啡馆、伦敦金融中心、劳合社、保险经纪人制度

火灾保险

冰岛"黑瑞甫"社、汉堡火灾合作社、第一家公营保险公司、1666 年伦敦大火、第一家专营房屋火灾保险的商行、太阳保险公司

人寿保险

发现美洲大陆、奴隶当作货物投保、洛伦佐·佟蒂《联合养老保险法》、哈雷生命表,《均衡保险费》的理论、伦敦公平保险社

责任保险

英国《雇主责任法》、雇主责任保险公司、汽车责任保险

信用保证保险

信用保证保险晚于火灾保险和人寿保险，大约在 18 世纪末欧洲出现忠诚保证保险，1919 年英国成立了出口信用担保局，1934 年英国成立了"伯尔尼联盟"

汽车保险

英国签发汽车第三者责任保险单，最早的一份汽车保险出现在美国，中国汽车保险现保费收入已占财产保险总保费的 70% 以上。

一、劳合社

欧洲商品经济的发展，带动了保险业逐步走向商业化，从而使现代商业保险在传承与发展中逐渐得以确立。17 世纪，欧洲文艺复兴，英国资本主义有了较大发展，经过大规模的殖民掠夺，英国日益发展成为占世界贸易和航运业垄断优势的庞大帝国，为英国商人开展世界性的海上保险业务提供了条件。保险经纪人制度随之产生。

保险经纪人制度现已成为世界性的行业，基于投保人的利益，为投保人与保险人订立保险合同提供中介服务。保险经纪人代表被保险人选择保险人，同保险方洽谈保险合同条款并代办保险手续以及提供相关服务。保险经纪人具备保险专业知识和技能，通晓保险市场规则、构成和行情，为投保人设计保险方案，代表投保人与保险公司商议达成保险协议。保险经纪人不保证保险公司的偿付能力，对给付赔款也不负法律责任，对保险公司则负有交付保费的责任。经纪人在办理保险业务中的过错给投保人、被保险人造成损失的，保险经纪人承担赔偿责任，所以保险经纪人是投保人的代理人，但经纪人的活动客观上为保险公司招揽了业务，故其佣金由保险公司按保费的一定比例支付。

17 世纪中叶，横跨"泰晤士河"的伦敦已成为一个规模很大的商埠。1683 年，英国人爱德华·劳埃德在泰晤士河畔开设了"劳埃德咖啡馆"，成为人们交换航运信息、购买保险及交谈商业新闻的场所。附近有海关、海军部等与航海贸易有关的单位，于是这里成为商人、高利贷者、经纪人、船东和海员经常会晤的场所。

他们经常对船舶出海的命运进行猜测、打赌，进而产生了对船只和货物的保险交易。当时的海上保险交易只是列明保险的船舶和货物以及保险金额，由咖啡馆里的承保人接受保险份额并署名。咖啡馆迁至"伦敦金融中心"后，为了招揽顾客，爱德华·劳埃德发行了《劳埃德船舶日报》，刊登船只到港和离港的信息、船上及海上的情况，定期发行，后来又改名为《劳合社动态》发行，不断扩大信息的范围，包括股票价格、外国市场行情、伦敦桥的高水位时间、事故和沉船报告等信息。劳埃德咖啡馆因此成为航运消息的传播中心。劳埃德死于1713年，随着咖啡馆的不断发展他后来成为海上保险业中的名人。

泰晤士河：英国的"母亲"河，发源于英格兰西南部，全长346公里，横贯英国首都伦敦与沿河的10多座城市，流域面积13000平方公里，在伦敦下游河面变宽，形成一个宽度为29公里的河口，注入北海。在伦敦上游，泰晤士河沿岸有许多名胜之地，诸如伊顿、牛津、亨利和温莎等。泰晤士河的入海口充满了英国的繁忙商船。在英国历史上泰晤士河流域占有举足轻重的地位，泰晤士河哺育了灿烂的英格兰文明。伦敦的主要建筑物大多分布在泰晤士河的两旁，尤其是那些有着上百年，甚至三四百年历史的建筑，如有象征胜利意义的纳尔逊海军统帅雕像、威斯敏斯特大教堂、圣保罗大教堂、伦敦塔、塔桥等。

伦敦金融中心：金融业是伦敦最重要的经济支柱，伦敦金融中心分布有许多的银行、保险公司和金融机构。大约有一半以上的英国百强公司和100多个欧洲500强企业均在伦敦设有总部。全球大约41%的货币业务在伦敦交易。伦敦城是世界上最大的国际保险中心，共有保险公司800多家，其中170多家是外国保险公司的分支机构。在伦敦保险业中，历史悠久，资金雄厚，信誉最高的是劳合社。19世纪时，英国在国际贸易和海洋运输方面已居世界各国之首，英镑也成为国际结算和各国外汇储备的主要货币，英国的银行体制日趋完善。

劳埃德咖啡馆的79名商人每人出资100英镑，于1774年租赁皇家交易所的房屋，在劳埃德咖啡馆原业务的基础上成立了"劳合社"。英国议会于1871年专门通过了一个法案，批准劳合社成为一个保险社团组织。劳合社通过向政府注册取得了法人资格，当时劳合社的成员只限于经营海上保险业务。直至1911年，英国议会取消了这个限制，批准劳合社成员可以经营包括水险在内的一切保险业务。劳合社在英国以及世界海上保险史上占有重要地位。

现在，劳合社已成为当今世界上最大的保险组织之一。在劳合社里，成员自由组合成承保"辛迪加"。每个辛迪加组织均有个牵头人，负责与经纪人商谈确定保险合同的有关条款、费率等。

劳合社：劳合社是英国最大的保险组织，是一个保险市场而并非保险公司，与纽约证券交易所相似，只向其成员提供交易场所和有关的服务，本身并不承保业务。现在，劳合社已拥有三万多成员，并组成四百多个水险、非水险、航空险、汽车险和人身险组合，经营包括海上保险在内的各种保险业务，成为当今世界上最大的保险组织之一。在劳合社里成员自由组合成承保辛迪加。每个辛迪加组织均有个牵头人，负责与经纪人商谈确定保险合同的有关条款、费率等。

辛迪加： 是资本主义垄断组织的一种基本形式，指同一生产部门的少数大企业为了获取高额利润，通过签订共同销售产品和采购原料的协定而建立起来的垄断组织。它们销售产品和采购原料的业务都由辛迪加的总办事处统一负责办理，然后再在参加者之间按照协议规定的份额进行分配。通过这种在流通领域内的集中和垄断，辛迪加可以按照抬高的价格销售商品，并按照压低的价格收购原料。辛迪加的组织形式一般比较稳固。辛迪加大约出现于19世纪末20世纪初。除辛迪加以外，垄断组织的组织形式还有托拉斯、卡特尔和康采恩等。

在历史上，劳合社设计了第一张盗窃保险单，为第一辆汽车和第一架飞机出立保单，近年又是计算机、石油能源保险和卫星保险的先驱。劳合社设计的条款和保单格式在世界保险业中有广泛的影响，其制定的费率也是世界保险业的风向标。劳合社采用保险经纪人制度，其承保的业务包罗万象。劳合社对保险业的发展，特别是对海上保险和再保险做出的杰出贡献是世界公认的。

劳合社由其社员选举产生的一个理事会来管理，下设理赔、出版、签单、会计、法律等部，并在100多个国家设有办事处。劳合社为其"所属承保人"提供交易场所，为其成员制订保险单、保险证书等标准格式，并根据劳合社法案和规定对他们进行管理和控制，包括监督他们的财务状况，为他们处理赔案，签署保单，收集共同海损退还金等，此外还出版有关海上运输、商船动态、保险海事等方面的期刊和杂志，向世界各地发行，进行信息搜集、统计和研究工作。

所属承办人： 劳合社的会员即劳合社承保人，又称真正承保人。劳合社承保人以个人名义对劳合社保险单项下的承保责任单独负责，其责任绝对无限，会员之间没有相互牵连的关系。劳合社从成员中选出委员会，劳合社委员会在接受新会员入会之前，除了必须由劳合社会员推荐之外，还要对他们的身份及财务偿付能力进行严格审查。如劳合社要求每一会员具有一定的资产实力，并将其经营保费的一部分提供给该社作为保证金，会员还须将其全部财产作为其履行承保责任的担保金。另外，每一承保人还将其每年的承保账册交呈劳合社特别审计机构，已证实其担保资金是否足以应付他所承担的风险责任。

劳合社是世界上历史最悠久的保险组织，由许多个体的会员组成。每个会员根据其拥有的资产和经营的业务量缴纳数额不同的保证金，由劳合社的管理委员会保管。这些会员按各自承保的险别，组成联合小组即辛迪加，各小组的成员多少不一，有的小组会员达1000个以上。伦敦保险市场是世界上最大的保险业中心。通过劳合社和伦敦保险协会所属的许多保险公司和保险经纪人，经营着来自世界各地的几乎任何类型的保险业务。伦敦保险市场是伦敦中、长期资本市场的重要支柱，保险公司把大量资金投放到政府债券、公司股票等方面，从而向国内外市场提供大量资金，并为英国政府财政收入带来很大好处。

二、火灾保险

火灾保险是以存放在固定场所并处于相对静止状态的财产物资为保险标的，由保险人承担保险财产遭受火灾及自然灾害事故损失赔偿责任的一种财产保险。火灾保险最初只承担火灾、爆炸等责任，后来扩展到承保雷电、暴风雨、洪水，乃至地震等责任，但人们仍习惯沿用"火灾保险"的名称，与传统的水险（海上保险）相对应。如冰岛设立的"黑瑞甫"社对火灾及家禽死亡损失负赔偿责任，可以认为是火灾保险的起源。

火灾保险的产生和发展比海上保险要晚，与其相比有如下特征：

无法用海上保险险种替代；

保险标的存在于陆地，相对静止；

保险标的存放地址不得随意变动，变动则影响保险合同效力；

可保风险广泛，包括各种自然灾害和多种意外事故，覆盖了大部分可保风险；

存在多种附加险，如附加利润损失保险和附加盗窃风险保险等。

火灾保险所承保的风险日益扩展，可保财产包括房屋及其他建筑物和附属装修设备，各种机器设备，工具、仪器及生产用具，管理用具及低值易耗品、原材料、半成品、在产品、产成品或库存商品和特种储备商品，以及各种生活消费资料等，对于某些市场价格变化大、保险金额难以确定、风险较特别的财产物资，如古物、艺术品等，则可以经过特别约定的程序进行承保。适用范围更加广泛，各种企业、团体及机关单位均可以投保火灾保险。

火灾保险的不保风险包括战争、军事行动或暴力行为、政治恐怖活动；核了污染；被保险人的故意行为；各种间接损失；因保险标的本身缺陷、保管不善而致的损失，以及变质、霉烂、受潮及自然磨损等。

真正的火灾保险始于德国，16世纪初，火灾的不断发生使德国城市中出现了类似火灾保险的互助组织，某个会员遭遇火灾时可得到组织的援助。1591年德国的工业和航运中心汉堡市发生了一起大火灾，酿造企业的损失尤为惨重。各酿酒厂为了筹划巨额重建资金，维护不动产的信用而设立了火灾合作社，推动了火灾保险的兴起。到1676年，火灾合作组织已很普及。为了充实资金力量，汉堡的46家合作社还联合成立了世界上第一个国家火灾保险组织——公众火灾合作社。此后，德皇颁布法令，在全国推广这一做法，规定各城市都要联合起来，成立市营火灾合作社；不久后，又在全国实行了强制火灾保险的特别条例。这就是公营强制火灾保险的兴起。

现行火灾保险制度起源于英国。1666年英国伦敦大火催生了现代火灾保险的发展。1666年9月2日，英国伦敦因皇家面包店的烘炉过热引发巨大火灾，导致市内448亩的地域中373亩成为瓦砾，占伦敦面积的83%，这场火灾持续了5天，损失约1200万英镑，13200幢房屋和87座教堂被烧毁，20万人无家可归。由于这次教训，灾后的幸存者们希望能有一种可靠的保障，来对火灾造成的损失提供补偿，因此火灾保险对人们来说显得十分重要，保险思想逐渐深入人心。1667年，牙科医生尼古拉斯·巴蓬在伦敦开办个人保险，经营房屋火灾保险，出现了第一家专营房屋火灾保险的商行。1680年，他邀集3人集资4万英镑，设立了一个火灾保险合伙组织。1681年，这个组织改组为合资经营的火灾保险公司。1705年更名为菲尼克斯即凤凰火灾保险公司。巴蓬的火灾保险公司的保险费根据房屋的租金和结构计算，砖石建筑的费率为2.5%，木屋的费率为5%，这种依据房屋危险情况分类制定保险费率的方法是现代火险差别费率的起源，巴蓬也因此成为"现代火灾保险之父"。

从18世纪60年代开始，欧洲各国相继发生了产业革命，工业技术的大革新，机器的普遍使用，使工业企业的固定资产、流动资产大量增加，这在客观上要求火灾保险进一步发展，相应增加火灾保险公司的数量。世界上最早的股份制保险公司是1710年由英国的查尔斯·波文创办的伦敦保险人公司，后改称"太阳保险公司"，它的承保范围从不动产扩大到动产，是英国迄今仍存在的最古老的保险公司之一。

太阳保险公司：太阳火灾保险是现存历史最悠久的仍以原先名称营业的公司，"联合"保险成立于1824年，"皇家"保险成立于1845年。1996年英国两家最大的保险公司，皇家保险公司和太阳联合保险公司，合并成立了今天的皇家太阳联合保险集团。皇家太阳联合保险集团是世界上十大财产保险公司之一。

1752年，"本杰明·富兰克林"创办了美国第一家火灾保险社，这是美国的第一家火灾保险公司。1792 年建立的"北美保险公司"在两年后也开始承保火险业务。19 世纪，欧美的火灾保险公司大量涌现，火灾保险承保能力也大为提高。1861 年—1911 年间，英国登记在册的火灾保险公司达到 567 家。1909 年，英国政府以法律的形式对火灾保险进行制约和监督，促进了火灾保险业务的正常发展。

本杰明·富兰克林：美国著名政治家、科学家，同时也是出版商、印刷商、记者、作家、慈善家，更是杰出的外交家及发明家。富兰克林生于美国马萨诸塞州波士顿，参与了多项重要文件的草拟，并曾出任美国驻法国大使，成功取得法国支持美国独立。他曾经进行多项关于电的实验，并且发明了避雷针，证明了雷暴不是"上帝的怒火"而是人们熟知的放电现象，还发明了双焦点眼镜，等等。富兰克林是共济会的成员，被选为英国皇家学会院士，也是美国首位邮政局长。

1792 年，美国第一家股份制保险公司——北美保险公司成立。美国信诺保险集团作为该公司的延伸，开展业务已有 200 多年的历史。

18 世纪末到 19 世纪中期，现代保险业比较发达的国家都是工业化国家，英、法、德等国相继完成了"工业革命"，机器生产代替了原来的手工操作，物质财富大量集中，使人们对火灾保险的需求更为迫切。这一时期火灾保险发展异常迅速，火灾保险公司的形式以股份公司为主。火灾保险公司的数量增多以后，就产生了竞争，为了限制同行业间的过度竞争以及规定统一承保办法，从 19 世纪开始，欧洲各地陆续出现了保险公司同业公会组织。

工业革命：开始于 18 世纪 60 年代，通常认为它发源于英格兰中部地区，是指资本主义工业化的早期历程，即资本主义生产完成了从工场手工业向机器大工业过渡的阶段。工业革命以机器取代人力，以大规模工厂化生产取代个体工场手工生产的一场生产与科技革命。机器的发明及运用成了这个时代的标志，因此历史学家又称这个时代为"机器时代"。一般认为，蒸汽机、煤、铁和钢是促成工业革命技术加速发展的四项主要因素。英国是最早开始工业革命也是最早结束工业革命的国家。

进入 19 世纪，在欧洲和美洲，火灾保险公司大量出现，火灾保险的责任范围也逐渐扩大如雷电、暴风雨、洪水、地震、崴崩、泥石流等，乃至火灾后的利润损失都可作为附加险予以承保，承保能力有很大提高。1871 年，芝加哥一场大火造成 1.5 亿美元的损失，其中保险公司赔付 1 亿美元，可见火灾保险的承保面之广。

19 世纪后期，随着帝国主义的对外扩张，火灾保险传到了发展中国家和地区。火灾保险的可保险种也越来越多，开办了财产基本险、财产综合险、财产一切险和家庭财产保险，以满足社会高速发展所面临的各种风险保障需求。

（1）财产保险基本险，以企事业单位、机关团体等的财产物资为保险标的，由保险人承担被保险人财产所面临的基本风险责任的财产保险，它是团体火灾保险的主要险种之一。该险种承担的主要保险责任包括：火灾；雷击；爆炸；飞行物体和空中运行物体的坠落；被保险人拥有财产所有权的自用的供电、供水、供气设备因保险事故遭受破坏，引起停电、停水、停气以及造成保险标的的直接损失，保险人亦予以负责；必要且合理的施救费用。

（2）财产保险综合险，是团体火灾保险业务的主要险种之一，它在适用范围、保险对象、保险金额的确定和保险赔偿处理等内容上，与财产保险基本险相同，不同的只是保险责任较财产保险基本险有扩展。保险人承保该种业务时所承担的责任包括：火灾、爆炸、雷击，暴雨，洪水，台风，暴风，龙卷风，雪灾，雹灾，冰凌，泥石流，崖崩，突发性滑坡，地面突然塌陷，飞行物体及其他空中运行物体坠落。

（3）财产一切险，一切险的承保范围比综合险更为宽泛，它是承保责任最多的一个企业财产保险险种。由于一切险的承保责任在保险合同上的表述是保险单列明的"除外责任之外的一切自然灾害与意外事故"，因此，一切险的承保责任是指除外责任之外的一切责任。也就是说，一切险的除外责任是列明的，而保险责任是举例的。除外责任以外的由于自然灾害或意外事故造成保险标的直接物质损坏或灭失，保险公司均予负责。财产一切险的保险财产及费用一般可包括：建筑物、机器设备、办公用品、仓储物品、清除残骸费用、灭火费用等。

（4）家庭财产保险，面向城乡居民家庭或个人的火灾保险。投保人以家庭或个人为单位，业务分散，额小量大，风险结构以火灾、盗窃等风险为主。种类有：普通家庭财产保险，家庭财产两全保险，房屋及室内财产保险，安居类综合保险，投资保障型家庭财产保险，专项家庭财产保险等。

20 世纪以来，随着火险的发展，尤其是保险的作用越来越大，对于火险保险金额的确定、保险费率的确定，以及保险赔偿规定等都更加明确。火险成为最主要的险种，为人类社会的发展提供风险保障。

（1）保险金额的确定。火灾保险的保险金额，通常根据投保标的分项确定。①团体火灾保险的保险金额划分为固定资产与流动资产两大类，其中固定资产还要分类进行分项，每项固定资产仅适用于该项固定资产的保险金额；流动资产则不再分项确定。②固定资产保险金额时，既可以按照账面原值确定，也可以按照重置价值确定，还可以依据公估行或评估机构评估后的价值确定；对于流动资产的保险金额，既可以按照最近账面 12 个月的平均余额确定，也可以由被保险人自行确定。③在家庭财产保险中，需要分为房屋及其附属设施、家用电器、其他家庭用品等项确定，分项越细越好。

（2）保险费率的确定。费率的表达形式为千分率，火灾保险的费率分为团体火灾保险费率与家庭财产保险费率，它们均采取固定级差费率制度。同时，火灾保险的费率通常以一年期的费率为标准费率，对不足一年的业务则制定短期费率标准，短期费率标准一般按照一年期费率标准的一定百分比确定。火灾保险基于保险标的存放在固定处所，其费率的确定通常需要考虑如下因素：建筑结构及建筑等级，占用性质，承保风险的种类及多寡，地理位置，投保人的防灾设备及防灾措施。

（3）保险赔偿规定。发生火灾保险赔案时，保险人依据理赔程序和赔偿原则开展赔偿工作。同时注意下列事项：对固定资产分项计赔，每项固定资产仅适用于自身的赔偿限额；注意扣除残值和免赔额；对团体火灾保险一般采用比例赔偿方式处理赔案，对家庭财产保险一般采取第一危险赔偿方式处理赔案。但在某些业务中亦交互使用。

拓展阅读

世界九大火灾[1]

1. 罗马大火

发生时间：公元 64 年 7 月 18 日，持续 1 天（一说是 5 天）

火灾地点：古罗马竞技场附近的商店街

火灾原因：官方记载是意外失火，但民间一直传闻大火是残暴的尼禄的阴谋

火灾损失：罗马城几乎变成了废墟，14 个街区中只有 4 个幸免于难，数千人丧生

2. 明历大火

发生时间：公元 1657 年 3 月 2 日，持续 2 天

火灾地点：日本江户（今天的东京）

火灾原因：江户本妙寺为一名去世的少女做法事，法事结束后火化遗体时刮起了强风，风将遗体上一只燃烧的衣袖刮走并引燃了建筑物大火。当时的江户人口密度极高，普通平民一般只有 6 块榻榻米（约 9.6 平方米）大小的居住空间（厕所、厨房、卧室均包括在内），道路拥挤，防火措施落后，房屋基本为全木结构

火灾损失：烧毁了江户城三分之二的区域、烧死三分之一人口（共约造成 107000 人死亡）。与伦敦大火、罗马大火并称世界三大火灾

3. 伦敦大火

发生时间：公元 1666 年 9 月 2 日，持续 4 天

火灾地点：英国伦敦

火灾原因：一家面包店老板烤完面包忘记熄灭燃烧的面包炉，炉火引燃了民房并很快蔓延

火灾损失：烧毁了伦敦城六分之一的建筑物，是伦敦历史上最严重的火灾

4. 哥本哈根大火

发生时间：公元 1728 年 10 月 20 日，持续 4 天

---

[1] 根据公开资料整理

火灾地点：哥本哈根

火灾原因：城内一家小餐馆老板的 7 岁小儿子不慎打翻烛台

火灾损失：28% 的城市建筑被烧毁，14000 城市人口无家可归，死伤人数不详。文化
　　　　　损失则无法计算，哥本哈根大学图书馆被完全烧毁，35000 册图书付之
　　　　　一炬，其中大量是中世纪留存下来的珍本和孤本；哥本哈根大学天文台
　　　　　的观测设备和观测记录也被烧毁。当时有悲观的市民感叹，一把火将哥
　　　　　本哈根烧回了中世纪，火灾后重建花了 9 年时间

5. 天明大火

发生时间：公元 1788 年 3 月 7 日，持续 2 天，日本史上的严重火灾

火灾地点：日本京都市郊的一所空屋

火灾原因：引火原因不明，强风加上全木结构的建筑导致火势无法控制

火灾损失：烧毁了 36797 间房屋，201 间寺庙，37 间神社。烧毁的建筑物占京都建
　　　　　筑物总数的 80%。死伤人数说法不一，官方说法是 150 人，但也有调查
　　　　　认为烧死 1800 人

6. 图尔库大火

发生时间：公元 1827 年 9 月 4 日，持续 1 天，是芬兰历史上最大的火灾

火灾地点：芬兰图尔库

火灾损失：烧毁了图尔库 75% 的建筑物，并导致 11000 人无家可归，烧死 27 人，数
　　　　　百人受伤。这场火灾对库尔图的打击是毁灭性的，几乎所有中世纪遗留
　　　　　下的档案、图书全部烧毁

7. 第二次纽约大火

发生时间：公元 1835 年 12 月 16 日，持续 1 天

火灾地点：纽约曼哈顿

火灾原因：不明

火灾损失：烧毁了大量英国殖民时代历史建筑，华尔街附近成了重灾区，纽约证券
　　　　　交易所也在火灾中被烧毁。火灾总计烧毁了 17 个街区的 700 栋建筑物，
　　　　　2 人烧死。这场火灾导致纽约 26 家火灾保险公司中的 23 家破产

8. 圣路易斯大火

发生时间：公元 1849 年 5 月 17 日，持续 11 个小时

火灾地点：圣路易斯位于密西西比河与密苏里河的交界处

火灾原因：一艘蒸汽船"白云号"失火，并引燃了停泊在码头的其他蒸汽船

火灾损失：烧掉了 430 栋建筑、23 艘大型汽船和不计其数的小型船只、皮划艇，烧

死 3 人。一位消防员在这次火灾中因公殉职，这是美国历史上有史可查的第一位因公殉职的消防员

9. 芝加哥大火

发生时间：公元 1871 年 10 月 8 日，持续 3 天

火灾地点：美国芝加哥

火灾原因：一头奶牛踢翻了放在草堆上的油灯

火灾损失：10 万人无家可归，300 人丧命，芝加哥三分之一的城市被烧毁，将近一半的人无家可归。在火灾区内，只剩下一栋房屋和五栋公共建筑依然未倒塌。2124 公顷面积的市中区变成了一片焦土和废墟。芝加哥大火是人类历史上最为惨重的火灾，其损失是不能用美元或房屋多少来估计的。具体统计数据也仅仅是按照当时被焚毁的房屋和家具的价值来计算，间接损失一律没有记入。即使这样，按当时最保守的货币价格，其损失也不低于 10 亿美元。死亡人数是按照找到的尸首计算出来的，许多死者没有统计在内，如流动人口尚未登记、烧得连尸骨都没有的也没有计算在内。在统计人数时，没有将来自意大利、印度和中国的劳工死亡人数计算在内

三、人寿保险

古代一些地区出现了某些类似人身保险的原始互助形式，这种形式随着人类发展、世纪更迭，按照两条路径演变，其一，演变为近现代的社会保险（社会保障体系的重要组成部分），原始互助成为社会保障制度的渊源之一。其二，演变为相互保险。原始互助形式是人身保险的萌芽，没有演变为现代意义的人身保险，但原始互助的思想是现代商业保险最核心、最本质的理念。社会保险、相互保险和商业保险构成现代人类社会三种主要保险类型，如图 3-1。

图 3-1 三种主要保险类型

人身保险：以人的健康、身体完整及寿命长短作为保险保障的客体，将生病、死亡/存活、受伤害作为要防范的风险。当人们遭受不幸事故或因疾病、年老以致丧失工作能力、伤残、死亡或年老退休时，根据保险合同的约定，保险人对被保险人或受益人给付保险金，以解决其因病、残、老、死所造成的经济困难。根据保障范围不同，人身保险可以区分为人寿保险、意外伤害保险和健康保险。人寿保险是以人的寿命为保险标的，当发生保险事故时，保险人对被保险人履行给付保险金责任的一种保险。意外伤害保险是以被保险人在保险有效期间因遭遇非本意的、外来的、突然的意外事故，致使其蒙受伤害因而残废或死亡时，保险人按照合同约定给付保险金的一种人身保险。健康保险是以被保险人的身体为保险标的，使被保险人在疾病或意外事故所致伤害时发生的费用或损失获得补偿的一种保险。

社会保险：国家通过立法建立的一种社会保障制度，目的是使劳动者因年老、失业、患病、工伤、生育而减少或丧失劳动收入时，能从社会获得经济补偿和物质帮助，保障基本生活。从社会保险的项目内容看，它是以经济保障为前提的。一切国家的社会保险制度，不论其是否完善，都具有强制性、社会性和福利性这三个特点。按照我国劳动法的规定，社会保险项目分为养老保险、失业保险、医疗保险、工伤保险和生育保险。社会保险的保障对象是全体劳动者，资金主要来源是用人单位和劳动者个人的缴费，政府给予资助。依法享受社会保险是劳动者的基本权利。其具有如下特征：①保障性：保障劳动者的基本生活；②普遍性：覆盖所有社会劳动者；③互助性：利用参加保险者的合力，帮助某个遇到风险的人，互帮互济，满足急需；④强制性：由国家立法限定，强制用人单位和职工参加；⑤福利性：社会保险是一种政府行为，不以营利为目的。

社会保障：国家通过立法对社会成员，特别是生活有特殊困难的人们的基本生活权利，给予保障的社会安全制度。社会保障的本质是维护社会公平促进社会稳定发展。社会保障通过立法，动员社会各方面资源，保证无收入、低收入以及遭受各种意外灾害的公民能够维持生存，保障劳动者在年老、失业、患病、工伤生育时的基本生活不受影响。同时，逐步增进公共福利水平，提高国民生活质量。一般来说，社会保障由社会保险、社会救济、社会福利、优抚安置等组成。其中，社会保险是社会保障的核心内容。目前我国的社会保障制度，属于社会共济模式，即由国家、单位（企业）、个人三方共同为社会保障计划融资，社会保障是现代工业文明的产物，它既是经济发展的"推进器"，也是维护百姓切身利益的"托底机制"和维护社会安全的"稳定器"。社会保障是现代国家一项基本的社会经济制度，是社会文明进步的重要标志。

商业保险：商业保险是相对于社会保险而言的。商业保险组织根据保险合同约定，向投保人收取保险费，建立保险基金，对于合同约定的发生造成的财产损失承担赔偿责任；或当被保险人死亡、伤残、疾病或者达到合同约定的年龄、期限时承担给付保险金责任的一种合同行为。其具有如下特征：①商业保险的经营主体是商业保险公司；②商业保险所反映的保险关系是通过保险合同体现的；③商业保险的对象可以是人和物（包括有形的和无形的），具体标的有人的生命和身体、财产以及与财产有关的利益、责任、信用等；④商业保险的经营以营利为目的，以保障被保险人享受最大程度的经济保障。

哥伦布发现新大陆之后，欧洲人从非洲贩运奴隶；15世纪后期，欧洲的奴隶贩子把运往美洲的非洲奴隶当作货物进行投保，后来船上的船员也可投保；如遇到意外伤害，由保险人给予经济补偿，这些被认为是人身保险的早期形式。但这种保险实质是把贩运的奴隶作为货物（而不是作为人）投保海上保险即财产保险，而不是人身保险。至于船员的保险是以人的身体或生命为保险标的的保险，可以认为是人身保险的源头。

人寿保险是众多保险品种中最重要的一种，它以人的寿命为保险标的，以生死为保险事故的保险，也称为生命保险。人寿保险一词在使用时有广义和狭义之分。广义的人寿保险就是人身保险，狭义的人寿保险是人身保险的一种，但不包括意外伤害保险和健康保险，仅是以人的生死为保险事件，保险人根据合同的规定负责对被保险人在保险期限内死亡或生存至一定年龄时给付保险金。人寿保险可以分为普通型人寿保险和新型人寿保险。普通人寿保险又可以分为定期人寿保险、终身人寿保险、生死两全保险和年金保险四类。真正意义上的人寿保险的产生晚于财产保险。人寿保险发展过程中一个非常重要的标志就是数学方法和统计手段在人寿保险业务中的应用，是"保险精算学"产生并应用于保险实践之后的产物。1661 年，英国数学家帕斯卡把概率论用于年金保险。

表 1-1　普通型人寿保险分类

普通型人寿保险			
定期寿险	终身寿险	两全保险	年金保险

定期人寿保险：被保险人在保单规定的期间发生死亡，身故受益人有权领取保险金，如果在保险期间内被保险人未死亡，保险人无须支付保险金也不返还保险费，该保险大都是对被保险人在短期内从事较危险的工作提供保障。

终身人寿保险：是一种不定期的死亡保险，保险责任从保险合同生效后一直到被保险人死亡之时为止。由于人的死亡是必然的，因而终身保险的保险金最终必然要支付给被保险人。由于终身保险保险期长，故其费率高于定期保险。

生死两全保险：指被保险人在保险合同约定的期间里假设身故，受益人则领取保险合同约定的身故保险金，被保险人继续生存至保险合同约定的保险期期满，则领取保险合同约定的保险期满保险金的人寿保险。这类保险是目前市场上最常见的商业人寿保险。

年金保险：指以生存与否为给付保险金条件，按约定分期给付保险金，且分期给付保险金的间隔不超过一年（含一年）的人寿保险。

保险精算学：一种运用数学、统计学、金融学及人口学等学科的知识和原理，解决保险工作中的实际问题，为决策提供科学依据的学科。对各种保险经济活动未来的风险进行分析、估价和管理的一门综合性的应用科学。①寿险精算学以概率论和数理统计为工具研究人寿保险的寿命分布规律，寿险出险规律，寿险产品的定价，责任准备金的计算，保单现金值的估值等问题的学科。在寿险精算中，利率和死亡率的测算是厘定寿险成本的两个基本问题。由于利率一般由国家控制，所以在相当长的时期里利率并不是保险精算所关注的主要问题，而死亡率的测算即生命表的建立成为寿险精算的核心工作。②非寿险精算学是研究除人寿以外的保险标的的出险规律，出险事故损失额度的分布规律，保险人承担风险的平均损失及其分布规律，保费的厘定和责任准备金的提存等问题的学科。非寿险精算始终把损失发生的频率、损失发生的规模以及对损失的控制作为它的研究重心。非寿险精算发展出两个重要分支：一是损失分布理论；二是风险理论。

1671 年，荷兰人维德提出终身年金现值的计算方法。英国在 1688 年建立的"寡妇年金制"和"孤寡保险会"等保险组织，使人寿保险企业化。孤寡保险会是英国出现的首家专业化的人寿保险组织，该组织对投保人的年龄、健康情况等条件进行了明确的规定，并且设置了"宽限期"等延续到现在人寿保险合同的条款。

宽限期：指在每期保险费到期日之后，如果投保人因为各种原因尚未缴纳保险费，只要在此后的"宽限"时间内（一般是 60 天）补交保险费，保险合同仍然有效。如果被保险人在宽限期内死亡，保险仍有效，保险人承担保险责任并支付保险金，支付的保险金扣除应缴的当期保险费。规定宽限期的目的是对保险所有人非故意的拖欠保险费提供一些保护，此外也给经济陷入困境的保单所有人提供一个较为宽裕的筹款时间。

17 世纪中叶，意大利银行家洛伦佐佟蒂提出了一项联合养老办法，办法规定每人交纳 300 法郎，筹集起总额 140 万法郎的资金，规定在一定时期以后开始每年支付利息，把认购人按年龄分为 14 个群，对年龄高的群多付利息。在认购人死亡之后，利息总额在该群生存者中间平均分配；当该群认购人全部死亡，就停止付息。由于这种方法不偿还本金，并引起了相互残杀，后被禁止。这个办法后来被称为"佟蒂法"，引起了人们对生命统计研究的重视，并于 1689 年正式实行。因而，人身保险的创始人应首推洛伦佐佟蒂。《佟蒂法》

是现代"养老年金"的起源。1689年，法国路易十四将《佟蒂法》用于筹集战争经费获得成功。

养老年金：是寿险的一种特殊形式，即从年轻时开始定期缴纳保险费，从合同约定年龄开始持续、定期地领取养老金的人寿保险，能有效地满足客户的养老需要。养老年金保险产品符合下列条件：①以提供养老保障为目的；②由个人向保险公司交纳保险费；③保险合同约定被保险人生存至特定年龄时，选择由保险公司分期给付生存保险；④分期给付生存保险金的，相邻两次给付的时间间隔为一年或者不超过一年。

1693年，英国数学家、天文学家"埃德蒙·哈雷"博士根据德国布雷斯劳市1687年到1691年间的市民按年龄分类的死亡统计资料，用数学方法编制了世界上第一张"生命表"，精确表示了每个年龄的死亡率。该生命表为保险费的计算提供了数理依据，从而奠定了现代人寿保险的数理基础。

埃德蒙·哈雷：出生于英国伦敦，曾任牛津大学几何学教授，第二任格林尼治天文台台长。哈雷20岁毕业于牛津大学王后学院，他放弃了获得学位的机会，去圣赫勒纳岛建立了一座临时天文台，在那里观测天象，编制了第一个南天星表，弥补了天文学界原来只有北天星表的不足。南天星表包括了381颗恒星的方位，于1678年刊布，当时他才22岁。1680年，哈雷与巴黎天文台第一任台长卡西尼合作，观测了当年出现的一颗大彗星。从此他对彗星发生兴趣，把牛顿定律应用到彗星运动上，并正确预言了哈雷彗星作回归运动的事实，还发现了天狼星、南河三和大角这三颗星的自行，以及月球长期加速现象。

生命表：生命表在生态学中，指死亡表和寿命表，用于简单而直观地反应种群存活和死亡过程的统计表。在人口学中，是对相当数量的人口自出生（或一定年龄）开始，直至这些人全部去世为止的生存与死亡记录。通常以10万（或100万）人作为0岁的生存人数，然后根据各年中死亡人数，各年末生存人数计算各年龄人口的死亡率、生存率，列成表格，直至此 10 万全部死亡为止。生命表上所记载的死亡率、生存率是决定人寿保险费的重要依据，是反映一个国家或者一个区域人口生存死亡规律的调查统计表。

18 世纪四五十年代，托马斯辛普森根据哈雷的生命表，制成依死亡率变化而变化保险费率表。之后，詹姆斯道森又依照年龄差制定了更为精确的保险费率表，并提出了"均衡保险费"的理论，从而促进了人身保险的发展。

均衡保险费指保险人将人的不同年龄的自然保险费结合利息因素，均匀地分配在各个年度，使投保人按期交付的保险费整齐划一，处于相同的水平，这种保险费即为均衡保险费。均衡保险费避免了被保险人到了晚年因保险费的上升而无力续保的不足，因此适合长期性的人寿保险。

1762 年，英国成立了世界上第一家人寿保险公司——公平人寿保险公司。该公司以生命表为依据，采用均衡保险费理论计算保费，对不符合标准的保户另行收费，对宽限期、保单失效后的"复效"也做出了具体规定，并详细载于保单。该公司的成立，标志着现代人寿保险制度的形成。

复效： 如果保险单所有人在宽限期届满时仍未缴付保险费，并且保险合同中没有其他约定的，保险单便会失效即中止。但保险单的中止不同于保险单的终止，中止的保险单仍可在一定的期限内（一般为两年）申请复效。

大多数人身保险．不是补偿性保险，而是"定额给付性保险"，只能按事先约定金额给付保险金，根据投保人自报的金额，并参照投保人的经济情况、工作地位、生活标准、缴费能力和需要等因素来加以确定。由于人身保险的保险利益难以用货币衡量，所以人身保险一般不存在超额投保和重复保险问题。但保险公司可以根据被保险人的需要和收入水平加以控制，使保险金额比较适当。同样代位求偿权原则也不适用于人身保险。如果被保险人的伤害是由第三者造成的、被保险人或其受益人既能从保险公司取得保险金，又能向责任方提出损害赔偿要求，保险公司不能行使代位求偿权。另外，除个别人身保险险种期限较短外，大部分人身保险期限较长，因为人们对人身保障的需求具有长期性，人身保障所需要的保险金额较高，一般要长期以分期缴付保险费方式才能取得。

定额给付性合同： 基于保险赔偿的性质不同，保险可分为损失补偿性保险与定额给付性保险。所谓定额给付性保险，是指保险责任的承担，不以实际损失的发生为条件，只要合同中约定的条件成立，不论存在几份合同，每份合同中的保险人都应当按合同中的约定，承担起各自的保险责任；不论是否有第三人对被保险人已经履行了赔偿责任，也不论是否有其他保险人对被保险人支付了保险赔偿。

健康保险是以被保险人的身体为保险标的，以被保险人在保险期间内因疾病等健康原因不能从事正常工作，或造成残疾或死亡时由保险人给付保险金的一种保险。健康保险按照保险责任分为疾病保险、医疗保险、收入保障保险和长期护理保险等。

（1）**医疗保险，** 指以约定的医疗费用为给付保险金条件的保险，即提供医疗费用保障的保险，它是健康保险的主要内容之一。医疗费用是病人为了治病而发生的各种费用，它不仅包括医生的医疗费和手术费用，还包括住院、护理、医院设备等的费用。医疗保险的主要类型有：普通医疗保险、住院保险、手术保险、综合医疗保险。

（2）**疾病保险，** 指以疾病为给付保险金条件的保险。通常这种保单的保险金额比较大，给付方式一般是在确诊为特种疾病后，立即一次性支付保险金额。疾病保险的基本特点是：①个人可以任意选择投保疾病保险，作为一种独立的险种，它不必附加于其他某个险种之上；②疾病保险条款一般都规定了一个等待期或观察期，观察期结束后保险单才正式生效；③为被保险人提供切实的疾病保障，且程度较高；④保险期限较长；⑤保险费可以分期交付，也可以一次交清。重大疾病保险保障的疾病一般有心肌梗死、冠状动脉绕道手术、癌症、脑中风、尿毒症、严重烧伤、急性重型肝炎、瘫痪和重要器官移植手术、主动脉手术等。

（3）**收入保障保险**，指以因意外伤害、疾病导致收入中断或减少为给付保险金条件的保险，具体是指当被保险人由于疾病或意外伤害导致残疾，丧失劳动能力不能工作以致失去收入或减少收入时，由保险人在一定期限内分期给付保险金的一种健康保险。收入保障保险一般可分为两种，一种是补偿因伤害而致残废的收入损失，另一种是补偿因疾病造成的残废而致的收入损失。

（4）**长期护理保险**，为因年老、疾病或伤残而需要长期照顾的被保险人提供护理服务费用补偿的健康保险。长期护理保险的保险范围分为医护人员看护、中级看护、照顾式看护和家中看护四个等级，但早期的长期护理保险产品不包括家中看护。典型长期看护保单要求被保险人不能完成下述五项活动之两项即可：吃、沐浴、穿衣、如厕、移动。除此之外，患有阿尔茨海默病等认知能力障碍的人通常需要长期护理，但他们却能执行某些日常活动，为解决这一矛盾，所有长期护理保险已将阿尔茨海默病、阿基米得病及其他精神疾患包括在内。

健康保险按给付方式分为三种：

（1）给付型。保险公司在被保险人患保险合同约定的疾病或发生合同约定的情况时，按照合同规定向被保险人给付保险金。保险金的数目是确定的，一旦确诊，保险公司按合同所载的保险金额一次性给付保险金。各保险公司的重大疾病保险等就属于给付型。

（2）报销型。保险公司依照被保险人实际支出的各项医疗费用按保险合同约定的比例报销。如住院医疗保险、意外伤害医疗保险等就属于报销型。

（3）津贴型。保险公司依照被保险人实际住院天数及手术项目赔付保险金。保险金一般按天计算，保险金的总数依住院天数及手术项目的不同而不同。如住院医疗补贴保险、住院安心保险等就属于津贴型。

除重大疾病等保险以外，绝大多数健康保险尤其是医疗费用保险常为一年期的短期合同。健康保险产品的定价主要考虑疾病率、伤残率和疾病（伤残）持续时间。此外，等待期、免责期、免赔额、共付比例和给付方式、给付限额也会影响最终的费率。费用型健康保险适用补偿原则，定额给付型健康险则不适用。健康保险经营的是伤病发生的风险，其影响因素远较人寿保险复杂，逆选择和道德风险更严重。此外，健康保险的风险还来源于医疗服务提供者，医疗服务的数量和价格在很大程度上保险公司很难加以控制。健康保险风险大、不易控制和难以预测，因此，保险人对所承担的疾病医疗保险金的给付责任往往带有很多限制或制约性条款。健康保险合同中，除适用一般寿险的条款等外，还采用一些特有的条款，如既存状况条款、转换条款、协调给付条款、体检条款、免赔额条款、等待期条款等。健康保险的除外责任一般包括战争或军事行动，故意自杀或企图自杀造成的疾病、死亡和残废，堕胎导致的疾病、残废、流产、死亡等。

人身意外伤害保险是指投保人向保险公司缴纳一定金额的保费，当被保险人在保险期限内遭受意外伤害，并以此为直接原因造成死亡或残废时，保险公司按照保险合同的约定向保险人或受益人支付一定数量保险金的一种保险。人身意外保险是以被保险人的身体作为保险标的，以被保险人因遭受意外伤害而造成的死亡、残疾、医疗费用支出或暂时丧失劳动能力为给付保险金条件的保险。根据这个定义，意外伤害保险保障项目包括死亡给付、残疾给付、医疗给付和停工给付。伤害必须是人体的伤害，人工装置以代替人体功能的假肢、假眼、假牙等，不是人身天然躯体的组成部分，不能作为保险对象。

随着社会的发展，人寿保险打破了单纯以被保险人的死亡、疾病、伤残等为赔付条件的模式。20世纪末期出现了分红保险、投资连接保险、万能保险等创新型人寿保险险种，人寿保险的范围不断扩充，为人们提供多种保险选择。

分红保险：起源于保单固定利率在未来很长时间内和市场收益率变动风险在投保人和保险公司之间共同承担。是指保险公司在每个会计年度结束后，将上一会计年度该类分红保险的可分配盈余，按一定的比例、以现金红利或增值红利的方式，分配给客户的一种人寿保险。分红保险是世界各国寿险公司规避利率风险，保证自身稳健经营的有效手段。相对于传统保障型的寿险保单，分红保单向保单持有人提供的是非保障的保险利益，红利的分配还会影响保险公司的负债水平、投资策略以及偿付能力。

投资连接保险：一种融保险与投资功能于一身的新险种，适合于具有理性的投资理念、追求资产高收益同时又具有较高风险承受能力的投保人。保障主要体现在被保险人保险期间意外身故，会获取保险公司支付的身故保障金，同时通过投连附加险的形式也可以使用户获得重大疾病等其他方面的保障。投资方面是指保险公司使用投保人支付的保费进行投资，获得收益。

万能保险： 一种可以任意支付保险费，以及任意调整死亡保险金给付金额的人寿保险。客户在投保以后可以根据人生不同阶段的保障需求和财力状况，调整保额、保费及缴费期，确定保障与投资的最佳比例，让有限的资金发挥最大的作用。万能险是风险与保障并存，介于分红险与投连险间的一种投资型寿险。所缴保费分成两部分，一部分用于保险保障，另一部分用于投资账户。保障和投资额度的设置主动权在投保人，可根据不同需求进行调节；账户资金由保险公司代为投资理财，投资利益上不封顶、下设最低保障利率。

四、责任保险

责任保险是对第三方受害者的一种经济保障或补偿，起源晚于财产保险和人寿保险。责任保险产生于19世纪的欧美国家，20世纪70年代以后在工业化国家迅速得到发展。19世纪初，法国在"《拿破仑法典》"中做出了有关赔偿责任的规定。之后，责任保险险种在英国陆续出现。1855年，英国开办了铁路"承运人责任保险"。1875年，英国出现了马车"第三者责任保险"。1880年，英国开展承保"雇主责任保险"，并颁布《雇主责任法》。之后，陆续出现了"产品责任保险""医疗事故责任保险"和"会计师责任保险"等。德国、美国等国也相继创办了责任保险。

《拿破仑法典》： 是一部典型的近代民法典，也是第一部资本主义国家的和以资本主义经济制度为基础的民法典。它在1804年公布时的名称是《法兰西人的民法典》。1807年9月3日法律赋予它《拿破仑法典》的尊称。《拿破仑法典》的立法原则可以被概括为：自由和平等原则、所有权原则、契约自治原则。在法典中用1000多条条文来规定契约之债，可见契约对资本主义社会的重要性。法典规定，所有的法国人是平等的、自由的，只受自己意思的支配。总之，法典是"解放"人的法典，而不是"束缚"人、更不是"奴役"人的法典。

《拿破仑法典》体现了"个人最大限度的自由、法律最小限度的干预"这样的立法精神。基本原则是全体公民民事权利平等的原则、绝对所有权制度、契约自由及过失责任原则等，这些都是代表着"天赋人权"理论在民法典中的体现。而私权神圣的核心就是所有权绝对。一个新的社会——资本主义社会，在这个法典的保护之下发展成长起来。人类文明也被推向一个新的阶段。这是《拿破仑法典》的伟大思想意义和光辉业绩。《拿破仑法典》是世界法制史上的一个里程碑。由于该法典的系统性、完整性和规范性，对后来其他国家的立法产生了巨大影响，起到了立法规范的作用，从而具有了广泛的世界意义，其内在的价值和思想即使在今天也仍然光彩夺目。

责任保险：以被保险人依法承担的读第三者的民事赔偿责任为保险标的的一种保险。根据业务内容的不同，责任保险可以分为公众责任保险、产品责任保险、雇主责任保险、职业责任保险和第三者责任保险五类业务，其中每一类业务又由若干具体的险种构成。

第三者责任保险：承保被保险人的各种运输工具、建筑安装工程等因意外事故造成第三者的财产损失或人身伤亡损害赔偿责任保险，它可以归为公众责任保险范畴，但因承保方式的差异，故将其单独列出。

雇主责任保险：以被保险人即雇主的雇员在受雇期间从事业务时，因遭受意外导致伤残伤亡或患有与职业有关的职业性疾病，而依法或根据雇用合同应由被保险人承担的经济赔偿责任为承保风险的一种责任保险。

产品责任保险：指由于被保险人在约定期限内所生产、出售的产品在承保区域内发生事故，造成使用、消费或操作该产品或商品的人或其他任何人的人身伤害、疾病、死亡或财产损失，依法应由被保险人承担经济赔偿责任，以及因此而产生的诉讼费用时，保险公司在约定的赔偿限额内负责赔偿的一种责任保险。

医疗事故责任保险：承保医务人员或其前任由于医疗责任事故而致病人死亡或伤残、病情加剧、痛苦增加等，受害者或其家属要求赔偿且依法应当由医疗方负责的经济赔偿责任。医疗职业责任以医院为投保对象，普遍采用以索赔为基础的承保方式，是从事医疗技术服务工作的医生、护士等专业技术人员执业过程中重要的风险转移工具。

会计师责任保险：承保被保险人或其前任或被保险人对其负有法律责任的那些人因违反会计业务上应尽的责任及义务，而造成他人遭受损失，依法应负的经济赔偿责任，但不包括身体伤害、死亡及实质财产的损毁。

绝大多数国家均采取强制手段并以法定方式承保的汽车责任保险始于19世纪末，并与工业保险一起成为近代保险与现代保险分界的重要标志。当时的英国"法律意外保险公司"最为活跃，它签发的汽车保险单仅承保汽车对第三者的人身伤害责任，保险费每辆汽车按10—100英镑不等收取，火险则列为可以加保的附加险；到1901年，美国才开始有现代意义的汽车第三者责任险——承保人身伤害和财产损失法律赔偿责任的保险。

汽车责任保险：指被保险人或其允许的驾驶人员在使用保险车辆过程中发生意外事故，致使第三者遭受人身伤亡或财产直接损毁，依法应当由被保险人承担的经济责任，保险公司负责赔偿。它的出现晚于水险、火险、盗窃险和综合险。承保机动车辆的保险基础是根据水险、火险、盗窃险和综合责任险的实践经验而来的。汽车保险的发展异常迅速，如今已成为世界保险业的主要业务险种之一，甚至超过了火灾保险。目前，大多数国家均采用强制或法定保险方式承保的汽车第三者责任保险。

进入20世纪中期以后，责任保险的发展在工业化国家进入了黄金时期。在这个时期，首先是各种运输工具的第三者责任保险得到了迅速发展；其次是雇主责任保险成了普及化的责任保险险种。随着商品经济的发展，各种民事活动急剧增加，法律制度不断健全，人们的索赔意识不断增强，各种民事赔偿事故层出不穷，终于使责任保险在20世纪70年代以后的工业化国家得到了全面的、迅速的发展，美国的各种责任保险业务保费收入就占整个非寿险业务收入的45%~50%左右，欧洲一些国家的责任保险业务收入占整个非寿险业务收入的 30% 以上，日本等国的责任保险业务收入也占其非寿险业务收入的 25%~30%。进入 20 世纪 90 年代以后，许多发展中国家也日益重视发展责任保险业务，一些发达国家将特定的公共责任保险作为强制保险险种。

（1）公众责任保险又称"普通责任保险"或"综合责任保险"。它主要承保被保险人在公共场所进行生产、经营或其他活动时，因发生意外事故而造成的他人人身伤亡或财产损失，依法应由被保险人承担的经济赔偿责任。投保人可就工厂、办公楼、旅馆、住宅、商店、医院、学校、影剧院、展览馆等各种公众活动的场所投保公众责任保险。

（2）强制保险又称为法定保险，是由法律规定必须参加的保险。根据国家颁布的有关法律和法规，凡是在规定范围内的单位或个人，不管愿意与否都必须参加的保险。比如，世界各国一般都将机动车第三者责任保险规定为强制保险的险种。由于强制保险某种意义上表现为国家对个人意愿的干预，所以强制保险的范围是受严格限制的。

西方保险界认为，保险业的发展可以划分为三个大的发展阶段：第一阶段是传统的海上保险和火灾保险（后来扩展到一切财产保险）；第二阶段是人寿保险；第三阶段是责任保险。保险业由承保物质利益风险，扩展到承保人身风险后，必然会扩展到承保各种"法律风险"，这是被西方保险业发展证明了的客观规律。同时责任保险在保险业中的地位是很高的，它既是法律制度走向完善的结果，又是保险业直接介入社会发展进步的具体表现。

法律风险：一种特殊类型的操作风险，它包括但不限于因监管措施和解决民商事争议而支付的罚款、罚金或者惩罚性赔偿所导致的风险敞口。企业法律风险是指在法律实施过程中，由于企业外部的法律环境发生变化，或由于包括企业自身在内的各种主题未按照法律规定或合同约定行使权利、履行义务，而对企业造成负面法律后果的可能性。

责任保险产生与发展的基础，不仅是各种民事法律风险的客观存在和社会生产力达到了一定的阶段，而且是由于人类社会的进步带来了法律制度的不断完善，其中法制的健全与完善是责任保险产生与发展的最为直接的基础。保险业由承保物质利益风险，扩展到承保人身风险后，必然会扩展到承保各种法律风险，这是被西方保险业发展证明了的客观规律。

尽管责任保险中承保人的赔款是支付给被保险人，但这种赔款实质上是对被保险人之外的受害方即第三者的补偿，从而是直接保障被保险人利益、间接保障受害人利益的一种双重保障机制。

责任保险承保的是各种民事法律风险，是没有实体的标的。保险人在承保责任保险时，通常对每一种责任保险业务要规定若干等级的"赔偿限额"，由被保险人自己选择，被保险人选定的赔偿限额便是保险人承担赔偿责任的最高限额，超过限额的经济赔偿责任只能由被保险人自行承担。

赔偿限额：指保险单所能提供的最高赔偿金额。在责任保险中，由于其保险标的是法律责任，且保险事故的大小和频率无法确定，所以责任保险的保险标的没有"保险金额"的概念，只能由保险人和被保险人共同约定一次事故和累计事故的赔偿最高限额。一般来说，保险单可以规定两种赔偿限额，即每次责任事故或同一原因引起的一系列事故的赔偿限额，或保险期内累计的赔偿限额，有时二者可以同时使用。以上限额还可以进一步分为人身伤亡和财产损失两个赔偿限额，如果同时发生人身伤亡和财产损失，保险人按各自的限额进行赔偿。但从目前的发展趋势来看，越来越多的国家对人身伤亡不再规定赔偿限额。

责任保险的承保方式具有多样化的特征。在独立承保方式下，保险人签发专门的责任保险单，它与特定的物没有保险意义上的直接联系，而是完全独立操作的保险业务。在附加承保方式下，保险人签发责任保险单的前提是被保险人必须参加了一般的财产保险，即一般财产保险是主险，责任保险则是没有独立地位的附加险。在组合承保方式下，责任保险的内容既不必签订单独的责任保险合同，也无须签发附加或特约条款，只需要参加该财产保险便使相应的责任风险得到了保险保障。

责任保险的保险责任和民事损害赔偿责任既有联系又有区别。一方面，责任保险承保的责任主要是被保险人的过失行为所致的责任事故风险，即被保险人的故意行为通常是除外不保的风险责任，这一经营特点决定了责任保险承保的责任范围明显地小于民事损害赔偿责任的范围；另一方面，在被保险人的要求下并经过保险人的同意，可以承保超越民事损害赔偿责任范围的风险。责任保险的赔偿范围一般包括两项内容：被保险人依法对造成他人财产损失或人身伤亡应承担的经济赔偿责任；因赔偿纠纷引起的由被保险人支付的诉讼、律师费用及其他事先经过保险人同意支付的费用。

民事损害赔偿责任则是行为人侵犯他人民事权利所应承担的法律后果。这种法律后果是由国家法律规定并以强制力保证执行的。根据产生责任的原因，民事责任可分为违约责任和侵权责任。

五、信用保证保险

信用保证保险是现代保险中的一类新兴业务，相对于一般财产保险和人寿保险来说历史不长。信用保证保险以信用风险为保险标的保险，实际上是由保险人（保证人）为信用关系中的义务人（被保证人）提供信用担保的一类保险业务。因投保人在信用关系中的身份不同，信用保证保险又可分为信用保险和保证保险两种类型。无论是信用保险还是保证保险，保险人所保障的都是义务人的信用，最终获得补偿的都是权利人。

信用保证保险承保的信用风险主要有以下几种：

（1）财务信用风险。即借贷风险，通常表现为借款人不能按照借款合同规定的期限和条件偿还贷款的风险。

（2）商业信用。商业信用是延期付款形式的购买行为，表现为卖方先向买方借贷，买方按买卖合同规定的日期、数额及其他条件归还贷款。买方不能按买卖合同规定的日期、数额及其他条件归还贷款的风险。

（3）预付款信用风险。用于付款或定金方式取得某种货物、技术或劳务服务就是预付款信用。支付了预付款或定金而不能以约定条件取得该货物、技术或劳务服务的风险。

（4）保证信用风险。由于债务人不能按期履行合同规定的义务，向债权人交付约定货物、技术或劳务，使保证人不得不承担这种履约义务的风险。

（5）诚实信用风险。雇主向雇员支付薪金、工资或其他形式的报酬，而雇员不能依合同规定提供服务、履行义务的风险。

信用保险是指权利人向保险人投保债务人的信用风险的一种保险，是一项企业用于风险管理的保险产品。其主要功能是保障企业应收账款的安全。其原理是把债务人的保证责任转移给保险人，当债务人不能履行其义务时，由保险人承担赔偿责任。信用保险主要分为三类，商业信用保险、出口信用保险和投资保险。信用保险的投保人和被保险人都是权利人，所承担的是契约的一方因另一方不履约而遭受的损失。例如在出口信用保险中，保险人对出口人（投保人、被保险人）因进口人不按合同规定支付货款而遭受的损失负赔偿责任。

保证保险的投保人是义务人，被保险人是权利人，保证当投保人不履行合同义务或有不法行为使权利人蒙受经济损失时，由保险人承担赔偿责任。例如在履约保证保险中，保险人担保在承包工程业务中的工程承包人不能如期完工，或工程质量不符合规定，致使权利人遭受经济损失时，承担赔偿责任。

信用保证保险是一种担保性质的保险业务，它随着金融业的发展和道德风险的频发而产生。信用保证保险起源于英国。1702 年，英国设立了雇主损失保险公司，开创了忠诚保证保险。忠诚保证保险指承保雇主因其雇员的欺骗和不诚实行为所造成的损失，由保险人负责赔偿。

1840 年、1842 年英国相继成立了保证社和保证保险公司。美国于 1876 年在纽约开办了忠诚保证保险。后来，保证保险业务由忠诚保证保险扩展到合同保证保险等。合同保证保险又称为"契约保证保险"。它是指因被保证人不履行合同义务而造成权利人经济损失时，由保险人代被保证人进行赔偿的一种保证保险。合同保证保险主要用于建筑工程的承包合同。

保证保险约比信用保险出现得早一点。18 世纪末 19 世纪初，在欧洲就出现了忠诚保证保险，最初是由一些个人、商行或银行办理的。1901 年，美国马里兰州的诚实存款公司首次在英国提供保证保险合同担保，英国几家公司相继开办此项业务，并逐渐推向了欧洲市场。1919 年，"第一次世界大战"结束后，鉴于东方和中欧诸国政治局势的变化，英国政府为保护本国与东方和中欧诸国的出口贸易的顺利进行，专门成立了出口信用担保局，逐步创立了一套完整的信用保险制度，开办出口信用保险，以后各国纷纷效仿。

　　出口信用保险是承保出口商在经营出口业务的过程中，因进口商的商业风险或进口国的政治风险而遭受的损失的一种信用保险，是国家为了推动本国的出口贸易，保障出口企业的收汇安全而制定的一项由国家财政提供保险准备金的非营利性的政策性保险业务。出口信用保险承担的风险特别巨大，且难以使用统计方法测算损失概率，一般商业性保险公司不愿意经营这种保险，所以大多数是靠政府支持来经营的。

　　第一次世界大战：简称一战，是在 19 世纪末 20 世纪初，资本主义国家向帝国主义过渡时产生不可调和矛盾、殖民地和半殖民地基本上被列强瓜分完毕，新旧殖民主义矛盾激化、各帝国主义发展不平衡，秩序划分不对等的背景下，为重新瓜分世界和争夺全球霸权而爆发的一场世界级帝国主义战争。战争主要是同盟国和协约国之间的战斗。德意志帝国、奥匈帝国、奥斯曼帝国、保加利亚王国属同盟国阵营，大英帝国、法兰西第三共和国、俄罗斯帝国、意大利王国和美利坚合众国则属协约国阵营。这场战争是欧洲历史上破坏性最强的战争之一。大约有 6500 万人参战，1000 多万人丧生，2000 万人受伤。战争造成了严重的经济损失。

　　1934 年，英国、法国、意大利和西班牙的私营和国营信用保险机构成立了"国际信用和投资保险人联合会"，简称"伯尔尼联盟"，旨在便于相互交流出口信用保险承保技术、支付情况和信息，并在追偿方面开展国际合作。它的任务是研究出口信贷保险技术，近年来集中于制定信贷保险的共同政策。截至1982 年，有 28 个国家和地区的有关组织参加，包括 1919 年英国成立的出口信贷担保局、1934 年美国成立的进出口银行、1946 年法国成立的外贸保险公司，以及 1977 年意大利成立的出口信贷保险部等。

我国的信用保证保险的发展始于20世纪80年代初期。1983年初，中国人民保险公司上海分公司与中国银行上海分行达成协议，对一笔出口船舶的"买方信贷"提供中、长期信用保险；1986年人保开始试办短期出口信用保险；1988年，国务院正式决定由中国人民保险公司试办出口信用保险业务，并在该公司设立了信用保险部。1994年以后，中国进出口银行也经办各种出口信用保险业务。2001年12月，在原中国人民保险公司信用保险部和中国进出口银行信用保险部的基础上，组建产生了我国第一家专门经营信用保险的国有独资的中国出口信用保险公司。保证保险业务我国目前有多家保险公司开办，具体险种主要有国内工程履约保险、对外承包工程的投标、履约和供货保证保险、产品质量保证保险、住房贷款保证保险、汽车贷款保证保险、雇员忠诚保证保险等。

买方信贷：出口方银行直接向进口商提供的贷款，而出口商与进口商所签订的成交合同中则规定为即期付款方式。出口方银行根据合同规定，凭出口商提供的交货单据，将货款付给出口商。同时记入进口商偿还账户内，然后由进口方按照与银行订立的交款时间，陆续将所借款项偿还出口方银行，并付给利息。

六、汽车保险

汽车保险即机动车辆保险，简称车险。它是指对机动车辆由于自然灾害或意外事故所造成的人身伤亡或财产损失负赔偿责任的一种商业保险。汽车保险是财产保险的一种，在财产保险领域中，汽车保险属于一个相对年轻的险种，晚于水险、火险、盗窃险和综合险。承保机动车辆的保险基础是根据水险、火险、盗窃险和综合责任险的实践经验而来的。汽车保险的发展异常迅速，如今已成为世界保险业的主要业务险种之一，超过了火灾保险。

生产力水平的提高、科学技术的发展使人类社会走向文明，汽车文明在给人类生活以交通便利的同时，也给人类带来了因汽车行驶中的碰撞、倾覆等意外事故造成的财产损失和人身伤亡。不仅如此，随着生产力水平的提高，科学技术的进步，风险事故所造成的损失也越来越大，对人类社会的危害也越来越严重。机动车辆在使用过程中遭受自然灾害风险和发生意外事故的概率较大，特别是在发生第三者责任的事故中，其损失赔偿是难以通过个人承担的。

　　汽车保险起源于 19 世纪中后期，欧洲一些国家因交通事故而导致的意外伤害和财产损失逐渐增多。尽管各国都采取了一些管制办法和措施，汽车的使用仍对人们的生命和财产安全构成了严重威胁。因此引起了一些精明的保险人对汽车保险的关注，相关车险业务也逐渐被催生出来。1896 年，由英国的苏格兰雇主保险公司发行的一份保险情报单中，刊载了为庆祝《1896 年公路机动车辆法令》的顺利通过，而于 11 月 14 日举办伦敦至布莱顿的大规模汽车赛的消息。在这份保险情报中，刊登了"汽车保险费年率"。最早开发汽车保险业务的是英国的法律意外保险有限公司，1898 年该公司率先推出了"汽车第三者责任保险"，并可附加汽车火险。另一种说法是，最早的汽车保险是美国的旅行者保险有限公司在 1898 年给纽约布法罗的杜鲁门·马丁售出的保单，原因是马丁非常担心自己的爱车会被马冲撞，随后劳合社设立了最早的有固定模式的汽车保险单，按照马力收取保费，每马力收取保费一英镑。车险业务的推出很快便得到了市场的普遍认可。

　　汽车第三者责任保险：指被保险人或其允许的驾驶人员在使用保险车辆过程中发生意外事故，致使第三者遭受人身伤亡或财产直接损毁，依法应当由被保险人承担的经济责任，保险公司负责赔偿。与现代机动车辆保险不同的是，在汽车保险的初期是以汽车的第三者责任险为主险的，并逐步扩展到车身的碰撞损失等风险。目前，大多数国家均采用强制或法定保险方式承保的汽车第三者责任保险。

　　20 世纪初期，汽车保险业在欧美迅速发展。到 1901 年，保险公司提供的汽车保险单，已初步具备了现代综合责任险的条件，保险责任也扩大到了汽车的失窃。1903 年，英国创立了"汽车通用保险公司"，并逐步发展成为一家大型的专业化汽车保险公司。1906 年，成立于 1901 年的汽车联盟也建立了自己的"汽车联盟保险公司"。到 1913 年，汽车保险已扩大到了 20 多个国家，汽车保险费率和承保办法也基本实现了标准化。

1927 年是汽车保险发展史上的一个重要里程碑。美国马萨诸塞州制定的举世闻名的强制汽车（责任）保险法的颁布与实施，表明了汽车第三者责任保险开始由"自愿保险"方式向法定"强制保险"方式转变。此后，汽车第三者责任法定保险很快波及世界各地。第三者责任法定保险的广泛实施，极大地推动了汽车保险的普及和发展。车损险、盗窃险、货运险等业务也随之发展起来。

自愿保险： 投保人与保险人双方在自愿的原则下，订立保险合同。自由决定、彼此合意后所建立的合同关系。投保人可以自由决定是否投保、向谁投保、中途退保等，也可以自由选择保险金额、保障范围、保障程度和保险期限等。保险人也可以根据情况自愿决定是否承保、怎样承保等。商业保险一般都实行自愿原则。我国《保险法》规定，除法律、行政法规规定必须保险的以外，保险公司和其他任何单位不得强制他人订立保险合同。

强制保险： 所谓强制保险，是指根据国家颁布的有关法律和法规，凡是在规定范围内的单位或个人，不管愿意与否都必须参加的保险。比如，世界各国一般都将机动车第三者责任保险规定为强制保险的险种。

法定保险： 是由法律规定必须参加的保险。从国际上看，强制保险的形式有两种，一是规定在特定范围内建立保险人与被保险人的保险关系。这种形式对保险人、被保险人及保险标的范围以及当事人的权利义务关系都做出明确具体的规定，被保险人或者保险人没有自主选择的余地。二是规定一定范围内的人或财产都必须参加保险，并以此作为许可从事某项业务活动的前提条件。

车损险： 指被保险人或其允许的驾驶员在驾驶保险车辆时，发生保险事故而造成保险车辆受损，保险公司在合理范围内予以赔偿的一种汽车商业保险。

盗窃险： 机动车辆全车盗抢险的保险责任为全车被盗窃、被抢劫、被抢夺造成的车辆损失以及在被盗窃、被抢劫、被抢夺期间受到损坏或车上零部件、附属设备丢失需要修复的合理费用。

货运险：即货物运输保险，指以各种运输工具运输过程中的货物作为保险标的，保险人承保因自然灾害或意外事故导致运输过程中的货物遭受损失的一种保险。商品从生产者到消费者手中，都要经过相应的运输过程。为货物投保货物运输保险已经成为贸易，尤其是国际贸易的一个重要环节。从世界范围来说，货物运输保险起源于海上保险，是最古老的险种之一。

自 20 世纪 50 年代以来，随着欧、美、日等地区和国家汽车制造业的迅速扩张，机动车辆保险也得到了广泛的发展，并成为各国"财产保险"中最重要的业务险种。到 20 世纪 70 年代末期，汽车保险已占整个财产险的 50% 以上。车险以其他保险业务不可比拟之势迅速发展壮大，一路势如破竹。

财产保险：分为广义财产保险与狭义财产保险。广义财产保险是指包括各种财产损失保险、责任保险、信用保险和保证保险等业务在内的一切非人身保险业务；狭义财产保险则仅指各种财产损失保险，它强调保险标的是各种具体的财产物资。

我国汽车保险业务的发展经历了一个曲折的历程。可以归纳为萌芽期、试办期和发展期三个历史阶段。

萌芽期：汽车保险进入我国是在 1840 年鸦片战争以后，但由于我国保险市场处于外国保险公司的垄断与控制之下，加之旧中国的工业不发达，我国的汽车保险实质上处于萌芽状态，其作用与地位十分有限，这种情况持续了近百年。

试办时：1950 年，创建不久的中国人民保险公司开办了汽车保险，但因宣传不够和认识的偏颇，不久就出现对此项保险的争议，有人认为汽车保险以及第三者责任保险对于肇事者予以经济补偿，会导致交通事故的增加，对社会产生负面影响。于是，中国人民保险公司于 1955 年停止了汽车保险业务。几经兴废，直到 70 年代中期为了满足各国驻华使领馆等外国人拥有的汽车保险的需要，开始办理以涉外业务为主的汽车保险业务。到改革开放后，随着经济的发展和汽车保有量的逐渐提高，汽车保险业务才渐渐发展起来。

发展时期： 我国保险业恢复之初的 1980 年，中国人民保险公司逐步恢复中断了近 25 年之久的汽车保险业务，以适应国内企业和单位对于汽车保险的需要，但当时汽车保险仅占财产保险市场份额的 2%。改革开放后，社会经济和人民生活发生了巨大的变化，机动车辆迅速普及，机动车辆保险业务也随之得到了迅速发展。1983 年将汽车保险改为机动车辆保险使其具有更广泛的适应性，机动车辆保险在我国保险市场，尤其在财产保险市场中始终发挥着重要的作用。到 1988 年，汽车保险的保费收入超过了 20 亿元，占财产保险份额的 37.6%，第一次超过了企业财产险（35.99%）。从此以后，汽车保险进入了高速发展时，机动车辆保险条款、费率以及管理也日趋完善，中国保监会的成立进一步完善了机动车辆保险的条款，加大了对于费率、保险单证以及保险人经营活动的监管力度，加速建设并完善了机动车辆保险市场，促进机动车辆保险业务的发展。

从外国公司垄断到民族保险开办；从新中国试办、停办又恢复；从平稳发展到高速增长；从汽车三者险自愿投保到交通事故责任强制保险施行，汽车保险已成为财产保险领域第一大险种，成为中国百姓生活中必不可少的第一保险消费险种。

为了保障机动车道路交通事故受害人依法得到赔偿，促进道路交通安全，根据"《中华人民共和国道路交通安全法》"、"《中华人民共和国保险法》"，国务院制定并通过了《机动车交通事故责任强制保险条例》，自 2006 年 7 月 1 日起施行。在中华人民共和国境内道路上行驶的机动车的所有人或者管理人，应当依照《中华人民共和国道路交通安全法》的规定投保机动车交通事故责任强制保险。

《中华人民共和国道路交通安全法》： 为了维护道路交通秩序，预防和减少交通事故，保护人身安全，保护公民、法人和其他组织的财产安全及其他合法权益，提高通行效率而制定的一部法律。2003 年 10 月 28 日第十届全国人民代表大会常务委员会第五次会议通过。2011 年 4 月 22 日经全国人大修改通过，自 2011 年 5 月 1 日起施行。本法分总则、车辆和驾驶人、道路通行条件、道路通行规定、交通事故处理、执法监督、法律责任、附则 8 章 124 条。

《中华人民共和国保险法》：保险法是调整保险关系的法律规范的总称。西方国家把保险法分为广义和狭义两种。狭义是指保险企业法和保险合同法等私法类法规；广义是以保险关系为调整对象的各种法律规范的总和，包括狭义保险法，还包括国家对保险事业管理监督法规和社会保险、劳动保险等公法法规。《中华人民共和国保险法》自 1995 年 10 月 1 日起施行，于 2002 年 10 月 28 日修正、2009 年 2 月 28 日修订、2014 年 8 月 31 日修正、2015 年 4 月 24 日修正。本法共八章一百八十五条。

目前，中国的汽车保险涵盖汽车、电车、电瓶车、摩托车、拖拉机等交通工具作为保险标的保险。车辆保险具体可分商业险和交强险。商业险又包括车辆主险和附加险两个部分。商业险主险包括车辆损失险、第三者责任险、车上人员责任险、全车盗抢险。附加险不能独立保险。附加险包括玻璃单独破碎险，车辆停驶损失险，自燃损失险，新增设备损失险，发动机进水险、无过失责任险，代步车费用险，车身划痕损失险，不计免赔率特约条款，车上货物责任险等多种险种。交强险也属于广义的第三者责任险，交强险是强制性险种，机动车必须购买才能够上路行驶、年检，且在发生第三者损失需要理赔时，必须先赔付交强险再赔付其他险种。险种丰富，保障全面。

车辆损失险：承保被保险车辆遭受保险范围内的自然灾害或意外事故，造成保险车辆本身损失，保险人依照保险合同的规定给予赔偿的一种保险。

第三者责任险：对被保险人或其允许的合格驾驶人员在使用保险车辆过程中发生意外事故，致使第三者遭受人身伤亡或财产损坏，依法应由被保险人支付的金额，也由保险公司负责赔偿。

车上人员责任险：指保险车辆发生意外事故（不是行为人出于故意，而是行为人不可预见的以及不可抗拒的，造成了人员伤亡或财产损失的突发事件），导致车上的司机或乘客人员伤亡造成的费用损失，以及为减少损失而支付的必要合理的施救、保护费用，由保险公司承担赔偿责任。

全车盗抢险：① 在全车被盗窃、抢劫、抢夺的被保险机动车（含投保的挂车），需经县级以上公安刑侦部门立案侦查，证实满 60 天未查明下落；② 被保险机动车全车被盗窃、抢劫、抢夺后，受到损坏或因此造成车上零部件、附属设备丢失需要修复的合理费用；③ 发生保险事故时，被保险人为防止或者减少被保险机动车的损失所支付的必要的、合理的施救费用，由保险人承担，最高不超过保险金额的数额。三种情况下发生的损失可以赔偿。

划痕险：即车辆划痕险，它属于附加险中的一项，主要是作为车损险的补充，能够为意外原因造成的车身划痕提供有效的保障。划痕险针对的是车身漆面的划痕，若碰撞痕迹明显，划了个口子，还有个大凹坑，这个就不属于划痕，属于车损险的理赔范围。

无过失责任险：投保车辆在使用过程中，因与非机动车辆、行人发生交通事故，造成对方人员伤亡和直接财产损毁，保险车辆一方不承担赔偿责任。如被保险人拒绝赔偿未果，对被保险人已经支付给对方而无法追回的费用，保险公司按《道路交通事故处理办法》和出险当地的道路交通事故处理规定标准在保险单所载明的本保险赔偿限额内计算赔偿。每次赔偿均实行 20% 的绝对免赔率。

车载货物掉落责任险：承担保险车辆在使用过程中，所载货物从车上掉下来造成第三者遭受人身伤亡或财产的直接损毁而产生的经济赔偿责任。赔偿责任在保险单所载明的保险赔偿限额内计算。每次赔偿均实行 20% 的绝对免赔率。

玻璃单独破碎险：车辆在停放或使用过程中，其他部分没有损坏，仅风挡玻璃单独破碎，风挡玻璃的损失由保险公司赔偿。

车辆停驶损失险：保险车辆发生车辆损失险范围内的保险事故，造成车身损毁，致使车辆停驶而产生的损失，保险公司按规定进行以下赔偿：①部分损失的，保险人在双方约定的修复时间内按保险单约定的日赔偿金额乘以从送修之日起至修复竣工之日止的实际天数计算赔偿；②全车损毁的，按保险单约定的赔偿限额计算赔偿；③在保险期限内，上述赔款累计计算，最高以保险单约定的赔偿天数为限。本保险的最高约定赔偿天数为 90 天，且车辆停驶损失险最大的特点是费率很高，达 10%。

自燃损失险：对保险车辆在使用过程因本车电器、线路、供油系统发生故障或运载货物自身原因起火燃烧给车辆造成的损失负赔偿责任。

新增加设备损失险：车辆发生车辆损失险范围内的保险事故，造成车上新增设备的直接损毁，由保险公司按实际损失计算赔偿。未投保本险种，新增加的设备的损失保险公司不负赔偿责任。

不计免赔特约险：在同时投保了车辆损失险和第三者责任险的基础上可投保本保险。办理了本项特约保险的机动车辆发生保险事故造成赔偿，对其在符合赔偿规定的金额内按基本险条款规定计算的免赔金额，保险人负责赔偿。也就是说，办了本保险后，车辆发生车辆损失险及第三者责任险方面的损失，全部由保险公司赔偿。不保这个险种，保险公司在赔偿车损险和第三者责任险的损失时是要区分责任的：若负全部责任，赔偿 80%；负主要责任赔 85%；负同等责任赔 90%；负次要责任赔 95%。事故损失的另外 20%、15%、10%、5% 需要自负。

购买汽车保险的渠道多，包括"传统渠道""车商渠道""电话销售渠道""网上车险渠道"等，选择余地大，比较方便，但经办保险的保险公司也比较多，需要选择。

传统渠道：指保险公司柜台或保险公司员工直接销售的渠道。

车商渠道：指以汽车制造商、专业性汽车服务机构／协会、车行、大型综合汽车修理厂销售汽车保险的渠道。

电话销售渠道：指很多保险公司开通的电话车险业务渠道。

网上车险：很多保险公司的官网上有出售车险的服务。另外，网上还有保险集市。目前很多互联网平台具有保险销售资质，并开通了保险频道。

在互联网平台买车险，可以享受一些专属服务，比如非事故道路救援、免费道路救援、免费拖车、免费加油、免费换轮胎、免费送水和免费接电。

目前，国内已近 70 家保险机构承保汽车保险业务，车险持续占据了产险业务中超过 7 成以上的份额。各保险公司近年来通过科技创新提高服务能力和水平，凭借业务员直销、电话车险、网络车险等直销手段，推展车商、保险代理、保险经纪等中介渠道，推动汽车保险市场发展，将客户利益放在首位，通过快赔、闪赔，提供各项免费紧急救援服务。近年来随着我国汽车保险需求量的增大，交强险的车辆承保数量和保费收入规模也稳步增长。2017 年第二次商业车险费率市场化改革已经完成，第三次费改已经开始试点，对于保险公司经营能力、费用管控能力都有了更高的要求，竞争更激烈了，未来车险的差异化将会出现。市场机制会倒逼保险公司提升能力，找准定位，细分市场。费改最终将定价权交还公司，使优质客户获得更多的保险费优惠，从而影响人们的驾驶习惯和出行习惯，促进交通安全。

拓展阅读

十大损失巨大的事故[1]

1. 切尔诺贝利核泄漏事件

事故时间：1986 年 4 月 26 日

事故经过：据说事故是因为电厂技术员无视安全规定的违规操作。切尔诺贝利核泄漏事件是和平时期最严重的人类浩劫。

事故损失：乌克兰 50% 的地区受污染，170 万人受到直接影响，20 万人被迫撤离，之后因癌症死亡的人数估计约 125000 人。事故的清理、受害者迁居和补偿的费用大约 2000 亿美元，而重新建设切尔诺贝利核电厂又花费了 200 亿美元。

2. 哥伦比亚号太空穿梭机坠毁

事故时间：2003 年 2 月 1 日

事故经过：哥伦比亚号是美国航天局空间轨道里最有价值的一艘航天飞机。在从德克萨斯返航的 16 天前发现一侧的机翼有一个洞，发射之后坠毁。

事故损失：总成本包括调查取证和残骸搜救等共花费 130 亿美元。

3. Prestige 号漏油

事故时间：2002 年 11 月 13 日

---

[1] 盘点世界历史上最昂贵的十大意外事故，来源：环球网

事故经过：运载了两千万加仑原油的 Prestige 号油轮在西班牙的加利西亚遭遇风暴导致 12 个油罐中的 1 个爆炸，船长担心沉船于是向西班牙救援队求助，希望能让 Prestige 号入港。但是当地政府没有同意，船长只得转而求助法国和葡萄牙，但是距离太远。

事故损失：最终船体被风暴干成两截，两千万加仑（76000 立方）原油倾入大海，总清洁费高达 120 亿美元。

4. 挑战号航天飞机爆炸

事故时间：1986 年 1 月 28 日

事故经过：美国挑战号航天飞机在发射后 73 秒爆炸，原因是一个 O 型密封圈失职，导致高压气体外泄然后主燃料槽的液化氢跟它反应，从而引发巨大爆炸。

事故损失：更换航天飞机花费 45 亿美元，调研和其他设备维护费用 10 亿美元（折算后）。

5. Piper Alpha 石油钻塔

事故时间：1988 年 7 月 6 日

事故经过：Piper Alpha 钻塔一度是世界上最大的石油基地，它每天能出产 317000 桶原油。技术员在定期维护时，在需要检查的 100 个危险的液化气安全阀时不幸出错，忘记替换其中的某一个。当天晚上 10 点，当连接液化石油气泵的开关按钮被按下后，这场世界上最大的石油钻塔事故发生了。

事故损失：在 2 小时内，90 多米高的钻塔被大火吞没，167 名工人丧生，损失 34 亿美元。

6. Exxon Valdez 油轮泄漏

事故时间：1989 年 3 月

事故经过：船长 Joseph Hazelwood 离开控制室后 Exxon Valdez 不幸触礁。

事故损失：1.08 亿加仑（4 万立方）的原油泄漏，清理费用高达 25 亿美元。

7. B-2 轰炸机坠毁

事故时间：2008 年 2 月 23 日

事故经过：关岛一架 B-2 秘密行动轰炸机在从空军基地起飞后很快坠毁，调查显示因潮湿导致飞行控制的数据系统出了问题。

事故损失：损失 14 亿美元。

8. 加利福尼亚火车对撞

事故时间：2008 年 9 月 12 日

事故经过：加利福尼亚城郊客运火车与一列从洛杉矶开来的货运车相撞。

事故损失：25人丧生，损失5亿美元。

9. 德国罐车与桥

事故时间：2004年8月26日

事故经过：一辆运载32立方燃料的车在德国Wiehltal桥上发生交通事故后从近30
米高的桥上掉下导致起火爆炸车毁桥塌。

事故损失：临时修理花费4000万，修桥花费3.18亿美元。

10. 泰坦尼克，损失1.5亿美元

事故时间：1912年4月15日

事故经过：当时人类所能修建的最巨大的远洋游轮在航行时撞上冰山。

事故损失：1500人丧生，耗费700万美元（按今日价值折算为1.5亿美元）建造的
豪华大船沉入海底。

第二部分

保险本原——保障

　　在人类文明的历史长河中，希腊文明突然崛起，希腊人自由地思索着世界的性质和生活的目的，不被任何守旧的正统观念所束缚。"本原"一词就是由古希腊哲学家阿那克西曼德第一个使用的。

　　保险，本意是稳妥可靠保障，后延伸成一种保障机制。保障是保险的本原，是保险的根本特征。如果说科学依凭的是经验和逻辑，保险依凭的是几千年的危险处置经验以及保障的逻辑。如果保险远离了保障，就"酷似一个人经历地震时的感觉，丧失了对坚固地面的信赖"。[1]

　　如果按照哲学纯粹抽象的概念"一切是一"，那么"保险的一"就是"保障"而不是其他。阿那克西曼德认为本原是不朽的、永恒的。"从一变为多，一切生成，乃是摆脱永恒存在的非正义行为，因而必须不断通过衰亡来替自己赎罪。"[2]简单来说，如果人为地将一个事物的本原由"一变为多"了，就要为此付出代价。

[1]　弗里德里希·尼采著，周国平译，《希腊悲剧时代的哲学》，北京联合出版公司，2014。

[2]　同上

第一章　保障的内容

保障对象——保险标的

保险标的作为保险保障对象的财产及其有关利益或者人的寿命和身体，它是保险利益的载体。

保障范围——可保风险

可保风险即保险公司可接受的风险。在目前科技手段下，除理想可保风险外。小概率大损失的巨灾风险、小损失高频的碎片风险都可以成为可保风险。

保障工具——保险产品

保险产品即满足消费者风险保障需求的消费品。本质上是一种避害商品，而不是趋利商品。保险产品是非渴求商品。

保障载体——保险合同

保障合同是保险当事人权利与义务关系的协议以及权利与义务为核心的全部事项内容的载体。

一、保障对象——保险标的

"保险标的是指作为保险保障对象的财产及其有关利益或者人的寿命和身体，它是保险利益的载体。"[1] 保险标的是保险合同成立的必要条件，是一切保险合同的必备条款。在任何保险合同中，保险标的都是不可缺少的要件。作为保障对象，保险标的可划分成两大类，一类是财产及其有关利益，另一类是人的寿命和身体。

财产及其有关利益：财产指金钱、物资、房屋、土地等物质财富或具有金钱价值、并受到法律保护的权利的总称。大体上，财产有三种，即动产、不动产和知识财产（即知识产权）。财产可分为有形财产和无形财产。财产的特点是：①财产所有人依法对自己的财产享有占有、使用、收益和处分的权利；②任何人不经财产所有人的许可不得使用该财产，否则就是非法侵犯权利；③财产所有人可以是自然人，也可以是法人。有关利益是指以物质财富为对象，直接与经济利益相联系的民事权利，如所有权、继承权等。

寿命和身体：寿命是生存的年限，指从出生经过发育、成长、成熟、老化以至死亡前机体生存的时间，通常以年龄作为衡量寿命长短的尺度。由于人与人之间的寿命有一定的差别，所以，在比较某个时期，某个地区或某个社会的人类寿命时，通常采用平均寿命。平均寿命常用来反映一个国家或一个社会的医学发展水平，它也可以表明社会的经济、文化的发达状况。身体指人或动物生理组织构成的整体。

由于保险标的的不同，不论在理论上还是实践中，保险通常也被区分为财产保险与人身保险两大险类。保险标的如为财产极其有关利益，应包括标的的具体坐落地点，有的还包括利益关系；保险标的如为人的生命和身体，还应包括被保险人的年龄，有的还包括被保险人的职业、健康状况，视具体

---

[1] 吴小平主编，《保险原理与实务》，中国金融出版社，2002。

险种而定。

按照不同的保障对象,财产保险和人身保险又可以分出不同的险种,不同的险种作用各不相同。财产保险中,财产损失保险以"有形财产"作为标的,如厂房、机器设备、家具等;责任保险以"无形财产"作为标的,如雇主责任保险、公众责任险、产品责任保险等;信用保险以无形财产作为标的,如商业信用保险、出口信用保险、合同保证保险等。人身保险中,人寿保险以人的寿命作为标的,被保险人生存或死亡为给付保险金条件的;健康保险以被保险人身体为标的,被保险人因疾病或意外事故所致伤害时发生的费用或收入损失获得补偿的,如医疗保险、疾病保险、收入保障保险和护理保险等;意外伤害保险以被保险人身体为标的,以意外伤害保险而致被保险人身故或残疾为给付保险金的。

有形财产:即有一定形态存在的财产,包括生产有形财产和非生产有形财产。①生产有形财产是指生产活动创造的财产,包括有形固定财产、存货(库存)和珍贵物品。其中有形固定财产又按住宅、其他房屋和建筑物、机器和设备、培育财产分类;存货按原材料及用品、在制品、制成品、转售货物分类。②非生产有形财产是自然提供未经生产而取得的财产,包括土地、地下财产、非培育生物资源、水资源等。

无形财产:即没有实物形态的可辨认非货币性财产。无形财产不具有实物形态是区别于有形财产的一个明显特征。无形资产具有广义和狭义之分,广义的无形资产包括货币资金、应收账款、股权投资、专利权、商标权等,因为它们没有物质实体,而是表现为某种法定权利或技术。会计上通常将无形资产作狭义的理解,即将专利权、商标权等称为无形资产。

在相当长的一段时间里,保险理论及立法上将保险标的与保险标的物相混淆。标的是指合同当事人之间存在的权利义务关系;标的物是指当事人双方权利义务指向的对象,保险标的物是保险标的的载体,是财产险里被保险的物品，如汽车、房产等，人身保险中人的身体亦是标的物。在保险合同中，保险标的和保险标的物并不是永远共存的。一个合同必须有保险标的，而不一定有保险标的物。如公众责任保险，它是一种无形财产保险，没有实际标的物。举例说明，在房屋租赁中，标的是租赁关系，即提供约定的房屋供承租人居住的行为，而标的物是所租赁的房屋。在提供劳务的合同中，标的是当事人之间的劳务关系即劳务服务的给付行为，就没有标的物。标的和标的物并不是永远共存的。一个合同必须有标的，而不一定有标的物。

保险标的实质是作为保险合同保障对象的"财产权利关系"或有关主体对其寿命、身体或健康的利害关系。保险标的与保险标的物并不相同，保险标的物仅存在于财产保险之中，而且即使对于财产保险而言，一个标的物上往往有多个权利关系，仅记载保险标的物，也无法准确指出保险保障的具体对象。例如，以一栋房屋作为保险标的物，假定该房屋上所有权、抵押权和租赁权等，所有权人、抵押权人和租户均可以以该栋房屋投保，如果保险合同中仅记载保险标的物，根本无法反映出保障对象为何。因此，保险保障的对象并非特定的物或人身，而是财产权利关系和"人身权利关系"。换句话说。应是保险标的，而非保险标的物。[1]

财产权利关系：指以财产利益为内容，直接体现财产利益的民事权利。财产权是可以以金钱计算价值的，一般具有可让与性，受到侵害时需以财产方式予以救济。财产权既包括物权、债权、继承权，也包括知识产权中的财产权利。财产权是一定社会的物质资料占有、支配、流通和分配关系的法律表现。不同的社会，有不同性质的财产权利。在资本主义国家，奉行的是私有财产神圣不可侵犯的原则。在社会主义国家，公共财产是神圣不可侵犯的。在资本主义国家，除已宣布为国有的财产外，几乎所有的财物都可作为私人财产权的客体。在中国，则财物依其属于生产资料或生活资料，依其地位与作用，分别属于国家、集体经济组织或个人。

---

[1] 中国保险行业协会编，《保险原理》，中国金融出版社，2016。

人身权利关系: 指与人身相联系或不可分离的没有直接财产内容的权利, 亦称人身非财财产权。①人格权, 指民事主体基于其法律人格而享有的、以人格利益为客体、为维护其独立人格所必需的权利。包括生命权、身体权、健康权、姓名权、名称权、肖像权、名誉权、隐私权和信用权。②身份权, 指公民或法人依一定行为或相互之间的关系所发生的一种民事权利。身份权作为一种民事权利, 不仅为权利人的利益而设立, 同时也为相对人的利益而设立。因此权利人依法行使法律赋予的各项身份权利, 也必须履行相应的法定义务。

保险标的转让是指在财产保险合同中, 投保人或者被保险人将保险标的转让给第三人, 并尽到对保险人的通知义务的行为。一般保险合同标的的转让, 是需要经过保险人的同意的, 但货物运输保险合同标的转让可不必经保险人同意。这是因为, 运输中的货物具有流转性, 从起运地到达目的地, 其所有权可能几经易手, 保险利益亦随之转移, 如果保险标的的每次转让、投保人或者被保险人的每次变更都要征得保险人的同意, 商品流通势必受到影响。关于保险标的转让有两种观点, 一种是"从人说", 一种是"从物说"。

从人说: 认为保险合同以双方当事人间相互信任为基础, 因而除另有规定外, 保险合同不因标的移转而移转。"从人说"给保险标的的转让人和受让人带来不便, 可能导致重复保险, 也会给保险人带来危害。奥地利采此说, 并区分标的物为动产和不动产有所不同。我国旧《保险法》采用此观点。

从物说: 认为保险合同系采从物主义, 故除另有规定外, 标的物移转后, 仍为继受人、受让人或其他继受人之利益而存在。此乃基于经济因素之考虑, 在保险合同之保险期间未届满之时, 以法律规定, 将其效力延至受让人。基于对保险标的受让人的保护, 德国、法国、瑞士、日本、我国台湾地区等多数国家与地区采此说, 规定保险利益随保险标的之转让而移转, 保险合同对保险标的的受让人继续有效。我国新《保险法》采用此观点。

如我国旧《保险法》第34条规定, "保险标的的转让应当通知保险人, 经保险人同意继续承保后, 依法变更保险合同。但是, 货物运输合同和另有约定的合同除外"。依据新《保险法》(2009年修订)第49条的规定, "保险标的转让的，保险标的的受让人承继被保险人的权利和义务。保险标的转让的，被保险人或者受让人应当及时通知保险人，但货物运输保险合同和另有约定的合同除外。"

保险标的是保险合同的必备要素，明确保险标的具有重要意义：

第一，确定具体险种和保险费率。保险费率即应缴纳保险费与保险金额的比率（费率＝保险费／保险金额）。保险人承保一笔保险业务，用保险金额乘以保险费率就得出该笔业务应收取的保险费。保险费是投保人为转移风险、取得保险人在约定责任范围内所承担的赔偿（或给付）责任而交付的费用；也是保险人为承担约定的保险责任而向投保人收取的费用。保险费是建立保险基金的主要来源，也是保险人履行义务的经济基础。

保险标的决定保险业务的种类，财产保险标的的价值、危险程度直接影响保险人所承担的责任，决定着保险费率的高低，人身保险标的的不同（人的年龄、职业、身体状况等）保险费也不同。

第二，判断相关主体对保险标的是否具有保险利益，判断投保人是否对其具有可保利益；根据保险标的的实际价值或者存在状况确定保险金额，根据保险标的的损失程度计算赔付数额。保险金额即保险人承担赔偿或者给付保险金责任的最高限额。在不同的保险合同中，保险金额的确定方法有所不同。在财产保险中，保险金额要根据保险价值来确定；在责任保险和信用保险中，一般由保险双方当事人在签订保险合同时依据保险标的的具体情况商定一个最高赔偿限额，还有些责任保险在投保时并不确定保险金额；在人身保险中，由于人的生命价值难以用货币来衡量，所以不能依据人的生命价值确定保险金额，而是根据被保险人的经济保障城要与投保人支付保险费的能力，由保险双方当事人协商确定保险金额。

第三，决定保险人的客观承保范围。根据保险标的的所在确定"诉讼管辖"范围等。

诉讼管辖： 指各级法院之间以及不同地区的同级法院之间，受理第一审民商事案件、知识产权案件及其他各类案件的职权范围和具体分工。管辖可以按照不同标准作多种分类，其中最重要、最常用的是级别管辖和地域管辖。具体案件的诉讼管辖，还应将相关规则相结合，综合判断。

二、保障范围——可保风险

"无风险，无保险。"保险企业经营的对象就是风险，即特定条件下、特定时间内某一事件的预期结果与实际结果的变动程度。风险的主要特征为：客观性，风险是一种客观存在，不以人的意志为转移；损害性，损害是风险发生的后果，凡是风险都会给人们造成损害；不确定性，风险的发生无论从时间、空间和结果上都有不确定性；可测定性，风险的发生有一定规律性和可测性的。

保险产品就是为投保人转嫁给保险人的各类风险提供保险保障，保险产品的交易过程从本质上来看是保险人汇集与分散风险的过程。投保人以缴纳保险费为代价，将风险转移给保险人承担。

根据"数理统计"原理，随机现象一定会服从于某种概率分布。对一定时期内特定风险发生的频率和损失率，是可以依据概率论原理加以测定的，把不确定性化为确定性。风险的可测性为保险费率的厘定提供了科学依据。保险精算实践中，最典型的运用就是生命表。

数理统计：通过对某些现象的频率的观察来发现该现象的内在规律性，并做出一定精确程度的判断和预测。数理统计在自然科学、工程技术、管理科学及人文社会科学中得到越来越广泛和深刻的应用

可保风险是指符合保险人承保条件的特定风险。即那些可以被保险公司接受的风险，或可以向保险公司转嫁的风险。一般来说，理想的可保风险通常为以下几种：

纯粹风险：仅有损失的机会并无获利可能的风险。既有损失的可能又有获利的机会是投机风险，保险人不能承保投机风险，投机风险有获利可能，因

而风险损失的预测较为困难。另外，投机风险所造成的损失有时并非意外，这一点与保险的宗旨相悖逆。

不确定性风险：不确定性是对个体标的而言的，如对某个人、某个企业等。不确定性包括三层意思：即风险是否发生是不确定的，有发生的可能性，不可能发生的风险是不存在的；风险的发生时间是不确定的；风险发生的原因和损失结果等是不确定的。对必然发生的风险，保险人是不予承保的。

意外的风险：风险的发生和损失后果对于被保险人难以意料，而且是非故意行为导致。风险的发生是不可预知的，因为可预知的风险往往带有必然性。比如，故意行为或道德风险，保险人是不予赔偿的。

同质独立风险：同质是指风险单位受损的概率和损失程度大体相近；独立是指风险单位受损概率和损失程度与其他风险单位无关。在保险费率的厘定时，大数法则对于大量独立的同质风险单位制定出的费率更公平、合理，保险的经营更科学。同时，有助于保险人汇集相同风险，从而进行风险分散。

现实可测的风险：风险必须具有可测性，使大数法则可以从数量的角度来研究随机现象，并从中获得这些随机现象所服从的规律，从而制定准确的费率，费率的计算依据是风险发生的概率极其所导致标的损失的程度。

随着科技的进步，人们对风险的认识能力和管理能力提高，许多小概率风险，如巨灾风险，也可以承保了；同时，损失金额小，但发生概率大，即所谓高频、碎片的风险可以成为可保风险。

投保险人签订保险合同并交付保险费后，保险合同条款中规定的责任范围，即成为保险人承担的保险责任。保险责任指保险公司承担赔偿或者给付保险金责任，不同的险种有不同的保险责任，保险责任主要分为基本责任、特约责任、除外责任。

基本责任：指财产保险合同中载明的保险人承担经济损害赔偿责任的保险危险范围。一般包含自然灾害、意外事故、抢救或防止灾害蔓延采取必要措施，造成的保险财产损失和保险危险发生时必要的施救、保护、整理等合理费用。

特约责任：指财产保险合同载明的基本责任以外，或列为除外责任的风险损失，经保险双方协商同意后特约附加承保的一种责任，属于约定扩大的保险责任，故也称为"附加责任""附加险"。它附属于基本责任，作为基本险的一项补充，如企业财产保险附加盗窃险；或独立存在，可以单独承保，如机动车辆第三者责任保险。

除外责任：指财产保险合同中列明的保险人不承担经济赔偿责任的风险损失。保险合同列明的除外责任，主要有三部分。一是明确列入除外责任条款之内，如战争、军事行动、暴力行为、核子辐射和污染等；二是不在列举的保险责任范围之内，如其他不属于保险责任范围内的损失；三是由于除外责任列举事项引起的保险事故损失，如由于被保险人的故意行为造成的火灾、爆炸等，即使火灾、爆炸属于保险责任，却是除外责任中被保险人的故意行为所引起，因而仍作除外责任。

在保险责任范围内发生财产损失或人身保险事故，保险人负责赔偿或给付保险金。保险人赔偿或给付保险金的责任范围需要满足以下条件：损害发生在保险责任内；保险责任发生在保险期限内；以保险金额为限度。所以，保险责任既是保险人承担保障的保障责任，也是负责赔偿和给付保险金的依据和范围。

人身保险的保险责任是指当人身保险单上载明的危险发生造成保险标的损害或约定的人身保险事件发生（或约定期满时），保险人应负的经济赔偿或给付保险金的责任。财产保险的保险责任是指保险人根据保险合同规定的保险危险一旦发生时，对被保险人的保险标的所造成的经济损失应负的赔偿责任。由于财产保险的种类不同，对各种自然灾害和意外事故造成保险损害的规律的掌握程度不同，以及有些风险损失如核子辐射、污染等不宜转嫁给保险人承担等因素，因而财产保险合同的保险责任，一般采取列举式，明确负责的范围与不负责的界限，以便为保险双方共同遵守。

保险事故是指按照保险合同的约定，保险人应当对被保险人或者受益人承担保险责任的各种事故或事件。保险事故由保险合同加以约定，但保险合同约定的保险事故不得违反法律或者社会公共利益。保险事故因财产保险和人身保险而有所不同。我国《保险法》第16条第5款规定："保险事故是指保险合同约定的保险责任范围内的事故。"

保险责任的开始时间取决于保险合同的约定。我国《保险法》第14条规定："保险合同成立"后，投保人按照约定交付保险费，保险人按照约定的时间开始承担保险责任。一般而言，保险合同对保险人开始承担保险责任的时间没有约定的，保险人自投保人交付保险费时开始承担保险责任。因此，"保险合同生效"的时间与保险责任开始的时间不是同一概念。保险合同生效后，并不意味着保险人开始承担保险责任，保险人何时开始承担保险责任，取决于保险合同对保险人承担保险责任期间的约定。

保险合同成立：指合同当事人就保险合同的主要条款达成一致协议。保险合同的成立要符合民事法律行为的要件和合同的成立要件。我国《合同法》第13条规定："当事人订立合同，采取要约、承诺的方式。"我国《保险法》第12条规定："投保人提出保险要求，经保险人同意承保，并就合同的条款达成协议，保险合同成立。"依照这一规定，保险合同的成立要件有三：其一，投保人提出保险要求；其二，保险人同意承保；其三，保险人与投保人就合同的条款达成协议。因此，保险合同原则上在当事人通过要约和承诺的方式达成意思一致时即告成立。

保险合同生效：指合同条款对当事人双方已发生法律上的效力，要求当事人双方恪守合同，全面履行合同规定的义务。保险合同的成立与生效的关系有两种：一是合同一经成立即生效，双方便开始享有权利，承担义务；二是合同成立后不立即生效，而是等到保险合同生效的附条件成立或附期限到达后才生效。

不论是人身保险还是财产保险，对于保险责任范围都十分重要。如健康险基本上将"天灾"作为免赔责任，而对于财产险，则将不同的灾害事故作了分类。例如，财险基本条款规定，对于火灾、爆炸、雷击、飞行物体及其他空中运行物体坠落负责理赔。而许多家庭财产险、"企业财产险"、车险等对地震所造成的一切损失不负责理赔。对于海啸、暴雨、洪水、台风、暴风、龙卷风、雪灾、雹灾、冰凌、泥石流、崖崩、突发性滑坡、地面突然塌陷等灾难，不同产品承保上有一些差异，有的归为可保责任，有的则作为免赔情况。另外，许多保险条款会规定不属于保险责任范围内的损失和费用也同样不能得到赔偿。也就是说，合同能承保的范围以保险责任条款为准，而非除去免赔责任的所有情况。但对于财产一切险情况有所例外。因为，保险责任和除外责任条款有举例式和列明式两种。

企业财产险：企业财产险的保险标的是法人机构的财产物资及有关利益。主要险种包括财产保险基本险、财产保险综合险、财产保险一切险和利润损失保险。

三、保障工具——保险产品

保险产品是保险公司为市场提供的有形产品和无形服务的综合体。保险产品在狭义上是指由保险公司创造、可供客户选择在保险市场进行交易的保障工具，在广义上是指保险公司向市场提供并可由客户取得、利用或消费的一切产品和服务。保险产品包括保险合同签订和相关服务的全过程。保险产品包含有4层意思：一是能引起人们注意和购买，二是能转移风险，三是能提供一定的经济补偿，四是一种承诺性服务组合。因此，保险产品的真正含义是满足消费者保障与补偿的需要。保险产品保障被保险人在发生不幸事故时仍能拥有生活下去的基本条件，并能使人们以最小的代价获得最大的经济补偿。

转移风险是一种事前控制风险的有效手段。一般说来，转移风险的方式可以分为非保险转移和保险转移。非保险转移是指通过订立经济合同，将风险以及与风险有关的财务结果转移给别人，常见的非保险风险转移有租赁、互助保证、基金制度，等等。保险转移是指通过订立保险合同，将风险转移给保险公司（保险人）。通过保险来转移风险是最常见的方式，但并不是所有的风险都能够通过保险来转移，因为，可保风险必须符合一定的条件。

保险商品的"使用价值"体现在它能够满足人们的某种保障需要。例如，人寿保险中的死亡保险能够满足人们支付死亡丧葬费用和遗嘱的生活需要；年金保险可以满足人们在生存时对教育、婚嫁、年老等所用资金的需要；财产保险可以满足人们在遭受财产损失后恢复原状或获得经济补偿等的需要。因此，保险产品合同中保险条款的规定，包括基本保障责任的设定、价格的计算、除外责任的规定、保险金的给付方式等都是被保险人利益的切实体现，以此可以判断保险产品是否适合自己的需要。

使用价值：使用价值是一切商品都具有的共同属性之一。任何物品要想成为商品都必须具有可供人类使用的价值，反之，毫无使用价值的物品是不会成为商品的。使用价值是物品的自然属性，是价值的物质基础，和价值一起，构成了商品二重性。

实物商品是有形商品，看得见，摸得着，其形状、大小、颜色、功能、作用一目了然，买者很容易根据自己的偏好，其他商品进行比较，做出买还是不买的决定。而保险产品则是一种无形商品，人们只能根据很抽象的保险合同条文来理解其产品的功能和作用。由于保险商品的这一特点，它一方面要求保单的设计在语言上简洁、明确、清晰、易懂；另一方面要求保险营销人员，具有良好的保险知识和"职业操守"。否则，投保人是很难理解、接受或对保险产品做出准确选择。

职业操守：即人们在职业活动中所遵守的行为规范的总和，是从事职业活动中必须遵从的最低道德底线和行业规范。它具有基础性、制约性等特点，凡从业者必须做到。它既是对从业人员在职业活动中的行为要求，又是对社会所承担的道德、责任和义务。

实物商品在大多数情况下是即时交易，而保险产品的交易则是一种承诺交易。当投保人购买某一险种缴纳了保费，保险人出具了保险单，此笔交易并没有完成，因为保险人只是向投保人做出一项承诺，该承诺的实质内容是如果被保险人在保险期间发生了合同中所规定的保险事故，保险人将依照承诺做出保险赔偿或给付。可见，该投保人与保险公司的关系不仅没有结束，反而是刚刚开始。由于保险产品承诺性交易的这一特点，对于保险人和投保人（被保险人）来说，相互选择就是非常重要的。保险人需要认真选择被保险人，避免遭受逆选择或道德危险；投保人需要认真选择保险公司和保险产品，否则，以免在合同存续期间或发生事故后有不必要的麻烦或损失。

逆选择：指由于交易双方对产品的类型和质量等信息的不对称而导致次货驱赶良货的一种现象。保险逆选择是指投保人选择危险较差者购买保险或申请续保，而情况良好者则不欲购买保险或续保。

道德危险：指被保险人及其关系人图谋保险合同上的利益而制造的人为危险。被保险人及关系人故意促使危险发生，或在危险发生时加重其后果，以觊觎保险合同上的利益。保险人对因道德危险所致的损失不负赔偿责任。[1]

实物商品的交易是一种数量确定性的交换。例如，只要买者交了钱，不论是一手交钱、一手交货的现货交易，还是赊销、网购形式的交易，买卖双方都能明确地得到货币或者商品。而保险合同履行的是建立在保险事故可能发生、也可能不发生的基础之上的。在合同有效期间内，如果发生了保险事故，则保险购买者从保险人那里得到赔偿或给付，其数额可能大大超过其所缴纳的保险费；反之，如果保险事故没有发生，则保险产品的购买者可能只是支付了保费而没有得到任何形式的货币补偿或给付。保险具有机会性，保险合同具有射幸性。

保险产品不同于"股票""债券""储蓄"等金融商品。对于投资者来说，只要知道储蓄的存款本金和利息率、股票的买入价和卖出价、债券的票面价格和利息率，就很容易计算出其"收益率"来。而保险产品涉及保障责任的界定、保险金额的大小、保费的缴纳方式、责任免除、死亡类型、伤残界定等一系列复杂问题。况且，大部分保险事故的发生是不以被保险人和保险人的意志为转移的，被保险人很难知道自己将在何时发生保险事故，也很难明确计算出成本和收益的大小，甚至根本没有收益。因此说，保险产品是不能用收益率、投入产出的概念来和其他金融商品做对比的。

---

[1]　柳才久，《保险手册》，新华出版社。

股票： 股份公司发行的所有权凭证，是股份公司为筹集资金而发行给各个股东作为持股凭证并借以取得股息和红利的一种有价证券。每股股票都代表股东对企业拥有一个基本单位的所有权。每只股票背后都有一家上市公司。同时，每家上市公司都会发行股票。同一类别的每一份股票所代表的公司所有权是相等的。每个股东所拥有的公司所有权份额的大小，取决于其持有的股票数量占公司总股本的比重。股票是股份公司资本的构成部分，可以转让、买卖，是资本市场的主要长期信用工具，但不能要求公司返还其出资。

债券： 一种金融契约，是政府、金融机构、工商企业等直接向社会借债筹措资金时，向投资者发行，同时承诺按一定利率支付利息并按约定条件偿还本金的债权债务凭证。债券的本质是债的证明书，具有法律效力。债券购买者或投资者与发行者之间是一种债权债务关系，债券发行人即债务人，债券购买者即债权人。

储蓄： 一种居民将暂时不用或结余的货币收入存入银行或其他金融机构的存款活动。又称储蓄存款。储蓄存款是信用机构的一项重要资金来源。发展储蓄业务，在一定程度上可以促进国民经济比例和结构的调整，可以聚集经济建设资金，稳定市场物价，调节货币流通，引导消费，帮助群众安排生活。

收益率： 指投资的回报率，一般以年度百分比表达，根据当时市场价格、面值、息票利率以及距离到期日时间计算。对公司而言，收益率指净利润占使用的平均资本的百分比。

保险产品在本质上是一种避害商品，在投资者买卖股票和债券等金融商品时，他们是以承担一定的风险作为代价，希望获取更大的投资收益，这些金融商品在本质上是一种趋利商品。而在购买保险的时候，大多数人是希望以支付一笔确定数额的货币来转移可能发生的风险，来换取对未来不确定性的保障，减少不可预知的支出，因此，保险产品在本质上是一种避害商品，而不是趋利商品。

　　保险产品看不见、摸不着，主要表现为"一张保单、一份承诺"，通过保单承诺在约定的保险事故发生时对保险消费者予以赔付或给付，在很大程度上提供的只是一种心理保障。许多人在风险事故发生前都存在侥幸心理，因此保险商品就成了一种"非渴求商品"。另外，保险商品具有灾难的联想性。保险商品总是与未来可能发生的不幸相连，通常是在被保险人发生如意外、疾病、伤残、死亡等不幸事件时，才能得到保险金。因此很多人也不愿意买保险。这就使得营销成为保险经营中至关重要的一环。现代社会风险具有加速生成的特点，新的、复杂的风险不断出现，客户的个性化需求也越来越强烈。因此，提供范围广泛的产品和优质服务，才能满足不同区域、不同顾客的各种保险需要。

　　非渴求商品：又称非寻求品，是消费者不知道或虽然知道但一般情况下也不会主动购买的商品。传统的非渴求品有人寿保险、工艺类陶瓷以及百科全书等。当然，非渴求品并不是终身不变的，随着消费者的了解可以转换为其他类别的产品。

　　某一类保险产品是相同或趋同的，但在不同公司或不同服务人员为客户提供服务后，却感觉到明显差别。在多数客户眼里，同一款保险产品通常是没有差异的，不同之处在于保险单提供者的服务。保险产品的形象和吸引力很大程度上取决于提供产品和服务的具体人员，由于人的气质、修养、能力和水平各不相同，产品服务质量也会因人而异。即使是同一个人在不同时期、不同情况下，其服务的质量也是不一样的。

四、保障载体——保险合同

　　保险合同是投保人与保险人之间权利与义务关系的载体。

　　投保人又称"要保人"，是保险合同的主体之一，与保险人订立保险合同并按照保险合同负有支付保险费义务。自然人与法人皆可成为投保人。成为投保人的条件是具有相应的民事权利能力和行为能力,对保险标的具有保险利益。

保险人又称"承保人",是保险合同当事人的一方,与投保人订立保险合同并承担赔偿或者给付保险金的责任。保险人的权利是在经营保险业务中收取保险费;保险人的义务是在保险事故发生时赔偿损失或在约定的事件发生时、约定的期限到达时给付保险金。保险人必须经过政府有关部门审查批准,方可经营保险业务。保险人必须具有一定数量的资本金,以保证应有的偿付能力。除极少国家(如英国)允许个人经营保险业务外,保险人一般都是法人。保险人具体的形式有保险股份有限公司、相互保险公司、相互保险社、保险合作社、国营保险公司及专业自保公司等。

保险活动当事人需要通过签订保险合同来明确双方相应的权利和义务。根据当事人双方的约定,投保人支付保险费给保险人,保险人在特定事件发生时或约定期限届满时履行保险赔付责任。保险交易属于延时交易,保险合同这一具有法律约束力的协议确保合同当事人的权益能够得到保障。保险合同是保险监管的内容、是合同主体履约的依据,也是纠纷处理的依据。投保人与保险人合称保险合同的当事人。

早期的法律对保险合同关系约束和限制较少。人们习惯于草拟一份书面清单,列明想要承保的物品,只要获得保险人认可承保通过,合同即告成立,解决保险合同纠纷主要依靠保险商会。随着对保险、保险合同深入的理解,尤其是认识到保险合同具有复杂性和专业性,"保险单"越来越普遍地采取格式合同的形式,合同的内容、合同主体的准入、合同的成立 – 生效 – 变更、合同效力认定以及合同纠纷解决,越来越多地受到法律的规范。

保险单:指保险合同订立之后,保险人向投保人签发的有关保险合同的正式书面凭证。保险单内容的制定在早期完全是当事人自由协商确定,但是现代社会的保险单日益格式化,一般由保险人事前制作并提供。保险单具有如下法律意义:第一,证明保险合同成立;第二,确认保险合同的诸项权利义务关系,作为当事人履行保险合同的依据;第三,在特定情形下,具有类似证券的作用。

订立保险合同过程与一般合同过程基本一致，须经过要约和承诺两个阶段，在保险实务中体现为投保人申请和保险人同意。订立保险合同应当协商一致，遵循公平原则，确定各方的权利和义务。我国《保险法》规定保险合同自愿订立，但要求人身保险的投保人在保险合同订立时，对被保险人应当具有保险利益。

被保险人：指其财产或者人身受保险合同保障，享有保险金请求权的人。投保人可以为被保险人。

保险利益：指投保人或者被保险人对保险标的具有的法律上承认的利益。

财产保险的被保险人在保险事故发生时，对保险标的应当具有保险利益。投保人提出保险要求，经保险人同意承保，保险合同成立。保险人应当及时向投保人签发保险单或者其他保险凭证，主要有投保单、暂保单和小保单。

① 投保单指投保人向保险人申请订立保险合同的书面要约。投保人通过投保单的填写和提交，一方面是发出保险要约，另一方面是向保险人如实告知投保人一方的相关信息和保险标的及其所涉及风险的具体状况，以便利保险人做出是否同意承保和收取多少保险费的决定。投保单经保险人签章承诺后即成为保险合同的正式凭证。

② 暂保单指正式保险的签发之前由保险人提供给投保人的临时保险单。暂保单的内容较正式保单更为简单，仅仅载明被保险人、保险标的、保险期间等重要事项，当事人之间的具体权利义务关系则以保险单的约定为准。暂保单具有与正式保险单同样的效力，但是其有效期限较短，通常不超过30日。

③ 小保单又称保险凭证，是保险人向投保人签发的，用于证明保险合同已经成立或者保险单已经出立的书面凭证。保险凭证是一种简化了的保险单，其与保险单具有相等的法律效力。保险凭证主要在以下三种情况下使用：第一，在交强险中，为了方便被保险人随身携带以提供有关部门检查，保险人往往出具保险凭证给投保人；第二，在团体保险中，团体保险的保险单留存于投保人处，此外还需要提供给团体保险的每个被保险人一张单独的保险凭证，以证明其受该团体保险的保障；第三，在货物运输保险中，根据预约合同的约定，需要对每一笔货运单独签发保险凭证。

　　保险单或者其他保险凭证应当载明当事人双方约定的合同内容。依法成立的保险合同自成立时生效。投保人和保险人可以对合同的效力约定附条件或者附期限。保险合同成立后，投保人按照约定交付保险费，保险人按照约定的时间开始承担保险责任。一般情况下，投保人可以解除合同，保险人不得解除合同。《保险法》第47条规定，"投保人解除合同的，保险人应当自收到解除合同通知之日起三十日内，按照合同约定退还保险单的现金价值"。第50条规定，"货物运输保险合同和运输工具航程保险合同，保险责任开始后，合同当事人不得解除合同"。第54条规定，对于财产保险"保险责任开始前，投保人要求解除合同的，应当按照合同约定向保险人支付手续费，保险人应当退还保险费。保险责任开始后，投保人要求解除合同的，保险人应当将已收取的保险费，按照合同约定扣除自保险责任开始之日起至合同解除之日止应收的部分后，退还投保人"。

　　在保险合同中，被保险人是极其重要的关系人，被保险人其财产或者人身受保险合同保障，享有保险金请求权，当投保人为自己利益投保时，投保人、被保险人为同一人。

　　当投保人为他人利益投保时，须遵守以下规定：被保险人应是投保人在保险合同中指定的人；投保人要征得被保险人同意；投保人不得为无民事行为能力人投保以死亡为给付保险金条件的人身保险（但父母为未成年子女投保的人身保险不受此限制，只是死亡给付保险金额总和不得超过保险监督管理机构规定的限额）。

　　被保险人的成立应具备以下条件：① 被保险人必须是财产或人身受保险合同保障的人。在财产保险合同中，当发生保险事故致使被保财产遭受损失后，被保险人可依照保险合同获得补偿；在人身保险合同中，当被保险人死亡、伤残、疾病或达到约定年龄期限时，保险人要根据保险合同赔偿或给付保险金。② 被保险人必须享有保险金请求权。保险金请求权的享有以保险合同的订立为前提，其行使则以保险事故或事件的发生为条件。在财产保险合同中，保险事故发生后，未造成被保险人死亡的，保险金请求权由被保险人本人行使；造成被保险人死亡的，保险金请求权由其继承人依继承法继承。在人身保险合同中，保险事故或事件发生后，被保险人仍然生存的，保险金请求权由被保险人本人行使；被保险人死亡的，保险金请求权由被保险人或者投保人指定的受益人行使；未指定受益人的，保险金请求权由被保险人的继承人行使。

受益人是保险合同的重要关系人之一，指人身保险合同中由被保险人或者投保人指定的享有保险金请求权的人，投保人、被保险人可以为受益人。

受益人的成立应具备以下条件：① 受益人须经被保险人或投保人指定。受益人可以是自然人，也可以是法人。受益人如果不是被保险人、投保人，则多为与其有利害关系的自然人。② 受益人必须是具有"保险金请求权"的人。保险金请求权是受益人依照保险合同享有的基本权利。人身保险合同中因投保人订立合同的目的不同，合同约定的受益人也有所不同。（1）投保人以自己的生命、身体为他人利益订立保险合同的，投保人是被保险人，受益人是其指定的人。（2）投保人以自己的生命、身体为自己利益而订立保险合同的，投保人既是被保险人，也是受益人。（3）投保人以他人的生命、身体为他人利益而订立保险合同的，受益人经被保险人同意后，可以是第三人；（4）投保人以他人的生命、身体为自己利益而订立保险合同的，经被保险人同意后，投保人是受益人。投保人指定或变更受益人时，须经被保险人同意。受益人可以是被保险人或投保人指定的一人或数人。被保险人为无民事行为能力人或者限制民事行为能力人的，可以由其监护人指定受益人。

保险金请求权：受益人依照保险合同享有的基本权利。当被保险人与受益人不是同一人时，保险事故或事件发生后，如果被保险人死亡，则受益人能够从保险人处获得保险金。人身保险合同中被指定的受益人是一人时，保险金请求权由该人行使，并获得全部保险金。受益人是数人的，保险金请求权由该数人行使，其受益顺序和受益份额由被保险人或投保人确定；未确定的，受益人按照相等份额享有受益权。受益人的保险金请求权来自人身保险合同的规定，故受益人获得的保险金不属于被保险人的遗产，既不纳入遗产分配，也不用于清偿被保险人生前债务。但是，《保险法》第42条规定 被保险人死亡后，有下列情形之一的，保险金作为被保险人的遗产，由保险人依照《中华人民共和国继承法》的规定履行给付保险金的义务：（一）没有指定受益人，或者受益人指定不明无法确定的；（二）受益人先于被保险人死亡，没有其他受益人的；（三）受益人依法丧失受益权或者放弃受益权，没有其他受益人的。受益人与被保险人在同一事件中死亡，且不能确定死亡先后顺序的，推定受益人死亡在先。

订立保险合同时，保险人可以就被保险人的情况进行询问和其他方式了解，投保人应当履行"如实告知"的义务。投保人故意或者因重大过失未履行如实告知义务，有可能会造成保险人解除合同、不承担赔偿或者给付保险金的责任、不退还保险费等法律后果。订立保险合同时，如果采用保险人提供的"格式条款"，那么投保单应当附格式条款。对于涉及免除保险人责任的条款，应当在投保单、保险单或者其他保险凭证上做出足以引起投保人注意的提示，并对该条款的内容以书面或者口头形式向投保人做出明确说明。保险人与投保人、被保险人或者受益人对合同条款有争议的，应当按照"通常理解"予以解释。对合同条款有两种以上解释的，人民法院或者仲裁机构应当做出有利于被保险人和受益人的解释。

如实告知：指在订立保险合同之时，被保险人或者投保人必须要将保险标的中的重要事项如实告知保险人，并确保保险人能够全面、准确地掌握这些重要事项，只有这样才能够让保险人正确的认识并评估危险状况，继而决定是否承保或者在何种条件下承保。对于《保险法》中的如实告知义务来说，其既可以被看成是一种制度，也可以被看成是一种义务。

格式条款：又称为标准条款，是指当事人为了重复使用而预先拟定、并在订立合同时未与对方协商的条款，如保险合同、拍卖成交确认书等。《合同法》从维护公平、保护弱者出发，对格式条款从三个方面予以限制：第一，提供格式条款一方有提示、说明的义务，应当提醒对方注意免除或者限制其责任的条款，并按照对方的要求予以说明；第二，免除提供格式条款一方当事人主要义务、排除对方当事人主要权利的格式条款无效；第三，对格式条款的理解发生争议的，应按通常理解予以解释。对格式条款有两种以上解释的，应当做出不利于提供格式条款一方的解释。

通常理解：《合同法》第125条规定，"当事人对合同条款的理解有争议的，应当按照合同所使用的词句、合同的有关条款、合同的目的、交易习惯以及诚实信用原则，确定该条款的真实意思。合同文本采用两种以上文字订立并约定具有同等效力的，对各文本使用的词句推定具有相同含义。各文本使用的词句不一致的，应当根据合同的目的予以解释"。

我国《保险法》规定，保险合同应当包括下列事项：

（1）保险人的名称和住所。在保险合同成立后，保险费的交付、危险增加或事故发生等的通知、事故查勘理赔、保险金的实际赔付等，都与之有密切联系。保险合同权利的行使、合同义务的履行，都需要确知行使或履行对象的关键信息，才能便利如约完成。

（2）投保人、被保险人的姓名或者名称、住所，以及人身保险的受益人的姓名或者名称、住所。

（3）保险标的。

（4）保险责任和责任免除。

（5）保险期间和保险责任开始时间。保险期间是指保险人对保险标的承担保险责任的时间范围，或者说是保险责任开始到终止的有效期间。财产保险产品的保险期限较短，通常为一年；人寿保险产品的保险期间较长。只有在保险期间之内发生的保险事故，保险人才能承担保险责任。保险期限也是计算保险费的依据，通常保险期限越长，保险费收取越多。保险期限的计算大致有三种方法：其一，按照日历计算。例如，某一财产保险合同约定期限为一年。其二，以某一航程为期间。例如某一货物运输保险合同约定期限为该次货物运输全程。其三，以某一工程工期为期间。比如某一工程保险合同约定保险期限为整个工程工期。

（6）保险金额，指投保人和保险人在保险合同中约定的，在保险事故发生时保险人承担赔偿或给付保险金责任的最高限额。同时保险金额也是保险费数额的基本依据。在确定保险金额时，应当综合考虑投保人的保险费支付的主观意愿和客观能力、被保险人或受益人的实际需要、保险人的风险承受能力。另外保险金额的确定还要考虑可保利益和保险价值。"保险金额不得超过保险价值。超过保险价值的，超过部分无效，保险人应当退还相应的保险费。保险金额低于保险价值的，除合同另有约定外，保险人按照保险金额与保险价值的比例承担赔偿保险金的责任。"

（7）保险费以及支付办法。对于人寿保险，《保险法》规定"投保人可以按照合同约定向保险人一次支付全部保险费或者分期支付保险费"。"合同约定分期支付保险费，投保人支付首期保险费后，除合同另有约定外，投保人自保险人催告之日起超过三十日未支付当期保险费，或者超过约定的期限六十日未支付当期保险费的，合同效力中止，或者由保险人按照合同约定的条件减少保险金额。被保险人在前款规定期限内发生保险事故的，保险人应当按照合同约定给付保险金，但可以扣减欠交的保险费"。"合同效力依照本法中止的，经保险人与投保人协商并达成协议，在投保人补交保险费后，合同效力恢复。但是，自合同效力中止之日起满二年双方未达成协议的，保险人有权解除合同。保险人依照规定解除合同的，应当按照合同约定退还保险单的现金价值"。"保险人对人寿保险的保险费，不得用诉讼方式要求投保人支付"。

（8）保险金赔偿或者给付办法。保险金是指保险人在保险事故发生时实际应当赔付给被保险人或受益人的金钱数额。保险金的计算，受到损失程度、保险金额、保险价值等多种因素的影响和限制。保险金的给付关系着保险消费者一方保险权益的实现，在订立保险合同时就明确保险金的给付办法，如给付标准和给付方式等。被保险人或受益人领取保险赔款或保险金的方式在财产保险与人寿保险中存在一定的区别。在财产保险中，一旦保险事故发生，被保险人可以一次性领取保险赔款。在人寿保险中，被保险人或受益人领取保险金可以有3种方式选择：一次性领取保险金、以年金方式分期领取保险金或保险金的一部分一次性领取，剩余部分以年金形式领取。

（9）违约责任和争议处理。违约责任指合同当事人一方不履行合同义务，或者其履行不符合法律规定，应当向另一方当事人承担赔偿损失、支付违约金等不利后果。在保险合同中明确相关违约责任，有利于保险合同的顺利履行。保险合同当事人发生争议，可以采取和解、调节、仲裁或诉讼的方式加以解决。

（10）订立合同的年、月、日。即保险合同成立的日期，该日期对于判断保险责任开始日、保险利益存在与否等具有重要的法律意义。

投保人和保险人可以约定与保险有关的其他事项，可以协商变更合同内容。变更保险合同的，应当由保险人在保险单或者其他保险凭证上批注或者附贴批单，或者由投保人和保险人订立变更的书面协议。

保险合同作为一种特殊的民事合同，除具有一般合同的法律特征外，还具有双务性、射幸性、补偿或给付性、有偿性、诺成性、继续性和附和性等法律特征。

双务性：双务合同指双方互负对方给付义务的合同，如买卖、租赁等合同。保险合同是典型的双务合同。依据保险合同的约定，投保人负有支付保险费的义务，保险人负有在保险期间承担被保险人风险的义务。保险人的风险承担义务意味着，从保险期间开始之日起，一旦承保范围内的保险事故在保险期间发生，保险人赔偿或给付保险金；如果保险事故在保险期间未发生，保险人也在这段时间内提供了经济上和精神上的保障，使投保人、被保险人免于后顾之忧。

射幸性：射幸合同指合同的法律效果在订约时不能确定的合同。如保险、彩票和赌博等均属于此类合同。保险合同的射幸性体现在，虽然投保人确定要支付保险费，但是保险人是否给付保险金，在合同订立时无法明确，而取决于合同订立后不确定的偶发事故。如果在保险保障期间发生保险事故，被保险人能从保险人处获得的保险赔付数额远远超出其所支付的保险费金额。如果在保险保障期间未发生保险事故，被保险人无法获得任何经济赔偿，而保险人则只收取保费，却无赔偿之责。

补偿性或给付性：保险的主要功能是补偿损失，使被保险人恢复到损失发生前的经济状况，而非改善或增益其经济状况，故保险合同具有补偿性的特点。补偿性在财产保险中体现为补偿具体经济损失，在人寿保险中较多体现为补偿抽象损失，因为人身损害往往难以量化。补偿性更多的是针对财产保险而言，兼及损失补偿型的意外伤害保险和健康保险，如补偿具体医疗费用和住院费用。

有偿性：有偿合同指当事人一方享有合同规定的权益，须向对方当事人偿付相应代价的合同。保险合同是强制性的有偿合同，投保人如果想让保险人承担损失风险、提供保险保障，就必须支付相应的保险费作为代价。

诺成性：诺成合同指当事人双方意思表示一致即告成立的合同。保险合同通常被认为是诺成合同。投保人提出保险要求，经保险人同意承保，保险合同成立。投保人按照约定交付保险费，保险人按照约定的时间开始承担保险责任。

继续性：继续合同指合同内容并非一次即可完成，而是继续实现的合同。保险合同是典型的继续性合同，其继续期间因保险种类的不同而长短不一。人寿保险合同的期间较长，而运输货物保险合同的期间较短。但是不管继续期间或长或短，各类保险合同的内容都并非一次给付即可完结，保险人的风险保障期间往往要持续一定的时日。

附和性：附和合同指一方当事人提出合同的主要内容，另一方当事人只能做出总体上接受或不接受的决定，而一般没有商议变更的余地。保险合同即是如此，一般由保险人一方预先拟定保险合同的具体内容，投保人只能就合同内容整体做同意与否的意思表示，而往往没有修改某项条款的权利。

保险合同按照不同的划分标准分类，有如下种类：

（1）按照合同的性质分为补偿性保险合同与给付性保险合同。

补偿性保险合同是指保险人的责任，以补偿被保险人的经济损失为限，并不得超过保险金额的合同。各类财产保险合同和人身保险中的医疗费用保险合同都属于补偿性保险合间。

给付性保险合同是指保险金额由双方事先约定，在保险事件发生或约定的期限届满时，保险人按合同规定的标准金额给付的合同。各类寿险合同属于给付性保险合同。

（2）按照标的不同分为人身保险和财产保险。

财产保险合同是以财产及其有关的经济利益为保险标的的保险合同。财产保险合同通常又可分为财产损失保险合同、责任保险合同、信用保险合同等。利益可以是现有的、期待的、责任（依法承担的民事赔偿责任）的利益。

人身保险合同是以人的寿命和身体为保险标的的保险合同。人身保险合同又可分为人寿保险合同、人身意外伤害保险合同、健康保险合同等。以生命为标的的保险——人寿保险。以身体为标的的保险——健康保险或者意外伤害保险。

（3）在各类财产保险中，按照保险价值在订立合同时是否确定分为定值保险合同与不定值保险合同。

定值保险合同是指在订立保险合同时，投保人和保险人即已确定保险标的的保险价值，并将其载明于合同中的保险合同。定值保险合同多适用于某些不易确定价值的财产，如农作物保险、货物运输保险以及以字画、古玩等为保险标的的财产保险合同。

不定值保险合同是指订立保险合同时不预先约定保险标的的保险价值，仅载明保险金额作为保险事故发生后赔偿最高限额的保险合同。大多数财产保险业务均采用不定值保险合同的形式。

（4）按照承担风险责任分为单一风险合同、综合风险合同与一切险合同。

单一风险合同是指只承保一种风险责任的保险合同。如农作物雹灾保险合同，只对于冰雹造成的农作物损失负责赔偿。

综合风险合同是指承保两种以上的多种特定风险责任的保险合同。这种保险合同必须一一列明承保的各项风险责任，只要损失是由于所保风险造成，保险人就负责赔偿。

一切险合同是指保险人承保合同中列明的除外不保风险以外的一切风险，由此可见，所谓一切险合同并非意味着保险人承保一切风险，即保险人承保的风险仍然是有限制的，但这种限制通过列明除外不保风险的方式来设立。在一切险合同中，保险人并不列举规定承保的具体风险，而是以"责任免除"条款确定其不承保的风险。也就是说，凡未列入责任免除条款中的风险均属于保险人承保的范围。

（5）按照保险金额与出险时保险价值对比关系分为足额保险合同、不足额保险合同与超额保险合同。

足额保险合同指保险金额等于保险事故发生时的保险价值的保险合同。足额保险，十足赔偿。

不足额保险合同指保险金额小于保险事故发生时的保险价值的保险合同。不足额保险，按照比例赔偿。

超额保险合同指保险金额大于保险事故发生时的保险价值的保险合同。超额保险，超过部分无效。

（6）依据保险人人数的不同分为单保险与复保险。

单保险与复保险是财产保险当中特有的分类，面对着危险只向一个保险公司进行投保，建立起来了保险合同关系，这样的保险就叫作单保险。复保险是指投保人面对同一标的、同一保险利益、同一保险事故分别向两个以上的保险人进行的投保。

（7）根据实施形式的不同分为强制保险与自愿保险。

商业保险以自愿为基本原则，投保人是否投保，承保人是否承保都是自愿的。只有极少数险种实施强制，如：机动车辆第三者责任险、铁路旅客的意外伤害险。

（8）根据保险人承担责任的次序不同分为原保险与再保险。

原保险合同指保险人与投保人直接订立的保险合同，合同保障的对象是被保险人。

再保险合同指保险人为了将其所承担的保险责任转移给其他的保险人而订立的保险合同，合同直接保障的对象是原保险合同的保险人。

原保险与再保险在保险的责任期间上、承保的责任范围上，都是完全一致的。

原保险的被保险人或者受益人，不得向再保险接受人提出赔偿或者给付保险金的请求，再保险接受人不得向原保险的投保人要求支付保险费。作为原保险当中的保险人也不能以再保险的接受人拒绝承担责任为由，对抗原保险当中的被保险人或者受益人。

第二章 保障的原则

保险利益原则

投保人或者被保险人对保险标的具有的法律上承认的利益。在签订和履行保险合同过程中，投保人或被保险人对保险标的必须具有保险利益。

最大诚信原则

保险当事人行使权利、履行义务应当遵循诚实信用原则。"卡特诉鲍曼案"是最大诚信原则的最初渊源。一方不遵守最大诚信原则，他方可以宣告契约无效。告知与保证、弃权与禁止反言是最大诚信的基本内容。

近因原则

近因原则是明确事故与损失之间的因果关系一项基本原则。近因是指促成损失结果的最有效的、起决定作用的原因，而不是指在时间上或空间上与损失结果最为接近的原因。

损失补偿原则

损失补偿原则可以追溯到保险的起源。保险标的发生损失，保险人按照约定进行赔偿，以使其恢复到损失前的状态，被保险人不得因保险赔偿获得额外收益。损失补偿原则主要适用于财产保险及其他补偿性保险合同。

代位求偿原则

代位求偿原则是从补偿原则中派生出来的，只适用于财产保险。包括权利代位和物上代位。

重复保险分摊原则

重复保险分摊原则是由损失补偿原则派生出来的，它只适用于财产保险。是重复保险的补偿办法。

一、保险利益原则

保险利益原则是指在签订和履行保险合同的过程中，投保人或被保险人对保险标的必须具有保险利益。保险利益既是订立保险合同的前提条件，也是保险合同生效及存续期间保持效力的前提条件。一般情况下，投保人只有对保险标的具有保险利益，才有条件或资格与保险人订立保险合同，双方签订的保险合同才能生效，否则，为非法的或无效的合同。

并非投保人或被保险人对保险标的所拥有的任何利益都可称为保险利益，其必须具备下列条件：

（1）保险利益必须是合法的利益。投保人或被保险人对保险标的的利益必须是法律认可并且受到法律保护的利益，即在法律上可以主张的利益。违反法律规定或通过不正当手段获得的利益，都不能成为保险利益。例如，以盗窃、诈骗、贪污、走私等手段获得的财物都不能成为保险合同的标的物，由此产生的利益不能构成保险利益。

（2）保险利益必须是确定的利益。确定的利益包括现有利益、预期利益、责任利益和合同利益。保险利益必须是客观存在的、可以实现的利益，而不是仅仅凭主观臆测、推测可获得的利益。

（3）保险利益必须是经济利益。即投保人或被保险人对保险标的的利益价值必须能够用货币衡量。因为保险的目的是为了弥补被保险人因保险标的出险所遭受的经济损失，这种经济损失正是基于当事人对保险标的所拥有的经济利益为前提。如果当事人对保险标的不具有经济利益或具有的利益不能用货币计量，则保险赔偿金或保险金的给付就无法实现。因此，无法用货币衡量的利益不能成为保险利益。

13 世纪欧洲航海活动促进了保险的发展，"最早的保险常以借贷合同的名义签订，保险人依据合同假设自己为了某种需要从被保险人处领取一定金额的贷款，保证如果船舶没有能够按照预期安全抵达就将合同约定款项还给被保险人。"[1] 这是"大陆法系"保险利益的渊源。从 18 世纪早期开始，英国有大量海上运输保险出险，保险利益原则的缺位导致许多海上运输保险成为以航程能否完成为条件的赌博。为改变这种状况，1745 年，英国《海上保险法》作出规定，任何个人或公司均不能对英国船舶及其装载货物在没有利益，或者不能证明利益的情况下进行保险，或者以赌博的方式进行保险，如果出现这种保险利益的保险，其保单无效并对各方不具有法律约束力。这就是"英美法系"保险利益原则的渊源。[2] 保险利益原则起源于海上冒险活动的开展，被称为保险秩序的基石。

大陆法系：又称为民法法系、法典法系、罗马法系、罗马—日耳曼法系，它是以罗马法为基础而发展起来的法律的总称。它首先产生在欧洲大陆，后扩大到拉丁族和日耳曼族各国。历史上的罗马法以民法为主要内容。法国和德国是该法系的两个典型代表，此外还包括过去曾是法、西、荷、葡四国殖民地的国家和地区，以及日本、泰国、土耳其等国。大陆法系以 1804 年的《法国民法典》和 1896 年的《德国民法典》为代表形成了两个支流。

英美法系：又称普通法法系或者海洋法系，是以英国普通法为基础发展起来的法律的总称。它首先产生于英国，后扩大到曾经是英国殖民地、附属国的许多国家和地区，包括美国、加拿大、印度、巴基斯坦、孟加拉国、马来西亚、新加坡、韩国以及非洲的个别国家和地区。到 18 世纪至 19 世纪时，随着英国殖民地的扩张，英国法被传入这些国家和地区，英美法系终于发展成为世界主要法系之一。英美法系的主要特点是注重法典的延续性，以判例法为主要形式。

坚持保险利益原则的意义，在于以下三个方面：

（1）防止道德风险的发生。若无保险利益原则，投保人以与自己毫无利

---

[1]　中国保险行业协会编，《保险原理》，中国金融出版社，2016。

[2]　同上

害关系的保险标的投保，就会出现投保人为谋取保险赔偿而任意购买保险，并期盼保险事故发生的现象；或投保人在保险事故发生后不积极施救，甚至为了获得巨额赔偿或给付而谎报或蓄意制造保险事故等。而在保险利益原则规定下，由于投保人与被保险人存在利害制约关系，一般不会诱发道德风险事故发生。

（2）区别保险与赌博的标准。若保险合同生效不以保险利益为前提，保险合同则会变成赌博合同。如果以与自己毫无关系的保险标的投保，投保人就可能因保险事故的发生而获得远远高于所交保险费的额外收益，这种收益不是绝对的补偿，而是以较小的损失谋取较大的经济利益的投机行为，因此，保险利益原则是把保险与赌博从本质上区分开的标准。

（3）规定保险保障最高限。作为一种经济补偿制度，保险的宗旨在于补偿被保险人因保险标的的出险所遭受的经济损失，但不容许被保险人通过保险获得额外的利益。因此，必须以投保人或被保险人在保险标的上所具有的经济利益，即保险利益作为保险保障的最高额度，否则被保险人将因保险获利，这既有悖于损失补偿原则，又容易诱发道德风险和赌博行为。除此之外，保险利益原则还可避免保险人与被保险人在赔偿金额上产生纠纷。

财产保险的保险利益来源

"保险利益体现的是投保人或被保险人与保险标的之间的经济利益关系，这种经济利益关系在财产保险中来源于投保人对保险标的的所拥有的各种权利。其中，财产所有权是最能代表保险利益的一种方式，但是，除此之外还存在其他形式的保险利益。"[1]

（1）财产所有人的保险利益。所有权人对自己所拥有的财产具有保险利益，因为如果财产遭受损害，其将蒙受经济损失。

（2）经营管理人的保险利益。虽然财产不为其所有，但由于其对财产拥有经营权或使用权而享有由此产生的利益及承担相应的责任，因而对该财产具

---

[1] 《保险原理》，中国保险行业协会编，中国金融出版社，2016。

有保险利益。

（3）抵押权人与质押权人的保险利益。抵押权人与质押权人因债权债务关系对财产具有经济上的利害关系，因而对抵押、质押的财产均具有保险利益。例如发放不动产抵押贷款的金融机构对抵押财产具有保险利益，给企业贷款的银行对库存商品也具有保险利益。

（4）负有经济责任的财产保管人和承租人等的保险利益。财产的保管人、承租人、承包人、承运人等对其所保管、使用的财产负有经济责任，因此具有保险利益。例如，租车人在承租期间对所租用的车辆具有保险利益。

（5）合同双方当事人的保险利益。在合同关系中，一方当事人或双方当事人只要合同标的的损失可能给他们带来损失，其对合同标的就具有保险利益。例如，在进出口贸易中，出口方或进口方均具有投保货物运输保险的利益。

财产保险不仅要求投保人在投保时对保险标的具有保险利益（海上保险比较特殊，投保人在投保时可以不具有保险利益，但当损失发生时必须具有保险利益。这种规定是为了适应国际贸易的习惯做法），而且要求保险利益在保险有效期内始终存在，特别是发生保险事故时，被保险人对保险标的必须具有保险利益。如果投保人或被保险人在订了保险时具有保险利益，但在保险合同履行过程中失去了保险利益，则保险合同随之失效，保险人不承担经济赔偿责任。这是由财产保险的补偿性所决定的，因为没有保险利益就无所谓损失，自然也就无须补偿。财产保险保险利益价值的确定要依据保险标的的实际价值，也就是说，保险标的的实际价值即为投保人对保险标的所具有的保险利益价值。投保人只能根据保险标的的实际价值投保，在保险标的的实际价值限度内确定保险金额，如果保险金额超过保险标的的实际价值，超过部分无效。

人身保险的保险利益来源

人身保险的保险利益来源于投保人与保险人之间所具有的各种利害关系。

第一，人身关系，指投保人以自己的生命和身体作为保险标的。任何人对自己的生命和身体都具有最大的利害关系，因而具有保险利益。

第二，亲属关系，指投保人的配偶、子女、父母等家庭成员。由于家庭成员之间具有婚姻、血缘、抚养和赡养关系，因而也具有经济上的利害关系，所以，投保人对其家庭成员具有保险利益。

第三，雇佣关系，由于企业或雇主与雇员之间具有经济利益关系，因而企业或雇主对其雇员具有保险利益。所以，企业或雇主可以作为投保人为其雇员订立人身保险合同。

第四，债权债务关系，由于债权债务的实现有赖于债务人依约履行义务，债务人的生死存亡，关系到债权人的切身利益，所以，债权人对债务人具有保险利益。但是，债权人的生死安危与债务人并无利害关系，不影响债务人债务的履行，因此，债务人对债权人无保险利益。

当投保人为他人投保人身保险时，保险利益的确定具体要依据本国的法律。各国对人身保险的保险利益的立法有所不同，主要有两种观点：一是"利害论"，这种观点采取利益主义原则，即以投保人与被保险人之间是否存在金钱上的利害关系为判断依据，有利害关系则有保险利益；二是"承认论"，这种观点采取同意主义原则，投保人与被保险人之间没有利害关系，但只要征得被保险人同意或承认也具有保险利益。

"我国保险立法和实务基本上是采取利害和承认相结合的原则。《保险法》第31条规定：'投保人对下列人员具有保险利益：（一）本人；（二）配偶、子女、父母；（三）前项以外与投保人有抚养、赡养或者扶养关系的家庭其他成员、近亲属；（四）与投保人有劳动关系的劳动者。除前款规定外，被保险人同意投保人为其订立合同的，视为投保人对被保险人具有保险利益'。第33条规定：'投保人不得为无民事行为能力人投保以死亡为给付保险金条件的人身保险，保险人也不得承保。父母为其未成年子女投保的人身保险，不受前款规定限制。但是，因被保险人死亡给付的保险金总和不得超过国务院保险监督管理机构规定的限额'。这些规定是为了保护无民事行为能力人和未成年子女免受侵害。"[1] 在健康保险中，是否存在保险利益取决于健康保险单是定额保险合同还是补偿性保险合同。对于定额保险合同，如重大疾病保险，其保险利益的

---

[1] 中国保险行业协会编，《保险原理》，中国金融出版社，2016。

规定与人寿保险相同。对于补偿性保险合同，如医疗费用保险，其保险利益的规定与财产保险相同。

人身保险强调投保人在订立保险合同时对被保险人必须具有保险利益，保险合同生效后，就不再追究投保人对被保险人的保险利益问题。这是因为人身保险合同生效后，保险合同是为被保险人或受益人的利益而存在，而非投保人，即当保险事故或保险事件发生时，只有被保险人或受益人有权领取保险金，享受保险合同规定的利益。所以，人身保险合同生效后强调投保人对被保险人的保险利益毫无意义。而且法律规定受益人必须由被保险人指定，如果由于受益人的故意行为致使被保险人受到伤害，受益人则丧失收益权，这能有效防范受益人谋财害命，从而保障被保险人的人身安全和利益。由于人身保险保险标的是人的生命或身体，是无法估价的，因而其保险利益也无法以货币计量。所以，人身保险金额的确定依据被保险人的保险需求与投保人的保险费支付能力。

责任保险的保险利益

责任险的保险标的是被保险人对第三者依法应承担的赔偿责任，因承担经济赔偿责任而支付损害赔偿金和其他费用的人具有保险利益。它是基于法律上的民事赔偿责任而产生的保险利益，如对第三者的责任、职业责任、产品责任、公众责任、雇主责任等。

（1）各种固定场所的所有人或经营人对其客户、观众等人受伤害或财产损失，依法承担经济赔偿责任的，具有保险利益，可投保公众责任保险。

（2）各类专业人员，如会计师、建筑师、律师、医师等，由于工作上的疏忽或过失导致他人遭受损害而依法承担经济赔偿责任的，具有保险利益，可以投保职业责任保险。

（3）制造商、销售商等因商品质量或其他问题给消费者造成人身伤害或财产损失，依法承担经济赔偿责任的，具有保险利益，可以投保产品责任保险。

（4）雇主对其雇员在雇用期间从事业务时因遭受意外导致伤、残、死亡或患有与职业有关的职业性疾病而依法或根据雇用合同应承担经济赔偿责任的，具有保险利益，可以投保雇主责任保险。

信用保证保险的保险利益

在信用和保证保险中，权利人与被保险人之间必须建立经济合同关系。由于他们之间存在经济上的利害关系，因此具有保险利益。具体而言，债权人对债务人的信用具有保险利益，可以投保信用保险。债务人对自己的信用也具有保险利益，可按照债权人的要求投保自身的信用的保险，即保证保险。

二、最大诚信原则

最大诚信原则指保险双方在签订和履行保险合同时，必须以最大的诚意履行自己应尽的义务，并且保险合同双方应向对方提供影响对方做出签约决定的全部真实情况，互不欺骗和隐瞒，恪守合同的认定与承诺，否则保险合同无效。而且不仅在保险合同订立时要遵守此项原则，在整个合同有效期内和履行合同过程中也都要求当事人尽到最大诚信。任何一项民商活动，各方当事人都应当遵循诚实信用原则，这是各国立法对民事、商事活动的基本要求。保险合同关系属于民商事法律关系，自然也必须遵循。

现代保险源于海上保险，最大诚信原则可以追溯至海上保险初期。由于昔日尚无通信设施，而在保险合同商订之际，被保险的船货往往航行于千里之外，保险人是否承保以及保险合同的权利义务如何约定只能依据投保人提供的有关资料进行判断，若投保人以欺诈手段诱使保险人与其签订合同，将使保险方深受其害。同理，若保险事故发生后，保险人推脱责任，也将会影响被保险人的生存和发展。最大诚信被公认为保险的基本原则。

1766年，具有判例法上第一个里程碑意义的"卡特诉鲍曼案"被毫无争议地认定为保险最大诚信原则的渊源。最大诚信原则在英国《1906年海上保险法》中首先得到确定，该法第17条规定："海上保险合同是建立在最大诚信原则基础上的契约，如果任何一方不遵守最大诚信原则，他方可以宣告契约无效。"此后，各国相继效仿，均在其保险法中作了相应的规定。这些规定要求保险合同的当事人不但要遵循诚实信用原则，而且要做到最大诚信。我国《保险法》

第 5 条规定："保险活动当事人行使权利、履行义务应当遵循诚实信用原则。"

卡特诉鲍曼案：该案中保险单是在伦敦购买的，保险标的物为位于苏门答腊岛上的一座英国堡垒，承保危险为被敌军占领的危险。当这座堡垒被法国人占领后，被保险人提出了赔偿要求，保险人却以被保险人对其隐瞒了重大事实作为抗辩。此案的主审大法官曼斯菲尔德提出："保险合同是射幸合同，评价风险的特定情况大都只有被保险人知道，保险人信赖被保险人的陈述，相信被保险人对其所知道的任何情况都没有保留，从而诱使保险人确信某一情况不存在，并在此基础上做出错误的风险评估。"作为最大诚信原则的最初缔造者，曼斯菲尔德大法官的上述言辞构成了保险最大诚信原则最为原始但又最为权威的论断，并将最大诚信原则确立为英国保险法告知义务的基础性原则。

坚持最大诚信原则是为了确保保险合同的顺利履行，维护保险双方当事人的利益，所以，从理论上来说，该原则适用于保险双方当事人。它不仅要求投保人诚信投保、诚信索赔，同时也要求保险人诚信承保、诚信理赔。最大诚信原则的主要内容包括告知、保证、弃权与禁止反言。最大诚信原则产生初期主要是约束投保人的制度，保险人往往以投保人破坏此原则而拒绝履行赔偿义务。为了平等地保护投保人的利益，现代立法已予修订，即最大诚信原则同时适用投保人和保险人。比如在早期保险合同及有关法律规定中，告知与保证是对投保人和被保险人的约束；在现代保险合同及有关法律规定中，告知与保证是对投保人、保险人等保险合同关系的共同约束。而弃权和禁止反言的规定主要是约束保险人。

告知

告知是指保险合同当事人一方在合同缔约前和缔结时以及合同有效期内就重要事实向对方所做的口头或书面的陈述。最大诚信原则要求的是如实告知，投保人或被保险人都有如实告知的义务。

投保人或被保险人的告知：指在保险合同签订和履行过程中应将已知和

应知的有关保险标的有关重要事实如实告知保险人，保险合同是转移风险的合同，风险的大小和性质是决定保险人是否承保、保险费率高低、保险期限长短、保险责任范围的根本因素。保险合同内容不同，重要情况判断标准有别，如保险标的的质量状况、保险标的物环境方面的情况。

保险人的告知义务：指保险人在保险合同缔结中也应将对投保人有利害关系的重要事实如实向投保人说明。保险人向投保人提示应当包括保险合同的主要内容，特别是不保标的、除外责任、免赔额以及专业术语的内涵，以免投保人发生误解。

告知包括无限告知和询问告知。

无限告知即法律或保险人对告知的内容没有明确规定，只要事实上与保险标的的危险状况有关的任何重要事实，投保人都有告知义务。无限告知对投保人的要求比较高，而且有失公平。非保险专业的投保人无法做到无限告知。

询问告知即告知的内容以保险人的询问为限，投保人对保险人询问的问题如实告知，对询问以外的问题，投保人无须告知。这种告知方式比较科学合理，被普遍采用。

为了实现公正平等，目前世界上大多数国家，包括我国采用询问告知的形式。如果保险人询问的事项有遗漏，其后果由保险人承担。

保证

保证是最大诚信原则的另一项重要内容。所谓保证，指保险人在签发保险单或承担保险责任之前要求投保人或被保险人对某一事项的作为或不作为，某项事态的存在或不存在做出的承诺或确认。保证的目的在于控制风险，确保保险标的及周围环境处于良好状态。

根据保证事项是否已存在，保证分为确认保证、承认保证。

确认保证是投保人或被保险人对过去或现在某一特定事实的存在或不存在的保证，而不是对该事实以后的发展作保证；承诺保证是指投保人或被保险人对将来每一事项的作为或不作为的保证，即对该事项今后的发展作保证。

根据保证存在的形式，保证分为明示保证、默示保证。默示保证与明示保证具有同等的法律效力，被保险人必须严格遵守。

明示保证指以文字或书面形式载于保险合同中，成为保险合同的条款；默示保证一般是国际惯例通行的规则，习惯上或社会公认的被保险人应遵守的规则，而不载于保险合同中。默示保证在海上保险中运用较多。海上保险的默示保证有三种：有适航能力，即被保船舶在构造、性能、人员、装备、供给等方面，均应具备适合预定航行的能力；不改变航道，即被保险船只不应驶离两个港口之间的通用航道，除非为了躲避危险或履行人道主义义务；具有合法性，即被保险人不得从事非法运输，如进行走私，载运违禁品等。

保证重在信守合同承诺，其目的在于控制危险，确保保险标的处于稳定的、安全的状态之中。依英国1906年《海上保险法》的解释，如果被保险人不遵守保证，除合同另有约定外，保险人可以从被保险人违反保证之时起解除自己的责任。所以，保证对于被保险人的要求极为严格，特别是在海上保险中，依照惯例，无论违反保证的事实对危险的发生是否重要，保险人均可宣告保险单无效。诉讼案中法庭往往要求被保险人严格遵守契约规定的保证事项，而不衡量保证事项对于危险的重要性。此种严格的规定，源于18世纪的海上保险对被保险人甚为不利。后来，为保障被保险人利益，各国立法在以下几个方面对被保险人利益加以修正：强调保证内容的重要性，以使其真正具有保证的性质，否则被保险人即使有所违背，也不一定使保险合同失效；强调对保证采用功能及公平的解释，尤其当文字解释仅能表示其为表面上的破坏，而对危险的影响仅属暂时的或轻微的时候，即须对保证采宽松的对待。例如，美国若干州法规定：除非破坏保证增加了损失的危险，或是对保险人承担的危险发生重大影响，保险人不得据以主张合同失效。

保证与告知两者之区别在于，告知立足于过去或现在，保证放眼于未来。告知虽非合同的一部分，但可以诱使合同的签订，违反告知义务并构成欺诈，合同则自始无效。而保证构成合同履行的一部分，违反保证，保险人有权解除合同，但对于解除前所产生的保险费及发生的保险事故对双方均有约束力。多数保险合同均有保证内容。例如，财产险一般要求被保险人做出"不堆放危险品和特别危险品的保证"；机动车辆保险的被保险人必须保证保险车辆"保持安全行驶技术状态"；货物运输保险的被保险人必须保证"货物包装符合政府有关部门规定的标准"。

弃权与禁止反言

一般理论认为，最大诚信原则主要针对投保人或被保人而言，为了保持合同的公平原则，后来才产生了对保险人具有约束力的自动弃权和禁止反言原则。保障被保险人的利益，限制保险人利用违反告知或保证而拒绝承担保险责任。保险条款中的不可抗辩条款是弃权与禁止反言的体现。

弃权一般因保险人单方面的言辞或行为而发生效力。保险人知道投保人或被保险人有违背约定义务的情形，而仍然做出如下行为的，通常被视为弃权：① 投保人未按期缴纳保险费，保险人原本有权解除合同，但却仍然接受逾期保险费，表明保险人继续维持合同，因此，其享有的合同解除权或抗辩权视为放弃；② 被保险人违反防灾减损义务，保险人可以解除合同，但并没有解除，可视为保险人放弃合同解除权；③ 发生保险事故后，投保人、被保险人或受益人应按规定通知保险人，但逾期通知保险人仍然接受，视为保险人放弃逾期通知抗辩权；④保险标的危险程度明显增加，保险人有权解除合同或增加保费，保险人接受按原来保费续保，则视同保险人放弃增加保费或解除合同权利。

保险人明知有影响保险合同效力的因素或事实存在，却以其言辞或行为误导不知情的投保人或被保险人相信保险合同无瑕疵，则保险人不得再以该因素或事实的存在对保险合同的效力提出抗辩，即禁止保险人反言。比如，在海上保险中，保险人已知被保险船舶改变航道而未提出解除合同，则视为保险人放弃对不能改变航道这一要求的权利，因改变航道发生保险事故造成的损失，保险人必须赔偿。

三、近因原则

近因原则起源于英国海上保险实践，是英国《海上保险法》最早确立的用于认定因果关系的基本原则，发展至今已经成为各国保险理赔中遵循的惯例。它对于明确保险人的责任范围、解决理赔难题具有重要指导意义。

　　近因原则的基本含意是指保险人对于承保范围内的保险事故作为直接的、最接近的原因所引起的损失，承担保险责任，而对于承保范围以外的原因造成的损失，不负赔偿责任。即只有当承保危险是损失发生的"近因"时，保险人才承担赔偿责任。近因原则是判断风险事故与保险标的损失之间的因果关系，从而确定保险赔偿责任的一项基本原则，其旨在确立一种公平合理的保险人归责机制。

　　近因：近因是指促成损失结果的最有效的、起决定作用的原因，而不是指在时间上或空间上与损失结果最为接近的原因。

　　在保险实践中，保险标的的损害并不总是由"单一原因"造成的，导致损害的因素往往错综复杂，表现形式多种多样。有的是"多种原因同时发生"造成，有的是"多种原因连续发生"造成，有的是"多种原因间断发生"造成。发生事故的原因有的属于保险责任，有的不属于保险责任。必须运用近因原则判定保险人是否承担责任，这关系到保险合同当事人的切身利益。因此，从错综复杂的原因找出哪个是近因，显得尤其重要。

　　单一原因：即损失由单一原因造成。如果事故发生所致损失的原因只有一个，该原因为损失的近因。如果这个近因属于保险责任，保险人负赔偿责任；这个近因若是除外责任，保险人不负赔偿责任。

　　多种原因同时发生：多种原因同时致损，这些原因几乎同时发生，无法区分时间上的先后顺序，那么这些原因都是近因。如果近因都是保险责任，保险人负责赔偿；如果近因都不属于保险责任，则保险人并用赔偿；如果有保险责任也有非保险责任，则保险人可以赔偿，如果可以区分哪个近因造成的损失，则区分损失赔偿，若无法区分，则全部赔偿或协商按一定比例赔偿。

多种原因连续发生：多种原因连续发生，没有中断。如果连续的原因都是保险责任，则保险人赔偿；如原因中有保险责任也有非保险责任，则看最初的原因，如最初的原因属于保险责任就赔偿，如不是保险责任，则不需要赔偿。

多种原因间断发生：造成损失的风险事故先后出现，但前因与后因之间不相关联，即后来发生的风险是另一个新爆发而有完全独立的原因造成的，而不是前因造成的直接或自然的结果。这种情况的处理与单一原因的处理原则相同，保险人的赔偿责任仅取决于各个保险事故是否属于保险人的责任范围。

拓展阅读

近因原则的里程碑案例

第一次世界大战期间，英国 Leyland 公司一艘货船被德国潜艇的鱼雷击中后严重受损，被拖到法国勒哈佛尔港。港口当局担心该船沉没后会阻碍码头的使用，于是命令该船停靠在港口防波堤外。在风浪的作用下，该船最后沉没。Leyland 公司索赔遭拒后诉至法院，审理此案的英国上议院大法官 Lord Shaw 认为，导致船舶沉没的原因包括鱼雷击中和海浪冲击，但船舶在鱼雷击中后始终没有脱离危险，因此，船舶沉没的近因是鱼雷击中而不是海浪冲击。

四、损失补偿原则

损失补偿原则的形成可以追溯到保险的起源。无论是早期的船舶货物抵押贷款制度和共同海损，还是后来的借贷关系，它们事实上就是一种风险转嫁。从中可以看出，自诞生之日起，保险都是为了补偿船货的损失，或者是免除被保险人的债务。而这些补偿始终没能超过被保险人遭受的全部损失或应付的债务，也就是说被保险人不能从保险风险事故获得额外的收益。损失补偿原则是保险的基本职能，直接体现保险的经济补偿功能。是保险活动，尤其是财产保险的一项重要原则。

损失补偿原则是指保险合同成立并生效后，保险标的发生保险合同约定的责任范围内的损失，保险人按照约定对被保险人进行赔偿，以使其恢复到损失前的状态。具体来讲，损失补偿原则有两层含义：一是，被保险人受到保险合同中约定的保险事故所致损失，才有权有权保险人补偿，如果在保险合同有效期内发生保险事故，但是被保险人并未遭受损失，则无权要求保险人赔偿；二是，损失补偿以保险事故导致的实际损失为依据，损失补偿的标准是恰好使得标的恢复到损失前的状态，以合同中约定的保险金额为上限。被保险人不得因保险赔偿获得额外收益。损失补偿原则主要适用于财产保险及其他补偿性保险合同。

根据损失补偿原则，被保险人请求损失赔偿时，必须具有以下条件。

（1）被保险人对保险标的的具有保险利益。财产保险要求投保人或被保险人在订立和履行保险合同时对保险标的的具有保险利益，特别是在保险事故发生时，被保险人对保险标的的必须具有保险利益，保险标的的损失直接导致被保险人的财产损失。保险利益的存在是被保险人要求损失补偿的前提条件，否则无权要求保险人进行损失补偿。

（2）保险事故必须在保险合同规定的保险责任范围内。遭受损失必须是保险标的，而且损失的发生必须是由保险合同约定的保险责任范围内的事故造成的。如果保险标的损失并非由保险事故引致，在此种情况下，保险人不具有赔偿责任。

（3）被保险人遭受的损失必须能用货币衡量。如果保险标的损失不能用货币来衡量，则保险人无法核定确切损失，从而无法对被保险人进行赔偿。

坚持损失补偿原则，要求保险人在承担赔偿责任时，把握赔偿额度的三个上限，即做到以实际损失为限、以保险金额为限、以保险利益为限，从而保证被保险人的损失得到充分的补偿，同时保证被保险人不会因保险的损失补偿获得额外利益。

以实际损失为限：保险标的遭受保险责任范围内的损失时，保险人应当支付的赔款根据保险标的的实际损失来确定。实际损失的核定，通常以损失发生时，受损财产的现金价值为标准。保险赔偿一般根据损失当时财产的市场价值确定（定值保险和重置价保险例外）。

以保险金额为限：保险金额是保险人计算收取保险费的基础和依据，也是保险合同中规定的保险人承担赔偿或给付责任的最高额度。在任何情况下，保险人的赔偿金额都不能超过保险金额，保险金额约定了赔偿责任的上限。如果赔偿金额超过保险金额，则相对于收取的保费来说，保险人承担了过多责任，有失公平。

以保险利益为限：保险利益是订立保险合同的基础，也是被保险人索赔的依据，保险事故发生时，被保险人不具备保险利益的，则无权要求保险人赔偿。

坚持损失补偿的主要目的是：第一，保障保险补偿职能的发挥。损失补偿原则，对保险人来讲，可约束其赔偿行为；对被保险人来讲，可限制其获得赔偿的额度。如果发生保险合同约定的事故并导致保险标的发生损失，投保人没有得到充分赔偿以恢复到事故发生前状况，则违背了保险的经济补偿功能，该原则保证了投保人合法利益的实现；反之，对保险人来讲，依照保险合同约定履行保险赔偿责任时，其责任范围受到损失赔偿原则的限定，以保险事故所致的损失为上限，保护了保险人的权益。第二，阻止被保险人通过保险谋取额外利益。损失补偿原则中规定保险事故发生且导致保险标的损失是保险赔偿的前提，同时，规定同一损失所得保险赔偿总额不得超过实际损失发生总额。第三，损失补偿原则有效控制道德风险的发生。该原则规定保险人的保险赔偿以保险标的实际损失额为依据，损失多少赔偿多少，赔偿以保险标的恢复到损失前的状态为最高标准。此规定大大削弱了投保人以骗取赔款为目的而故意制造事故或是事故发生后放任不管的动机。

由于保险合同的不同，损失赔偿方式也有不同。损失补偿方式是损失补偿原则在保险人承担理赔责任时采用的具体方法。财产保险主要有以下三种方式。

第一，限额赔偿方式，指保险人只承担事先约定的损失额以内的赔偿，超过损失限额部分，保险人不负赔偿责任，多应用于农业保险中的种植业与养殖业保险。

免赔额（率）赔偿方法指保险人对免赔额（率）以内的损失不予负责，

而仅在损失超过免赔额（率）时才承担责任。

绝对免赔额（率）赔偿方法是指保险人规定一个免赔额或免赔率，当保险财产受损程度超过免赔限度时，保险人扣除免赔额（率）后，只对超过部分负赔偿责任。

其计算公式为：赔偿金额＝保险金额 ×（损失率－免赔率）

相对免赔额（率）赔偿方法是指保险人规定一个免赔额或免赔率，当保险财产受损程度超过免赔额（率）时，保险人按全部损失赔偿，不作任何扣除。

其计算公式为：赔偿金额＝保险金额 × 损失率

限额赔偿主要适用于定值保险和重置价值保险。

定值保险：指在订立保险合同时，投保人和保险人即已确定保险标的的保险价值，并以此作为保险金额，视为足额投保。定值保险合同一旦发生保险事故，应以事先确定的保险价值作为保险人确定赔偿金数额的计算依据。如果保险标的全部损失，保险人赔付的保险金额的全部；如果保险标的的部分损失，则只需要确定损失的程度。该比例与保险金额的乘积，即为保险人应支付的赔偿金额。具体计算公式：保险赔款＝保险金额 × 损失程度（%）。这种情况下，保险赔款有可能超过实际损失，因此，定值保险是损失补偿原则的例外。

重置价值保险：指以被保险人重置重建保险标的所需费用或成本确定保险金额的保险。发生损失时，按照重置成本进行赔付。这样就可能出现保险赔款大于保险标的的实际损失，因此，重置重建价值保险也是损失补偿原则的例外。

第二，第一损失赔偿方式，主要适用于家庭财产保险。这种赔偿方式是以保险金额为限，以实际损失为依据进行赔偿，也称为第一危险赔偿方式。在保险金额限度内，按照实际损失赔偿。具体计算公式为：

当损失金额≤保险金额时，赔偿金额＝损失金额

当损失金额＞保险金额时，赔偿金额＝保险金额

第三，比例赔偿方式，主要适用于不定值保险。这种赔偿方式以保险保障程度为依据，即按照保险金额与保险标的的实际价值的比例来计算赔偿金额。具体计算公式为：

赔偿金额 / 损失金额＝保险金额 / 出险时保险标的的实际价值

赔偿金额＝损失金额 × 保险金额 / 出险时保险标的的实际价值

不定值保险：指订立保险合同时不预先约定保险标的的保险价值，仅载明保险金额作为保险事故发生后赔偿最高限额的保险合同。在不定值保险合同条件下，一旦发生保险事故，保险合同当事人需确定保险价值，并以此作为保险人确定赔偿金数额的计算依据。通常情况下，受损保险标的的保险价值以保险事故发生时当地同类财产的市场价格来确定，但保险人对保险标的的所遭受损失的赔偿不得超过合同所约定的保险金额。如果实际损失大于保险金额，保险人的赔偿责任仅以保险金额为限；如果实际损失小于保险金额，则保险人的赔偿不会超过实际损失。大多数财产保险业务均采用不定值保险合同的形式。

保险合同的补偿性避免了投保人或被保险人不当利用保险制度，通过购买保险而获利；或者故意制造保险事故，引发道德风险。保险合同的补偿性衍生出了所谓的损失补偿原则，进而为落实该项原则，《保险法》规定了保险利益、保险代位权、重复保险禁止、超额保险禁止等多种制度。保险合同的补偿性强调的是保险人的赔付数额与被保险人的实际损失额具有直接相关性，而非赔付数额等同于实际损失。在实务中，投保人为节省保费，没有按照保险标的物的全部价值购买保险，或者保险人为了回避不可控风险而常常在保单中设定保险赔付的上限，这都可能导致被保险人最终无法获得与损失完全对等的补偿。

人身保险以人的生命和身体为保险标的，由于生命和身体是无法估价的，其保险利益也无法确定。当被保险人失去生命或发生伤残，给本人及家庭带来的经济损失以及精神创伤都是无法估量的，保险赔偿也无法弥补这些损失，只能缓解死亡及伤残带来的经济损失，给予家庭一定的精神抚慰。因此，在人身保险中，损失无法确定，也就不存在损失补偿的说法。

五、代位求偿原则

代位求偿原则是指保险人依照法律或者保险合同规定，对被保险人的损失进行赔付后，依法取得对保险标的的损失负有责任的第三方的求偿权，或者对保险标的所有权。主要是为了防止被保险人通过保险事故额外获利，也是维护保险人合法权益的必然选择。

保险代位求偿原则是从补偿原则中派生出来的，只适用于财产保险。在财产保险中，保险事故的发生是由第三者造成并负有赔偿责任，则被保险人既可以根据法律的有关规定向第三者要求赔偿损失，也可以根据保险合同要求保险人支付赔款。如果被保险人首先要求保险人给予赔偿，则保险人在支付赔款以后，保险人有权在保险赔偿的范围内向第三者追偿，而被保险人应把向第三者要求赔偿的权利转让给保险人，并协助向第三者要求赔偿。反之，如果被保险人首先向第三者请求赔偿并获得损失赔偿，被保险人就不能再向保险人索赔。代位求偿原则包括权利代位和物上代位。

权利代位指保险标的由于第三者的疏忽、过失或故意行为所造成的损失，保险人依照保险合同的约定对被保险人支付保险赔款后，依法取得对第三者的索赔权。

物上代位也叫委付，是海上保险中的一种赔偿制度，指保险标的遭受保险责任范围内的损失，保险人按照保险金额全数赔付后，依法取得该保险标的的所有权。

物上代位具备以下要素：

（1）以"推定全损"为前提。如果标的物全部灭失，就没有权益可转让，保险人应赔偿全部损失，无物上代位可言。

（2）应就保险标的的全部提出请求，即物上代位有不可分性。

（3）不能附有条件。

（4）经承诺方为有效。被保险人向保险人提出委付申请后，保险人可以承诺，也可以拒绝。物上代位成立以后，物上代位标的物的一切权益自发生物上代位的原因出现之日开始，全部转让给保险人，保险人对与权益相关的义务也须同时履行。

推定全损：当保险船舶或货物尚未达到全部灭失的程度，但已无法恢复，或者恢复费用将达到或超过保险价值时，这种损失被视为推定全损。如保险标的发生保险事故后灭失，或者受到严重损坏完全失去原有形体、效用，或者不能再归被保险人所拥有的，为实际全损。船舶失踪视为实际全损。

保险人行使权利代位必须具备三个条件：保险标的的损失是由于保险责任事故引起的；保险事故由第三方的责任引起；保险人必须在履行了赔偿责任之后才能取得代位求偿权。保险人在行使代位求偿权利的过程中所获得的超出其向被保险人履行赔偿责任的金额必须返还给被保险人，即保险人不能运用代位求偿权利而获得超出其所承担的实际赔偿责任的利益。

代位求偿中保险人的权利义务：保险人的权利是保险人在赔偿金额范围内代位行使被保险人对第三者请求赔偿的权利的；保险人的义务是保险人追偿的权利应当与他的赔偿义务等价，如果追得的款项超过赔偿金额，超过部分归被保险人。

代位求偿中被保险人的权利义务：在保险赔偿前，被保险人需保持对过失方起诉的权利；不能放弃对第三者责任方的索赔权；由于被保险人的过错致使保险人不能行使代位请求赔偿的权利的，保险人可以相应扣减保险赔偿金；有义务协助保险人向第三责任方追偿；已经从第三者取得损害赔偿的，保险人赔偿保险金时，可以相应扣减被保险人从第三者已取得的赔偿金额。

代位求偿中保险人与被保险人的权利义务，都有明确界定。如保险人对被保险人的家庭成员及组成人员的过失行为造成的损失不能行使代位求偿权，代位求偿原则不适用于人身保险。

代位求偿原则中被保险人注意事项包括：

（1）被保险人已经从第三者取得损失赔偿的，保险人将在赔偿保险金时，相应地扣减被保险人已获得的赔偿金额。

（2）即使保险人行使代位求偿权，也不影响被保险人就未取得保险人赔偿的部分，向第三者请求赔偿的权利。

（3）保险人未赔偿保险金之前，被保险人未与保险人商量，便放弃向第三者请求赔偿权利的，保险人将不承担赔偿保险金责任。

（4）保险人向被保险人赔偿保险金后，被保险人未经保险人同意，放弃向第三者请求赔偿权利的，被保险人的行为无效。

（5）由于被保险人的过错，致使保险人难以行使代位求偿权的，保险人将相应扣减保险赔偿金。

（6）在保险人行使代位求偿权时，被保险人应尽量协助保险人，如向保险人提供必要的文件，提供所知道的有关情况等。

六、重复保险分摊原则

重复保险是指投保人对同一标的、同一保险利益、同一保险事故分别向两个或两个以上保险人订立合同的保险，保险金额总和超过保险标的的价值。这三个"同一"缺一不可。

如果投保人基于同一保险标的、同一保险利益，但不同的保险事故与两个或两个以上的保险人订立保险合同，不构成重复保险。同样，投保人基于同一保险标的、同一保险事故但不同的保险利益与两个或两个以上保险人订立保险合同，也不构成重复保险。基于同一保险标的、同一保险利益以及同一保险事故与两个或两个以上的保险人订立保险合同，但保险期间不同，也不构成重复保险。如果只与一个保险人订立保险合同，保险金额超过保险价值的为超额保险，不是重复保险。如果与多个保险人订立一个保险合同是"共同保险"，不是重复保险。

共同保险又称"共保"，指两个或两个以上保险人共同承保同一标的的同一危险、同一保险事故，而且保险金额不超过保险标的的价值的一种保险。在财产保险中，共保的另一种含义是，如果保险金额低于保险价值，保险人和被保险人以一个特定的比例来共同分担免赔额以外的保单损失。在这种情况下，被保险人被看成是保险标的的共同保险人，这是不足额保险情况下保险人与被保险人之间按比例分配损失的一种方法。共同保险的概念起源于海上保险，它也同样适用于以火灾保险为代表的一般财产保险。

重复保险分摊原则是指在重复保险的情况下，当保险事故发生时，各保险人应采取适当的分摊方法分配赔偿责任，使被保险人既能得到充分的补偿，又不会通过重复保险而获得重复赔偿，进而额外获益。这一原则也是由损失补偿原则派生出来的，不适用于人身保险，是财产保险中存在重复保险的意外的补偿办法。重复投保原则上是不允许的，但在事实上是存在的。其原因通常是由于投保人或者被保险人的疏忽，或者源于投保人求得心理上更大安全感的欲望。重复保险的投保人应当将重复保险的有关情况通知各保险人。

在重复保险的情况下，保险事故发生后保险分摊的方式一般有三种：

比例责任制，各保险人按照其保险金额，依比例分担赔偿损失的责任。其公式为：某保险人分摊的赔偿责任＝某保险人承保的保险金额 / 所有保险人承担的保险金额 × 损失金额。

独立责任制，又称限额责任制，是按照各保险人在无他保情况下单独应付的赔偿金额作为基数加总得出各家应分摊的比例，然后据此比例计算赔款的方法，即按各保险人单独赔付时应承担的最高责任比例来分摊损失赔偿责任的方法。其公式为：某保险人分摊的赔偿责任＝某保险人独立责任限额 / 所有保险人独立责任总额 × 损失金额。

顺序责任制，根据各保险人出立保单的顺序来确定赔偿责任，即先由第一个出立保单的保险人在其保险金额限度内赔偿，再由第二个保险人对超过第一个保险人保险金额的损失部分在其保险金额限度内赔偿，依次类推，直至将被保险人的损失全部赔偿的方法。这是依承保的先后顺序进行分摊的方法。

第三章　保障的实现

实现基础

保险基金是实现保障之基础，主要来源为投保人交纳的保费。

保险费率要厘定合理，保险基金要保值增值。

实现方式

实现手段：主要是现金赔付，财产险赔偿和人身险给付。

实现方式：依据保险合同。

实现期限

被保险人最大的愿望就是能迅速地拿到保险金，赔付快慢一定程度上反映保险公司的服务能力和水平。

一、实现基础

保险费是投保人为取得保险保障，按合同约定向保险人支付的费用。保险费由纯保费和附加保费构成。

纯保费主要用于保险赔款支出的保费。人寿保险以预定死亡率和预定利率为基础所计算的保险费是纯保费。纯保费制定的原理是，从总体来看纯保费收入的现值等于未来支付保险金的现值。

附加保费主要用于保险业务的各项营业支出，包括税收、手续费、管理费用、工资、固定资产折旧以及企业盈利等。

保险费的收取与保险金额、保险费率和保险期限等有关。保险金额越大，保险费率越高，保险期限越长，则保险费也就越多。交纳保险费是投保人的义务。交纳保险费一般有4种方式：一次交纳、按月交纳、按季交纳、按年交纳。一般财产保险、意外伤害保险等一年以内的短期保险都是一次交费；对于人寿保险、健康保险、大型工程保险等长期保险业可以分期交费。保险费是投保人为转移风险、取得保险赔偿（或给付）责任而交付的费用，是保险人是建立保险基金的主要来源，也是保险人履行义务的经济基础。

保险费率是指单位保险金额中保险人应收取的保险费。在保险实务中，保险费率通常是以千分数来表示的，即每千元保险金额应交多少保险费，通常以‰来表示。保险费率的确定是依据保险标的的风险程度、损失概率、保险责任范围、保险期限和保险人的经营管理费用等因素来综合加以考虑的。保险费率由"纯费率"和"附加费率"两个部分组成。这两部分费率相加叫作毛费率，即为保险人向被保险人计收保险费的费率。目前，我国已开办的保险种类达几千种之多，每一险种都有各自的保险条款和费率标准。费率高低直接影响到保费多少，因此科学、合理的费率是保险发挥保障作用的最底层基础。

纯费率：纯费率也称净费率，是保险费率的主要部分，财产保险的纯费率是根据损失概率确定的。按纯费率收取的保险费叫纯保费，用于保险事故发生后对被保险人进行赔偿和给付。

附加费率：附加费率是保险费率的次要部分，按照附加费率收取的保险费叫附加保费。它是以保险人的营业费用为基础计算的，用于保险人的业务费用支出、手续费支出以及提供部分保险利润等。其计算公式为：（保险业务经营的各项费用＋适当的利润）／纯保险收入总额。

保险费率是保险商品的价格，但它与一般商品的价格有所不同。第一，保险费率的厘定在实际成本发生之前，一般商品的价格通常在成本发生以后来确定。保险合同订立并收取保费时，保险人并不知道将来要为该保单付出多少保险金，所以保险费的收取是在真实的成本发生之前，是对将来保险损失的一种数理预测。因此保险费率实际上保险人根据过去的赔付统计资料对未来损失的一种预测。第二，保险费率等于未来全体保险业务损失率的期望值。就单个保险合同而言，保险费率与将来保险金的赔付并没有对等关系，即与一般商品的等价交换不同，保险费率和将来保险金的赔付额之间并没有必然的正比关系。就同一类保险业务来说，保险费率与保险标的的风险程度相适应，风险高则费率高，风险低则费率低，收取的总纯保险费，理论上应等于总的保险金支出。但保险合同具有很强的射幸性，同一类保险业务的投保人都缴纳了保险费，但最后能否得到保险金赔偿以及赔偿多少，则取决于保险事故的发生与否及其损失情况。所以单个合同中保险费率与保险金的偿付并没有对等关系，保险人只能对全部保险业务推断出一个保险金额损失率的期望值作为保险费率。第三，保险费率受政府的管制较严。在市场经济条件下，一般商品价格是由市场供求关系决定的，政府管制较少。但在保险市场上，保险费率则不同，由于保险技术的复杂性，以及保险业在保障整个社会安全运行中的重要地位，许多国家规定，政府保险监管部门具有规定保险费率的计算方法，审核保险费率的合理性，必要时可以要求保险人修正保险费率。

财产保险的保险费率是根据保险对象所面临的各种风险的大小及损失率

的高低来确定的，它需要采用"大数法则"原理；而人身保险的保险费率，以经验生命表为厘定的主要依据，同时必须考虑利率水平和投资收益水平。因此，在保险经营实务中，保险费率的厘定是否适当，财产保险取决于保险人对各种风险事故的预测是否与各种风险事故的实际发生频率和损害程度相一致；人身保险则取决于保险人对经验生命表、"利率水平"和"投资收益率"的测算是否准确。

大数法则： 又称"大数定律"或"平均法则"。人们在长期的实践中发现，在随机现象的大量重复中往往出现几乎必然的规律，即大数法则。此法则的意义是：风险单位数量愈多，实际损失的结果会愈接近从无限单位数量得出的预期损失可能的结果。据此，保险人就可以比较精确的预测危险，合理的厘定保险费率，使在保险期限内收取的保险费和损失赔偿及其他费用开支相平衡。大数法则是近代保险业赖以建立的数理基础。

利率水平： 指一定时期全社会利率的平均总水平，反映一定时期全社会资金的供求状况。利率就其表现形式来说，是指一定时期内利息额同借贷资本总额的比率。

投资收益率： 又称投资利润率，指投资方案在达到设计一定生产能力后一个正常年份的年净收益总额与方案投资总额的比率。它是评价投资方案盈利能力的静态指标，表明在投资方案正常生产年份中，单位投资每年所创造的年净收益额。对运营期内各年的净收益额变化幅度较大的方案，可计算运营期年均净收益额与投资总额的比率。

不同的保险产品有不一样的保险费率，保险人在厘定费率时要贯彻权利与义务相等原则或等价交换的原则，具体而言，厘定保险费率的基本原则为充分、公平、合理、稳定灵活以及促进防损原则。（1）充分性原则。指所收取的保险费足以支付保险金的赔付及合理的营业费用、税收和公司的预期利润，核心是保证保险人有足够的偿付能力。（2）公平性原则。保费收入必须与预期的支付相当，投保人所负担的保费应与其所获得的保险权利相当，保费的多寡应与保险的种类、保险期限、保险金额、被保险人的年龄、性别等相对称，风险性质相同的被保险人应承担相同的保险费率，风险性质不同的被保险人，则应承担有差别的保险费率。（3）合理性原则。指保险费率应尽可能合理，不可因保险费率过高而使保险人获得超额利润。（4）稳定灵活原则。指保险费率应当在一定时期内保持稳定，以保证保险公司的信誉；同时，也要随着风险的变化、保险责任的变化和市场需求等因素的变化而调整，具有一定的灵活性。（5）促进防损原则。指保险费率的制定有利于促进被保险人加强防灾防损，对防灾工作做得好的被保险人降低其费率；对无损或损失少的被保险人，实行优惠费率；而对防灾防损工作做得差的被保险人实行高费率或续保加费。

实务中非寿险确定保险费率的方法主要有观察法、分类法和增减法。

观察法： 又称为个别法或判断法，它就某一被保危险单独厘定出费率，在厘定费率的过程中保险人主要依据自己的判断。之所以采用观察法，是因为保险标的的数量太少，无法获得充足的统计资料来确定费率。

分类法： 指将性质相同的风险，分别归类，而对同一类各风险单位，根据它们共同的损失概率，订出相同的保险费率。在分类时应注意每类中所有各单位的风险性质是否相同，以及在适当的长期中，其损失经验是否一致，以保证费率的精确度。

增减法： 指在同一费率类别中，根据投保人或投保标的的情况给以变动的费率。其变动或基于在保险期间的实际损失经验，或基于其预想的损失经验，或同时以两者为基础。

寿险的纯保费率是根据死亡率和利率计算而得到的，死亡率是随着年龄的增长而递增的，若采用自然保费率的话，则保费逐年增加，因此多采用均衡保费法。

所谓均衡纯保费是指保险人将人的不同年龄的自然保险费结合利息因素，均匀地分配在各个年度，使投保人按期交付的保险费整齐划一，处于相同的水平，这种保险费即为均衡保险费。均衡保险费避免了被保险人到了晚年因保险费的上升而无力续保的问题，因此适合长期性的人寿保险。责任准备金来源于历年纯保费收入的积累与历年损失赔付或死亡给付的累计值的差值。

保险基金是指保险机构根据法律或合同规定，以收取保险费的办法建立的、专门用于保险事故所致经济损失的补偿或人身伤亡的给付的一项专用基金，是保险人履行保险义务的条件。在现代社会里，社会后备基金一般有四种形式，即国家财政后备基金、社会保障基金、自保基金和保险基金。保险基金的运动过程包括保险费收取、资金的积累和运用、经济补偿三个阶段。

保险基金：即由保险公司和其他保险组织通过收取保险费的办法来筹集保险基金，用于补偿保险单位和个人遭受灾害事故的损失或到期给付保险金。

国家财政后备基金：该基金是国家预算中设置的一种货币资金，专门用于应付意外支出和国民经济计划中的特殊需要，如特大自然灾害的救济、外敌入侵、国民经济计划的失误等。

社会保障基金：指为了使社会保险有可靠的资金保障，国家通过立法要求全社会统一建立的，用于支付社会保险待遇的专项资金。社会保险基金按照保险类型确定资金来源，逐步实行社会统筹。用人单位和劳动者必须依法参加社会保险，缴纳社会保险费。

自保基金：由经济单位自己筹集保险基金，自行补偿灾害事故损失。国外有专业自保公司自行筹集资金，补偿母公司及其子公司的损失；我国有"安全生产保证基金"，通过该基金的设置，实行行业自保，如中国石油化工总公司设置的"安全生产保证基金"即属此种形式。

保险基金主要分为资本金、各项准备金和留存收益三部分。资本金是保险公司的自有资金，主要用作保证金、运营资金和购置自有资产，并提供保险偿付能力，支付保险赔款。保险准备金是指保险公司为了履行其未来的赔偿或给付责任而从收取的保险费中提存的负债，根据使用目的保险准备金可以分为"未到期责任准备金"和"未决赔款准备金"等。根据保险业务和提取方式又可以分为"寿险责任准备金"和"非寿险责任准备金"。不同准备金的期限与流动性要求不同。留存收益是公司在经营过程中所创造的，由于公司经营发展的需要或法定的原因等，没有分配给所有者而留存在公司的盈利，是企业从历年实现的利润中提取或留存于企业的内部积累，包括企业的"盈余公积金"和"未分配利润"两个部分，其中盈余公积金是有特定用途的累积盈余，未分配利润是没有指定用途的累积盈余。

未到期责任准备金：指由于保险业务年度与会计年度不一致，在会计年度决算时，对未到期保险单提存的一种准备金制度。比如，投保人与某年9月1日交纳一年的保险费，保险单于当天生效，其中的4个月属于该会计年度，余下的10个月属于下一个会计年度，该保险单在下一个会计年度的前10个月是继续有效的。因此，要在当年收取的保险费中提存相应的部分作为下一个会计年度该保险单的赔付资金来源。

未决赔款准备金：指保险公司为应对本期发生的保险事故应付而未付赔款，而在会计年度决算时从当年收取的保险费中提取的一种准备资金。这是由于保险事故的发生、报案、核赔与理赔之间存在着时间延迟。按照权责发生制和成本与收入配比的原则，保险公司必须预先估计各会计期间已发生赔案的情况，并提取未决赔款准备金。未决赔款准备金包括已发生已报案赔款准备金、已发生未报案赔款准备金和理赔费用准备金。

寿险责任准备金：寿险通常会使用三类责任准备金。①法定准备金是用于保险监管人员估计保险公司的财务状况而使用的准备金。一般情况下，由于保险监管机关比较重视保险公司的偿付能力问题，因此法定准备金比较保守，产生较高的负债额。②盈余准备金是保险公司希望得到最佳经营状况估计而使用的准备金，它是在运用最佳的精算假设基础上评估出来的，比较真实地反映了公司的负债状况。③税收准备金是税务部门为了确定保险公司的税收而使用的准备金。税收准备金以公司的法定评估准备金为基础，在某些项目上进行调整。通常，税收准备金比盈余准备金保守，而比法定准备金要激进。

非寿险责任准备金：非寿险责任准备金是保险公司为履行在非寿险业务中保单责任及其相关支出所做的资金准备。非寿险的基本特点是短期保险，保险期限是一年或一年以内，保险业务从性质上具有补偿性。非寿险责任准备金分为三大部分：保费准备金、赔款准备金和保险保障基金。

盈余公积金：根据《公司法》等有关法规规定，企业当年实现的净利润，一般应当按照一定提取标准进行分配。①按照税后利润的10%提取法定公积金，提取的累计额超过公司注册资本的50%以上，可以不再提取；②按照税后利润的5%~10%提取法定公益金；③在提取法定公积金和法定公益金后，按照股东大会的决议提取任意公积金。

未分配利润：指保险公司实现的净利润经过提取盈余公积和向投资者分配利润后，留存在企业逐年累积的余额，未分配利润通常不指定特定用途，留待下一年度进行分配和使用，使企业经营留有余地。可以用来弥补某年份的保险费不抵偿付。

保险基金运用即保险公司运用闲置的资金进行各种形式的投融资以增加盈利的行为。由于分散风险、组织经济补偿职能是保险的职能，所以，保险公司资金运用首先要保证安全性和流动性，在此基础上追求收益以增加利润。"安全性原则"、"流动性原则"和"收益性原则"互相联系、相互制约。收益是保险基金运用的目标，但以确保安全性和流动性为前提。保险基金运用的主要形式包括银行存款、购买债券、投资股票和证券投资基金、投资不动产以及其他投资工具等。

安全性原则：安全性原则是保险资金运用的首要原则。因为保险基金是保险人对全体被保险人的负债。从数量上看，保险基金总量应与未来损失赔偿和保险给付的总量一致，若不能安全返还，必将影响保险企业的经济补偿能力。为保证保险资金运用的安全，保险人一定要做好投资预测，选择安全性较高的投资项目，以小额、短期、形式多样化来分散风险，增加投资的安全性。

收益性原则：保险资金运用的主要目的就是盈利。盈利能给保险人带来企业效益，增强保险企业的偿付能力。这就要求保险资金运用中选择高效益的投资项目，在一定风险限度内力求实现收益最大化。

流动性原则：保险具有经济补偿的功能，保险事故的发生又具有随机性特点，这就要求保险资金运用保持足够的流动性，以便随时满足保险赔偿和给付的需要。保险人应根据不同业务对资金运用流动性的不同要求，选择恰当的投资项目。

二、实现方式

我国《保险法》规定的保险赔偿手段是支付保险金，即保险金的给付。保险金是指依保险合同约定，被保险人或受益人从保险公司获得的补偿或给付的货币现金。如满期保险金，是在保险期满时，被保险人或受益人可依约定领取；身故保险金，是在保险事故造成被保险人死亡时，受益人可依约定领取；生存保险金，是在被保险人生存至合同约定的时间或年龄时，被保险人或受益人可依约定领取。《保险法》第 2 条："本法所称保险，是指投保人根据合同约定，向保险人支付保险费，保险人对于合同约定的可能发生的事故因其发生所造成的财产损失承担赔偿保险金责任，或者当被保险人死亡、伤残、疾病或者达到合同约定的年龄、期限时承担给付保险金责任的商业保险行为。"《保险法》第 10 条："保险人是指与投保人订立保险合同，并承担赔偿或者给付保险金责任的保险公司。""被保险人是指其财产或者人身受保险合同保障，享有保险金请求权的人，投保人可以为被保险人。"第 23、24、25、26、27 条的规定，都明确为保险金的给付。保险金的赔偿或给付是保险人承担保险责任的手段。原则上保险补偿以现金履行赔偿给付责任。但是，财产保险也可以采取修复、重置等手段，使之恢复原状。如上所言，在财产损失保险中，保险补偿手段以保险金为主，其他手段为辅助。

保险金的计算，受到损失程度、保险金额、保险价值等多种因素的影响和限制。保险金的给付关系着保险消费者保险权益的实现，故应当在订立保险合同时就明确保险金的给付办法，如给付标准和给付方式等。在保险有效期内发生责任范围内的损失或事件时，保险人要按照合同的约定向被保险人或受益人支付保险赔款或保险金。被保险人或受益人领取保险赔款或保险金的方式在财产保险与人寿保险中存在一定的区别。在财产保险中，一旦保险事故发生，被保险人可以一次性领取保险赔款。在人寿保险中，被保险人或受益人领取保险金可以采取以下3种方式：一次性领取保、以年金方式分期领取、将上述两种方式混合使用，即保险金的一部分一次性领取，剩余部分以年金形式领取。

财产保险和人身保险被保险人获赔偿权益不同。当保险事故发生后，财产保险遵循损失补偿原则，强调保险人必然按照保险合同规定履行赔偿义务，同时也不容许被保险人通过保险获得额外利益，适用权益转让原则、重复保险损失分摊和损余抵赔款等原则。而在人身保险中，则只讲被保险人依法受益，除医药费重复给付或赔偿不被允许外，并不限制被保险人获得多份合法的赔偿金，既不存在重复保险损失分摊的问题，也不存在代位求偿的问题。

保险合同的不同，损失赔偿方式也有不同，财产保险主要有以下三种方式。

第一种，第一危险赔偿方式。即在财产保险中，以保险额度为限，以实际损失为依据进行赔偿。其计算公式为：当损失金额小于或等于保险金额时，赔偿金额＝损失金额；当损失金额大于保险金额时，赔偿金额＝保险金额。

第二种，比例赔偿方式。比例赔偿方式以保险保障程度为依据，即按照保险金额与保险标的实际价值的比例来计算赔偿金额。其计算公式为：赔偿金额／损失金额＝保险金额／出险时保险标的的实际价值；赔偿金额＝损失金额 × 保险金额／出险时保险标的的实际价值。比例赔偿方式多用于不定值保险的理赔中。

第三种，限额赔偿方式。即保险人在保险财产损失超过一定限度时才负赔偿责任，或只对不超过一定的损失才负赔偿责任的一种计算赔偿方式。限额赔偿方式有两种形式：超过一定限额赔偿。免责限度赔偿，即保险人规定免除责任的限额，限额内的损失，保险人不予赔偿；超过限额的损失，保险人负责赔偿；免责限额分为绝对免责限度和相对免责限度。绝对免赔率的计算根据合同一般有两种：以保险金额为基础：赔偿金额＝保险金额 ×（损失率－免赔率）＝损失额－免赔额。以赔偿金额为基础：实际赔偿金额＝符合合同约定的赔偿金额 ×（1－免赔率）。超过一定限额不赔偿，限额责任赔偿，即保险人规定赔款的最高限额，限额内的损失，保险人负责赔偿；超过限额的损失，保险人不予赔偿。

《保险法》第55条中规定，投保人和保险人约定保险标的的保险价值并在合同中载明的，保险标的发生损失时，以约定的保险价值为赔偿计算标准。投保人和保险人未约定保险标的的保险价值的，保险标的发生损失时，以保险事故发生时保险标的的实际价值为赔偿计算标准。损失补偿原则在财产保险应用中，通常出现以下几种例外情形。第一，在约定有免赔额条款的保险中，保险人的赔偿标准是，在被保险人实际损失范围内扣除免赔额部分。第二，在定值保险中，"定值保险赔偿"通常是以事先约定的保险价值为基础计算赔偿金额，而不是以保险标的的实际价值为基础计算赔偿金额。第三，在重置价值保险中的赔付中，保险金额是以被保险人的重置或重建保险标的的所需的费用或成本来确定的，承保时一般会超过原保险标的的实际价值。第四，被保险人合理支付的"施救费用、查勘费用和有关诉讼费用"，由保险人承担。《保险法》第57条中规定，保险事故发生时，被保险人应当尽力采取必要的措施，防止或者减少损失。保险事故发生后，被保险人为防止或者减少保险标的的损失所支付的必要的、合理的费用，由保险人承担；保险人所承担的费用数额在保险标的损失赔偿金额以外另行计算，最高不超过保险金额的数额。

定值保险赔付：定值保险在订立保险合同时，投保人和保险人即已确定保险标的的保险价值，并以此作为保险金额，视为足额投保。发生保险事故时，保险人不论保险标的出险时的市价如何，即不论保险标的的市价价值大于还是小于保险金额，均按照损失程度赔付。具体计算公式：保险赔款＝保险金

额 × 损失程度（%）。

施救费用、查勘费用和有关诉讼费用： 具体包括：①保险事故发生后，被保险人为防止或减少保险标的损失所支付的施救费用。该费用可以在保险标的损失赔偿金额以外另行计算，但以不超过保险金额为限。②被保险人为查明和确定保险事故的性质、原因和损失程度所支付的查勘费用。③被保险人因保险纠纷而支付的有关诉讼费用。

《保险法》第59条规定，"保险事故发生后，保险人已支付了全部保险金额，并且保险金额等于保险价值的，受损保险标的的全部权利归于保险人，保险金额低于保险价值的，保险人按照保险金额与保险价值的比例取得受损保险标的的部分权利。"第64条："保险人、被保险人为查明和确定保险事故的性质、原因和保险标的的损失程度所支付的必要的、合理的费用，由保险人承担。"第65条："保险人对责任保险的被保险人给第三者造成的损害，可以依照法律的规定或者合同的约定，直接向该第三者赔偿保险金。责任保险的被保险人给第三者造成损害，被保险人对第三者应负的赔偿责任确定的，根据被保险人的请求，保险人应当直接向该第三者赔偿保险金。被保险人怠于请求的，第三者有权就其应获赔偿部分直接向保险人请求赔偿保险金。责任保险的被保险人给第三者造成损害，被保险人未向该第三者赔偿的，保险人不得向被保险人赔偿保险金。责任保险是指以被保险人对第三者依法应负的赔偿责任为保险标的的保险。"第66条："责任保险的被保险人因给第三者造成损害的保险事故而被提起仲裁或者诉讼的，被保险人支付的仲裁或者诉讼费用以及其他必要的、合理的费用，除合同另有约定外，由保险人承担。"

责任保险如果保险事故是第三者造成的，保险人在赔偿时仍然适用权益转让原则，即在赔偿后可以代位求偿。责任保险赔偿主要是依法应当承担的经济赔偿责任和诉讼费用。产品责任保险赔偿标准以保险合的赔偿限额为最高额度，既要以每次事故赔偿限额为标准，也要以累计赔偿限额为标准。同批产品由于同样原因造成多人的人身伤害、疾病、死亡或多人的财产损失均被视为一次事故造成的损失，适用每次事故的赔偿限额。雇主责任保险的赔偿限额，通常是规定若干个月的工资收入作为其发生雇主责任保险时的保险赔偿额度，每一雇员只适用于自己的赔偿额度。职业责任保险按照保险合同规定进行赔偿。保险人承担的仍然是赔偿金与有关费用两项，其中保险人对赔偿金通常规定一个累计的赔偿限额；法律诉讼费用则在赔偿金之外另行计算，但是如果保险人的赔偿金仅为被保险人应付给受害方的总赔偿金的一部分，则该项费用应当根据各自所占的比例进行分摊。

人身保险是定额给付性保险。按照保险合同规定的保险金额支付保险金，人身保险不适用补偿原则，所以也不存在比例分摊和代位求偿问题。同时，在人寿保险中一般没有重复投保、超额投保和不足额投保问题。《保险法》第46条规定："被保险人因第三者的行为而发生死亡、伤残或者疾病等保险事故的，保险人向被保险人或受益人给付保险金后，不享有向第三者追偿的权利，但被保险人或受益人仍有权向第三者请求赔偿。"在人寿保险中，保险事故发生时，保险人不问被保险人有无损失以及损失金额是多少，只是按照约定的保险给付保险金。

人身保险意外事故死亡双倍给付条款规定，如果被保险人由于意外事故死亡，保险人就给付双倍保险金，有的甚至规定给付3倍、5倍或10倍保险金。我国《保险法》没有规定此条款，但有些人寿保险公司的保单中已经采用这个条款。赔款任选条款规定，被保险人或受益人在领取保险金时有下列方式可供选择。

（1）现金收入，指被保险人或受益人以现金方式一次性领取保险金。

（2）利息收入，指将保险金放于保险公司，保险公司按约定的利率定期支付利息。支付周期可以双方协商确定。领款人死亡，可以由其继承人一次领取。

（3）定期收入，指将保险金存入保险公司，并根据保险金数额、保证利率、给付期限或次数，计算出每次受益人可领取的金额。如果受益人在领完之前死亡，其继承人可继续领取。

（4）定额收入，指将保险金存放于保险公司，双方约定每月或每年领取一个固定的金额，直到将全部本息领完为止。如果受益人未领完死亡，其继承人可一次性领完剩余的本息。

（5）终身收入，指受益人将保险金作为趸交保险费投保一份终身年金保险。并从约定的年金领取日开始终身得到年金收入了。

意外伤害保险属于定额给付性保险，当保险责任构成时，保险人按保险合同中约定的保险金额给付死亡保险金或残疾保险金。死亡保险金的数额是保险合同中规定的，当被保险人死亡时如数支付。残疾保险金的数额由保险金额和残疾程度两个因素决定。残疾程度一般以百分率表示，残疾保险金数额的计算公式：残疾保险金＝保险金额 × 残疾程度百分率。在意外伤害保险合同中，应列举残疾程度百分率，列举得越详尽，给付残疾保险金时，保险方和被保险人就越不容易发生争执。但是，列举不可能完备穷尽所有的情况。对于残疾程度百分率中未列举的情况，只能由当事人之间按照公平合理的原则，参照列举的残疾程度百分率协商确定。在意外伤害保险中，保险金额不仅确定死亡保险金、残疾保险金的数额的依据，而且是保险人给付保险金的最高限额。当一次意外伤害造成被保险人身体若干部位残疾时，保险人按照保险金额与被保险人身体各部位残疾程度百分率之和的乘积计算乘积保险金，但如果各部位残疾程度百分率之和超过 100%，则按保险金额给付残疾保险金。被保险人在保险期间内多次遭受意外伤害时，保险人对每次意外伤害造成的残疾或死亡均按保险合同的规定给付保险金，但给付的保险金累计不超过保险金额。

健康保险中费用型健康保险适用补偿原则，是补偿性的给付；而定额给付型健康保险则不适用，保险金的给付与实际损失无关。对于前者而然，强调对被保险人因伤病所致的医疗费用或收入损失提供补偿，类似于财产保险，与人寿和意外伤害保险在发生保险事故时给付事先约定的保险金不同。因为健康保险的特性，一些国家把健康保险和意外伤害保险列为第三领域，允许财产保险公司经营，我国也遵从国际惯例，也可以经营短期健康保险和意外伤害保险。

团体人身保险不是一个具体的保险险种，而是保险业务的一种承保方式，用一份合同向一个团体的大部分成员提供人身保险保障。保险人只与团体人身保单投保人发生合同关系，而不与团体内部个人发生合同关系。保险人向投保人收取保险费，发生保险事故时，保险金由投保人领取，然后转交给被保险人本人或其指定受益人。

三、实现期限

保险事故发生后，保险人应尽快做出损失核定，以便能够迅速兑现保险金。我国《保险法》对核定损失时效、赔付时效、拒赔通知时效有明确的规定。《保险法》第 23 条规定："保险人收到被保险人或者受益人的赔偿或者给付保险金的请求后，应当及时做出核定；情形复杂的，应当在 30 日内做出核定，但合同另有约定的除外。保险人应当将核定结果通知被保险人或者受益人。"

赔付时效：对属于保险责任的损失或费用，保险公司在赔付协议达成后 10 天内支付赔款。

拒赔通知时效：拒赔通知书是指保险人对被保险人的索赔要求予以拒绝时向被保险人签发的一种书面文书。在财产保险中使用"拒赔通知书"，在人身保险中使用"拒付通知书"。核定不属于保险责任的，应当自核定之日起 3 日内发出拒赔通知书并说明理由。

遇到特殊情况时，保险金的确定需要较长的时间，为了使被保险人或受益人能够尽早获得保险金，在保险实务上都有预付赔款的做法，《保险法》对于"预付赔款时效"也有规定。第 25 条规定："保险人自收到赔偿或者给付保险金的请求和有关证明、资料之日起 60 日内，对其赔偿或者给付保险金的数额不能确定的，应当根据已有证明和资料可以确定的数额先予支付；保险人最终确定赔偿或者给付保险金的数额后，应当支付相应的差额。"

人寿保险以外的其他保险的被保险人或者受益人，向保险人请求赔偿或者给付保险金的"诉讼时效"期间为二年，自其知道或者应当知道保险事故发生之日起计算。人寿保险的被保险人或者受益人向保险人请求给付保险金的诉讼时效期间为五年，自其知道或者应当知道保险事故发生之日起计算。

诉讼时效： 指法律规定的被保险人或受益人享有的向保险公司提出赔偿或给付保险金权利的期间。

拓展阅读

世界十大海难[1]

1. 人类历史上罹难最多的大海难——古斯特洛夫号沉没

1945 年 1 月 30 日

国别：德国

遇难地点：今波兰格但斯克港附近海域

遇难人数：9343 人

遇难原因：潜艇击沉

2. 国际海运史上和平时期的最大海难——多纳－帕斯号同维克托号油轮相撞

时间：1987 年 12 月 20 日

国别：菲律宾

遇难地点：菲律宾附近海域

遇难人数：4388 名

遇难原因：客轮油轮相撞

3. 最为惨烈的大海难——兰开斯特里亚号沉没

时间：1940 年 6 月 17 日

国别：英国

遇难地点：英吉利海峡法国卢瓦尔河口海域

遇难人数：约 3500 人

遇难原因：飞机轰炸

4. 中国最难忘怀的大海难——上海江亚轮沉没

时间：1948 年 12 月 3 日

---

[1] 《世界十大海难 大洋上的悲剧 泰坦尼克号仅排第六》，来源：beyondzhu 的旅行。

国别：中国

遇难地点：东海长江吴淞口（东经 31.15°、北纬 121.47°）

遇难人数：3000 人以上

遇难原因：撞上水雷，飞机炸弹误炸

5. 21 世纪第一次大海难——乔拉号沉没

时间：2002 年 9 月 26 日

国别：塞内加尔

遇难地点：冈比亚附近海域

遇难人数：1863 名

遇难原因：遭遇暴风雨

6. 最具知名度的大海难——泰坦尼克号沉没

时间：1912 年 4 月 15 日

国别：美国

遇难地点：加拿大纽芬兰以东 600 多海里的洋面

遇难人数：1513 人

遇难原因：撞上冰山

7. 非洲历史上最大的海难——色拉姆 98 号客轮沉没

时间：2006 年 2 月 4 日

国别：埃及

遇难地点：红海

遇难人数：1200 人

遇难原因：海风海浪

8. 海地"内普图诺"号客轮沉没

时间：1993 年 2 月 17 日

国别：海地

遇难地点：太子港向西部

遇难人数：1000 人

遇难原因：气候条件恶劣和超载

9. 欧洲和平时期发生的伤亡最为惨重的海难——爱沙尼亚号沉没

时间：1994 年 9 月 28 日

国别：芬兰

遇难地点：波罗的海海域

遇难人数：852 人

遇难原因：航行速度太快

10. 菲渡轮群星公主号倾覆

时间：2008 年 6 月 21 日

国别：菲律宾

遇难地点：菲中部朗布隆省附近海域

遇难人数：800 人

遇难原因：台风

第三部分

保险功能与作用

保险的功能是保险固有的属性，保险的作用是保险功能的表现形式和结果。保险的功能因保障而生，保险的作用因补偿而成。

经济补偿、分摊损失、风险转移构成了保险最核心、最根本的功能，它直接决定了保险的性质、体现了保险的机制及保险存在的必要性，是保险业的立业之基。

不忘初心，方得始终。保险从一开始就是为风险处置而生，使万一遭遇不幸或财务损失而得到帮助，恢复原有的状态、秩序，不因意外而打破常态，不是为了发财、致富，因而也与投资、理财、赌博没有关系，冒险借贷有一定赌的性质，后来也被保险的原则所禁止。

保险不是用来改变生活的而是防止生活被改变。

第一章　保险学说

保险性质说

损失说：以损失补偿观点作为保险理论的核心来剖析保险补偿机制，包括损失赔偿说、损失分担说、风险转嫁说。

非损失说：以非损失概念作为保险理论的核心，包括技术说、欲望说、共同准备财产说、金融说。

二元说：将损失说与非损失说的观点兼容，采取折中的态度与方法，其主要学说代表有人格保险说、非人格保险说和择一说。

保险功能说

单一功能说：经济补偿功能是保险的唯一功能。

基本功能说：保险的功能有基本功能与派生功能之分，基本功能是分摊损失和经济补偿功能；投融资和防灾防损功能是派生的。

三大功能说：现代保险主要有经济补偿、资金融通、社会管理三大功能。三项功能是一个有机联系、相互作用的整体。

多功能说：保险具有多种功能、地位并列，包括保障功能（财产保险的补偿、人身保险的给付）、资金融通功能、防灾防损功能和社会管理职能。

一、保险性质说

（一）损失说

损失说是以损失补偿观点作为保险理论的核心来剖析保险补偿机制，包括损失赔偿说、损失分担说、风险转嫁说。

损失赔偿说： 该学说源于英国，代表人物是英国的马歇尔和德国的马修斯。他们认为保险的目的在于补偿人们在日常生活中，因各种偶然事件发生所导致的损失，保险是一种损失赔偿合同。

损失分担说： 该学说强调损失赔偿中，多数人互助合作、共同分担损失的事实，并认为此说适用于各种保险。德国的华格纳首倡此说，对后世很有影响，当代许多美国保险学者都强调保险具有分摊损失这一特殊职能。华格纳主张："从经济意义上说，保险是把个别人由于未来特定的、偶然的、不可预测的事故在财产上所受的不利结果，使处于同一危险之中、但未遭遇事故的多数人予以分担，以排除或减轻灾害的一种经济补偿制度。"这一学说从经济学的角度阐明保险，是其独到之处，但对分担损失是否是保险的最本质属性这一点，仍有较多的争议。

风险转嫁说： 该学说源于美国，认为把被保险人的风险转嫁给保险人是保险的实质。美国学者威尔特说："保险是为了赔偿资本的不确定性而积聚资金的一种社会制度，它是依靠把多数人的个人危险转嫁给他人或团体来进行的。"很多日本学者赞同这一说法。此说是从宏观经济的角度来论述保险的，但同样对财产保险和人寿保险不能兼顾。

（二）非损失说

非损失说： 该学说不以处理损失作为保险核心内容，分为技术说、欲望满足说、共同准备财产说、金融说等四种主要学说。

技术说：该学说的代表人物为意大利学者维万特。该学说强调保险的计算基础，特别是保险在技术方面的特性。其理论依据是：保险基金的建立和保险费收取的标准，是通过计算损失的概率来确定的。认为保险是将处于同等可能发生机会的同类风险下的多数个人或单位集中起来，测出事故发生的概率，根据概率计算保险费率，当偶然事件发生时，支付一定的保险金额。

欲望满足说：又称"需要说"，其代表人物为意大利学者戈比、德国学者马内斯。该学说的核心是以保险能够满足经济需要和金钱欲望来解释保险的性质。认为投保人缴付少量保费，而在发生灾害事故后获得部分或全部的损失补偿，由于保费缴付与赔偿金额严重不等，由此可以满足人们的经济需要和金钱欲望。

共同准备财产说：该学说认为保险是为了保障社会经济生活的稳定，将多数经济单位集合起来根据大数法则所建立的共同准备财产的制度。

金融说：其代表人物是日本的米谷隆三和酒井正三郎。该学说认为保险只不过是一种互助合作基础上的金融机构，与银行和信用社一样，都起着融通资金的作用。

非损失说的特点都是企图抛开"损失"的概念，然而危险即损失的可能性，可见"无损失，无保险"。

（三）二元说

二元说亦称"择一说"或"不能统一说"，是将损失说与非损失说的观点兼容，采取折中的态度与方法，较为确切地概括了保险的实质性内容。其主要学说代表有人格保险说、非人格保险说和择一说。

人格保险说：该学说的代表人物柯勒主张：人身保险之所以是保险，不仅因为其能赔偿由于人身事故所引起的经济损失，还在于它能赔偿道德和精神方面的损失。很显然，人格保险说将人的生命价值与财产的经济价值作为评价的客体，他们认为人身保险既然以保障生命价值的丧失为目的，当然它就与财产保险是一样的，它们都是非损失保险，人身保险就是人格的保险。[1]

---

[1]　陈朝先，《保险学》，西南财经大学出版社，2000。

非人格保险说：该学说认为要阐明保险的实质，只有从损失赔偿和损失分摊上来考察。该学说为大多数法学家所倡导，代表人物科恩在解释该理论时说："因为在人身保险中，损失赔偿的性质极少，它不是真正的保险，而是混合性质的保险。"另一个代表人物埃斯特亦说："在人身保险中完全没有损失赔偿的性质，从国民经济看，人身不过是储蓄而已。"按照他们的理论，必然会得出人身保险或人寿保险不是保险的结论。人身保险带有储蓄投资的性质，但这并不能就此否定人身保险的相互性质，只有人寿保险的互助性质得以实现后，人寿保险的储蓄与投资性质才有保障。

择一说：又称"不能统一说"，认为损失保险与人寿保险不可能统一在一个单独的定义中，保险合同不是损失补偿合同，就是以给予一定金额为目的的合同，二者只能择一。他们主张将财产保险与人寿保险分别作概念性的阐述，这就是说在一个保险合同中，既不能使用风险、损失、被保险人利益等概念，又不能使用保险人的给予或以给予为条件的事故等不确定的概念。该学说在各国的保险立法实践中被广泛采用，如日本、法国、瑞士、德国等国家的保险合同法条文，就是根据这个学说的实质内容来制定的。

二、保险功能说

（一）单一功能说

单一功能论认为保险的功能是单一的，保险的功能有且只有一个，这就是经济补偿。保险用分摊损失的方法来实现其经济补偿的目的，按照保险合同对遭受灾害事故而受损的单位、个人进行经济补偿，保险的产生和发展都是为了满足补偿灾害损失的需要。这一功能不因时间的变化和保险形态的不同而改变。

（二）基本功能说

基本功能论认为保险的功能有基本功能与派生功能之分，基本功能是保险原始与固有的功能；派生功能是在保险基本功能的基础上产生的新功能。

基本功能体现保险的机制，用收取保费的方法来分摊灾害事故造成的损失，以实现经济补偿的目的，分为分摊损失功能和经济补偿功能两项功能，是保险业的立业之基，最能体现保险业的特色和核心竞争力。分摊损失功能建立在灾害事故的偶然性与必然性的对立统一基础之上，保险机制能够运转的原因是被保险人愿意以交付小额确定的保险费来换取对大额不确定的损失的补偿。保险组织向大量的投保人收取保险费来分摊其中少数成员不幸遭受的大额损失。

保险的派生功能包括投融资功能和防灾防损功能两项职能，是随着保险发展而派生的。

投融资功能：一方面它是对保险人而言，因为保险费的收取与保险金的给付或赔偿之间存在着一定的时间差，保险人此时可以对保险基金进行投资经营，使得保险基金能够保值增值；另一方面它是对投保人而言，投保人可以选择某些保险产品以获取预期的保险金的给付，从而将保险作为一种投资。

防灾防损功能：防灾防损是风险管理的重要内容，由于保险的经营对象就是风险，保险企业为了稳定经营，保险公司必须做好防灾防损工作，防灾防损贯穿在整个保险工作之中。①保险的经营从承保到理赔，要对风险进行识别、衡量和分析，因此，保险公司积累了大量的损失统计资料，有利于开展防灾防损工作，进而履行其防灾防损的社会职责。②从保险自身的经营稳定和收益角度来讲，保险公司通过防灾防损可以减少保险的风险损失，增强其财务的支付能力，增加保险经营的收益。③保险公司加强防灾防损工作，能有效地促进投保人的风险管理意识，促使其加强防灾防损工作。由此有人认为，保险又派生了防灾防损的功能。

（三）三大功能说

从根本上说，现代保险主要有经济补偿、资金融通、社会管理三大功能。这三项功能是一个有机联系、相互作用的整体。

经济补偿功能：这是保险最基本的功能，也是保险区别于其他行业的最根本的特征。

资金融通功能：即保险资金运用，保费收取与补偿或给付的发生具有一定的时差性，这就为保险人进行资金运用提供了可能。保险人为了使保险经营稳定，使保险基金保值增值，遂对保险资金进行运用。保险融资的来源主要包括：资本金、总准备金或公积金、各项保险准备金以及未分配的盈余。保险融资的内容主要包括：银行存款、购买有价证券、购买不动产、各种贷款、委托信托公司投资、经管理机构批准的项目投资及公共投资、各种票据贴现等。保险资金的融通应以保证保险的赔偿或给付为前提，坚持合法性、流动性、安全性和效益陛的原则。资金融通功能是在经济补偿功能基础上发展起来的，是保险金融属性的具体体现，也是实现社会管理功能的重要手段。正是由于具有资金融通功能，才使保险业成为国际资本市场的重要资产管理者，特别是通过管理养老基金，使保险成为社会保障体系的重要力量。目前有一种"轮子理论"即资金运用业务与承保业务，并称为保险企业的两大支柱。

社会管理功能：现代保险的社会管理功能是保险业发展到一定程度，并深入到社会生活的诸多层面之后，产生的一项重要功能。其主要体现在四个方面。①社会保障管理。商业保险是社会保障体系的重要组成部分，在完善社会保障体系方面发挥着重要作用。②社会风险管理。保险公司从开发产品、制定费率到承保、理赔的各个环节，都直接与灾害事故打交道，为全社会风险管理提供了有力的数据支持。同时，保险公司积极配合有关部门做好防灾防损，并通过采取差别费率等措施，鼓励投保人和被保险人主动做好各项预防工作，降低风险发生的概率，实现对风险的控制和管理。③社会关系管理。通过保险应对灾害损失，对损失进行合理补偿，而且可以提高事故处理的效率，减少当事人可能出现的各种纠纷。逐步改变了社会主体的行为模式，为维护政府、企业和个人之间正常、有序的社会关系创造了有利条件，减少了社会摩擦，起到了社会"润滑器"的作用，大大提高了社会运行的效率。④社会信用管理。保险公司经营的产品实际上是一种以信用为基础、以法律为保障的承诺，在培养和增强社会的诚信意识方面具有潜移默化的作用。同时，为社会信用体系的建立和管理提供重要的信息资料来源，实现社会信用资源的共享。因此，有的人认为，在保险业逐步发展成熟并在社会发展中的地位不断提高和增强之后衍生出来的社会管理功能。

保险的社会管理功能的发挥，在许多方面都离不开经济补偿和资金融通功能的实现。同时，随着保险社会管理功能逐步得到发挥，将为经济补偿和资金融通功能的发挥提供更加广阔的空间。[1]

为了使保险基金保值增值，保险基金在规定的范围内可以运用。保险资金运用规模逐年增加。有的观点把资金融通当作保险的职能之一或派生职能。实际上是没有对保险功能进行使用者分析，或者是没有对保险功能定位。

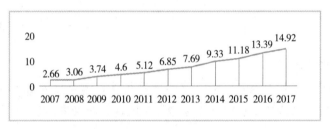

图 3-1　保险公司资金运用余额（万亿）

（四）多功能说

多功能论认为保险具有多种功能，各功能不分先后、主次，地位并列，包括保险保障功能，具体表现为财产保险的补偿功能和人身保险的给付功能。财产保险通过补偿使得社会财富因灾害事故所致的实际损失在价值上得到了补偿，在使用价值上得以恢复，从而使社会再生产过程得以连续进行。人身保险在约定的保险事故发生或者约定的年龄到达或者约定的期限届满时，保险人按照约定进行保险金的给付。

---

[1]　吴定富主编，《保险原理与实务》，中国财政经济出版社，2010。

第二章　保险的功能

保险功能总论

功能是对象能够满足某种需求的一种属性。保险的功能是满足消费者需求的属性。保险的功能即损失分摊、风险转移和经济补偿。

损失分摊功能

保险的机制功能，体现互助关系。社会保险、互助保险、商业保险都具有互助性。都具有损失分摊功能。

风险转移功能

保险的交换功能，体现商品关系。风险转移突破了传统的互助共济思维与做法，是人类风险管理史上的飞跃，也是保险发展史上的分水岭和里程碑。

经济补偿功能

保险的目的（消费）功能，体现对价（契约）关系。经济补偿功能具体表现为财产保险的损失补偿功能和人身保险的经济给付功能。

保险与非保险的对比

商业保险与福利、救济、储蓄、理财、赌博等非保险简单比较，以免混淆

一、保险功能总论

对于保险的功能，各界说法不一。前文我们回顾了历史上以及目前在学界有关保险的学说。由于对保险的性质、功能等的认识、理论不同，人们看待保险的角度以及保险实践的方向和结果也不尽相同，甚至会相差很大。

结合近年来保险业发展情况，各种学说大行其道，都有各自的道理，但也有不足之处。我认为，首先必须明确从哪种角度来诠释保险的功能，这个问题不先明确，关于保险的功能就不会有一致的论断。功能是对象能够满足某种需求的一种属性。凡是满足使用者需求的任何一种属性都属于功能的范畴。"对象"和"使用者需求"是两个核心词。如果把保险作为对象，把使用者分成保险消费者、保险生产者和保险管理者三个主要方面，然后将目前认为是保险使用者需求的属性分类，如表3-1所示。

表3-1　保险使用者需求的属性分类

使用者（角度）	使用者需求属性
保险消费者	损失分摊、风险转移、经济补偿 储蓄理财、防灾防损、赔偿给付
保险生产者	聚集资金、资金融通、壮大实力
保险管理者	社会管理

如果论及一个对象的功能，一定是要区分角度的，保险的功能也是如此。保险的消费者是保险的终端用户，是保险的真正使用者；保险生产者是指保险的供给者、经营者，一般指保险公司；保险的管理者是指保险监督管理者。保险基于保险消费者、经营者和监督者的需求是不完全一致或不一致的。

保险消费者作为保险的终端用户，是在消费保险，拥有保险的目的是为了在发生保险事故时获得赔付，使自己得到保障。保险生产者是在经营保险，目的是集散风险，为用户提供保险产品和风险保障，从而可以聚集保险资金和运用资金，壮大自己，发展行业，服务社会。保险管理者是监督管理整个保险行业，使保险业更好地发挥社会保障管理、社会风险管理、社会关系管理、社会信用管理等社会管理功能。由于角度不同，侧重点不同，但目的是一致的。若从保险的本原出发研究保险的功能，保险对于消费者需求的属性是基础性的、根本性。保险基于保险生产者和监管者需求的属性是从属性和服务性的。保险功能应该是保险满足消费者需求的属性。因此，本书主要从消费者角度来论述保险的功能。

从保险消费者的角度来定位保险功能，使问题变得更有价值，也更简单、直接。不论社会如何发展，保险的根本性质是没有变的，保险基于消费者的功能也应该是基本固定的。我比较赞同保险损失说，即从损失和经济补偿方面定位保险的功能。

第一，保险的功能必须反映保险本质的属性。这是保险区别与银行储蓄、投资理财、赌博投机、日常用品等最根本的规定性。

第二，保险功能必须聚焦。无论非损失说、派生功能说，还是多功能说，在一定程度上不够聚焦保险的本原，冲淡了保险的特质。

第三，保险的功能不能与保险公司的功能或职责混淆，比如，聚集资金、资金融通都不是对消费者的功能。

第四，保险的功能不同于保险的作用，保险的功能是保险固有的属性，保险的作用是保险发挥功能的表现形式和结果。比如，保险的社会管理功能，既是保险对监管者或对社会的功能，更是保险发挥功能的作用效果，也是保险公司的职责，不是对消费者而言的保险功能。保险功能发挥得好，社会管理的效果就会体现出来。保险业应该充分发挥保险功能，积极参与社会管理工作，履行社会管理职责。保险满足消费者需求的属性如表3-2所示。

表 3-2　保险满足消费者需求的属性分类

保险满足消费者需求的属性					
损失分摊	风险转移	经济补偿	储蓄理财	防灾防损	赔偿给付

上述六种属性是否都是保险的功能呢？现在进行简单分析。

第一，损失分摊。损失分摊是将参加保险的少数成员因自然灾害或意外事故所造成的损失分摊给多数成员来承担，可以认为"损失分摊"是保险的功能之一。

第二，风险转移。是投保人用少量的保费，购买保险产品，把可能面临的风险损失转移给保险人。可以认为风险转嫁是保险的功能之一。

第三，经济补偿。确定为保险的功能，这是所有功能学说和损失说都普遍认可的，是没有争议的。

第四，储蓄理财。一些具有储蓄性的创新保险产品，已经不是单纯的保险产品，而是一种保险保障与投资储蓄相结合的保险形式，本身就是保险与储蓄的叠加。买这种保险实际不只是买保险而是买保险产品组合。储蓄理财不是保险的功能。

第五，防灾减损。防灾防损有利于各方做好预防工作，降低风险发生的概率，通过差别费率的措施，实现对风险的控制和管理。但购买保险的目的绝不是为了防灾防损，也不期待保险公司在防灾防损上做太多工作。而且，保险合同基本没有把防灾防损写到合同里作为保险义务。严格来说，防灾防损属于保险的增值服务，防灾防损不是保险功能。

第六，赔偿给付。本身就是经济补偿的两种形式，对于财产保险是损失赔偿，对于人身保险是保险金给付，因此，赔偿给付是保险的功能，不过，其应归属到经济补偿功能中，这样分析下来，保险的功能只剩下三个了，即损失分摊、风险转移和经济补偿，如表 3-3 所示：

表 3-3　保险功能判断表

保险功能判断					
损失分摊 （是）	风险转移 （是）	经济补偿 （是）	储蓄理财 （否）	防灾防损 （否）	赔偿给付 （否）

　　保险就是保障，经济补偿、损失分摊、风险转移确定为保险的功能，这种肯定来自我多年工作实践和学习的感悟和思考，来自保险理论学说。尤其是保险损失说，即损失赔偿说、损失分担说和风险转嫁说。同时，参考了保险功能说的一些观点。第一，根据损失赔偿说可以认为损失补偿是保险的功能之一，不过为了解决财产保险和人身保险通用的问题，将损失补偿改为了经济补偿，因为，人身保险的给付属于经济补偿。第二，根据损失分担说可以认为分摊损失是保险的功能之一。第三，根据风险转嫁说可以认为风险转嫁是保险的功能之一，不过将风险转嫁改为风险转移较为合适。

　　一切派生功能都可以归纳到这三大功能里来，且是对三大功能的补偿、丰富和完善，必须服务于上述功能，而不是又多出了新功能。如果存在不可归入的功能，便不是保险的功能，而是保险公司的功能或是保险的作用体现形式。或者是满足其他使用者的属性，而不是满足消费者的属性。保险的一切工作都要围绕保险的功能来开展，如表 3-4。

表 3-4　保险的三种功能

保险功能		
损失分摊功能	风险转移功能	经济补偿功能

二、损失分摊功能

　　从经济角度看，保险是集合同类风险单位以分摊意外损失的一种经济制度。投保人根据合同约定，向保险人支付保险费，形成资金池—保险基金，以供经济补偿。这样在投保人之间，是一种资金的再分配。一定时期内少数保险标的的风险损失，由参加保险的全体投保人分摊，因此，投保人之间是一种互助共济关系。互助对于分摊损失是最传统、最简洁的方式。这也是互助保险一直具有生命力的原因。

保险具有"一人为众，众为一人"的互助性。用众多投保人缴纳的保险费建立的保险基金，对少数遭受损失的被保险人提供了赔偿或给付，从而通过分摊了个别被保险人所不能承担的风险，在投保险人之间形成了一种经济互助关系。保险这种互助机制，可以降低社会后备基金的规模从而降低全社会的风险管理成本。互助保险、社会保险、商业保险都具有互助性，及损失分摊功能。以下是几种损失分摊方式的分析，如表 3-5。

表 3-5　损失分摊功能表

损失分摊功能——互助性		
相互保险（有）	社会保险（有）	商业保险（有）

传统的非保险损失分摊

古代的自我分摊，即为了避免损失，把物品或货物分不同地方存放或载于不同的船舶，比如分仓储粮、分船载货，这种方式属于风险规避，属于自助，既不是互助，也不是保险。因此，这种为了减少损失而采取的风险防范措施，不能体现保险分散风险原理，也不是保险的雏形和萌芽，更不能称作古代原始保险的标志。

共同海损分摊，指为了船货安全，有意识地把船上的货物抛弃，以换取船货安全。抛弃的货物损失及发生的费用由相关利益人分摊。这种事后分摊范围局限于利益相关人，并不向更多人分散，只是相关利益方的资助，不是保险意义的分摊，但成为保险风险损失分摊的思想基础。

互助分摊，是由一些具有共同要求和面临同样风险的人自愿组织起来，预交风险损失补偿分摊金的一种形式。这种互助形式曾存在于古今各种互助合作组织之中。如古埃及建造金字塔的石匠中的互助基金组织，古罗马的丧葬互助会，中世纪的工匠行会、商人行会、宗教行会、村落行会等各种行会。这种分摊具有保险意义的分摊，属于早期的互助保险雏形。

互助保险的损失分摊

互助保险不是个人行为，而是群体行为，集中了许多人的共同意愿，把每个参保人的个人需要汇集成群体的共同需要，互助项目的选择和确定适合大多数参保者的共同愿望。它的基点在于互助而不时自助，这种互助既不同于国家法规的强制，也不同于主观上的自保，而是运用"大数法则"的规律，多数人共济少数特定人的损失，这是互助保险得以存在的基础。互助保险在资金筹集、保障水平确定、保障项目选择、本金的保值增值及分配方面，都由参保者民主选举产生的领导民主决策，可以大大降低操作成本，成为低投高赔的实惠型保险。互助保险使用性较强，操作简便。不同产业、不同行业、不同企业可以依照自己的实际情况灵活确立险种和理赔方式，可以各具特色，形式多样。

17世纪初，资本主义还处于工场手工阶段，劳动条件恶劣，劳动强度大，劳动者遭遇疾病、工伤和死亡的风险后，得不到救助和保障，于是工人们自发组织起来互相救济，从而萌发了互济运动和互助保险。在普鲁士，矿山成立了矿工弟兄会、矿工联合会，他们建立了储蓄基金，自愿为储蓄基金交款。这便形成了早期的医药互助会。在手工业者中，每一位行业师傅和徒工也交纳一定数额的款项，成立了行业互助会和徒工互助会。这种组织的成员彼此熟悉，一般为百人左右，会员积累的基金自己管理，只能满足会员最低要求。产业革命促进了互济运动和互助保险的发展，西方一些国家相继建立了全国性互助组织，建立的时间分别为：德国1883年，意大利1886年，葡萄牙1891年，比利时1894年，英国1896年，法国1898年，卢森堡1901年，西班牙1908年，瑞士1911年，俄罗斯、波兰、巴西等国在这个时期也开始建立了互助会。其中像法国"互助协会"的会员在1909年达到82万人，英国"友好社"的社员 1911 年达到 600 万人。1909 年，美国由俄勒冈州和华盛顿州合作医疗成立了"蓝盾"协会和"蓝十字"互助团体，后来形成了全国性的组织，会员达到8000 万人。

1922 年，第一个国际性的互助合作保险组织——国际合作和相互保险联合会成立，简称 ICA，对世界各国群众性互助保险事业的发展起了积极促进作用。1992 年改名为国际互助保险联盟，简称 ICMIF。日本在 20 世纪 40 年代末出现了工人互助组织，后于 1976 年成立了日本全国劳动者共济生活协同组合，简称"全劳济"。日本的工会派别很多，有的工会人数很多，有的只有几十人甚至几个人。一些工会为了争取会员，除了每年组织"春斗"，即要求雇主增加工资外，再就是开展大量的提高职工福利的活动。比如劳福协、全劳济等就在这些方面做了大量工作。日本对工会举办的共济事业是有专门立法的，"生协法"就是用以共济事业进行约束和调整法律。

新加坡在 20 世纪 60 年代获得独立后，广大低收入职工迫切需求基本保障，新加坡全国职工总会与英康保险合作社向低收入职工普及互助保险。

社会保险的损失分摊

社会保险主要通过筹集社会保险基金，并在一定范围内对社会保险基金实行统筹调剂，至劳动者遭遇劳动风险时给予必要的帮助。社会保险对劳动者提供的是基本生活保障，只要劳动者符合享受社会保险的条件，只要与用人单位建立了劳动关系，或者已按规定缴纳各项社会保险费，即可享受社会保险待遇。

劳动风险是指劳动者在劳动年龄范围内所遭遇的风险事故。包括自然的身体或生理变化、职业上的灾害事故及工作机会丧失等。常有的劳动风险有疾病、负伤、生育、残疾、衰老、死亡和失业七种类型。

社会保险有五种特性：保障性，指保障劳动者的基本生活；普遍性，社会保险覆盖所有社会劳动者；互助性，利用参加保险者的合力，帮助某个遇到风险的人，互助互济，满足急需；强制性，由国家立法限定，强制用人单位和职工参加；福利性，社会保险是一种政府行为，不以营利为目的。

商业保险的损失分摊

"商业保险是通过订立保险合同运营，以营利为目的的保险形式，由专门的保险企业经营。商业保险关系是由当事人自愿缔结的合同关系，投保人根据合同约定，向保险公司支付保险费，保险公司根据合同约定的可能发生的事故因其发生所造成的财产损失承担赔偿保险金责任，或者当被保险人死亡、伤残、疾病或达到约定的年龄、期限时承担给付保险金责任。"[1] 商业保险的共同特点是：有保险人与被保险人、提前缴纳保险费、有损失的必然性及个体损失有不确定性。

商业保险的风险分摊包括：在投保险人之间分摊，在保险人之间分摊——共同保险、重复保险，在保险人与再保险人之间分摊——再保险，在再保险人与再保险人之间分摊——转分保。转分保是指再保险人将其分入的承保的风险转向次再保险人的行为，是保险业间分散危险保证营业稳定，扩大经营范围的一种方法。在转分保合同项下，转分保人要将接受的再保险业务，按转分保合同的规定分给转分再保人。如果转分分保人发生赔偿责任，则由转分再保人按合同规定予以分担。

正是由于完善的分摊损失机制，使得损失补偿得以实现，现代保险的发展才日益蓬勃。保险人通过保险将众多被保险人所面临的风险汇集起来，在发生保险事故时将其中少数人遭受的损失在所有投保人之间实现分摊，从而实现风险的分散。

保险与互助保险 [2]

保险与互助保险既有共同性的一面，更有其差异性的一面。二者的共性主要表现为以下两点：一是保险与互助保险均以一定范围的群体为条件；二是保险与互助保险均具有"一人为众，众为一人"的互助性质。保险与互助保险的差异主要表现为以下三点：一是保险的互助范围以全社会公众为对象，而互

---

[1] 李民，刘连生，《保险原理与实务》，中国人民大学出版社，2012。

[2] 吴小平主编，《保险原理与实务》，中国金融出版社，2002。

助保险的互助范围则是以其互助团体内部成员为限；二是保险的互助是其间接后果而不是直接目的，而互助保险的互助则是直接目的；三是保险是按照商品经济原则，以盈利为目的而经营的商业保险行为，而互助保险则是以共济为目的的非商业活动。由于二者有上述性质的差别，二者成为两种不同的事物。互助保险不属于商业保险范畴。

保险与社会保险 [1]

保险与社会保险的共同之处主要有两点：一是保险与社会保险均以社会公众为对象；二是保险与社会保险均以缴纳一定的保险费为条件。保险与社会保险的区别主要有四点：一是保险的实施方式大多采取自愿原则，而社会保险则是由法律或行政法规规定的强制性行为；二是保险公司经营是以盈利为目的，而国家举办社会保险则是以社会安定为宗旨；三是保险是以"公正性"费率为准则，而社会保险则是以"均一保费制"为主要缴费原则；四是保险以现代企业为其经营主体，而社会保险则是以事业单位为经办主体。社会保险不属于商业保险范畴。

"均一保费制"：指在计收费用时，不分种类、档次一律以相同的费率缴纳费用的制度。社会保险在被保险人投保时，对工资收入不作区分，一律以相同的费率缴纳保险费。

互助保险、社会保险及商业保险三者之间既有相同点，又有不同点，彼此互相独立、互不代替，共同构成整个风险保障体系的一部分。

它们的相同点包括：

（1）被保险人遇到风险后能够获得一定的补偿，因而都是为被保险人群体服务的。

（2）投保人事先缴纳保险费，作为被保险人享受保险待遇的先决条件。

---

[1] 吴小平主编，《保险原理与实务》，中国金融出版社，2002。

（3）建立保险基金并进行资金运用。

（4）预测风险的方法和技术，工作人员的知识和技能，乃至专业术语也很近似。

它们的不同点包括：

（1）承办主体不同。社会保险的承办主体是政府行政机构，社会保险的建立与实施是以保证全体居民生存、维护社会安定为目的的政府行为。商业保险的承办者是企业法人，它是以营利为目的的，讲求经济效益的商业行为。互助保险的承办人是社团法人，它是以公益为目的的，主要讲求社会效益的团体行为。

（2）指导法则不同。社会保险因为是以全体居民为保障对象，面对宏观经济和社会人口变化，经常调整运作过程，因此它的指导基本上是政策文件，即使由政策文件上升为法规，也必须经常辅之配套政策，并且通过政策强制实行。商业保险是一种常规式的企业行为，它的指导思想是保险法规，只要在法规的允许范围内，政府不干预，商业保险机构依法经营，照章纳税。互助保险的指导思想是参保会员的公约，虽然它也可以上升为法规，但是它在操作上弹性比较大，更为灵活机动，操作中充满了浓厚的人情成分。

（3）金融运作不同。社会保险由国家、企业、个人三方面共同筹措资金。基金在存储中也要运营，但并不以营利为目的，而为了保值增值。当支付金不足时，国家财政兜底予以补贴。商业保险完全是把保单作为商品出售，商业保险公司与投保者之间是契约关系，保险主体仅从投保者那获得资金，通过运作追求利润。互助保险的筹资渠道主要来源于参保者，社会团体、慈善机构或个人可以赞助，金融运用的亏损由参保者共同承担，如有盈余也全部返还于参保者，参保者与主办者在地位上是平等的，主办者从道义上来说是义务的、非获利的自愿行为。

（4）作用不同。在社会保障体系中，社会保险起着基础性的作用，它的待遇虽然不一定很高，但覆盖面很广，它以保障全体居民最起码的生存条件为目的，因此，它是社会安定的稳定器。商业保险是依据投保者的个人意愿而进行的一种追求回报的商业行为，险种可随着投保者支付能力呈现出多样化的特征。互助保险依据不同行业、不同地域、不同群体的自愿原则，开展灵活多样的保险各具特色的险种。保费、保期、赔付条件可由参保者共同决议。

表3-6　风险保障体系三大支柱

风险保障体系三大支柱		
相互保险	社会保险	商业保险

三、风险转移功能

风险转移是指将风险及其可能造成的损失全部或部分转移给他人。通过转移风险而得到保障。一般说来，风险转移机制可以分为非保险转移机制和保险转移机制。非保险转移机制是指通过订立经济合同，将风险以及与风险有关的财务结果转移给别人。

从风险管理角度看，保险是一种风险转移机制。投保人以保险费为交换价格，向保险人购买保险商品。保险费是支出的成本，购买到的是保险商品及服务。体现的是对价的商品交换关系，保险人是将保险作为商品进行出售。

保险转移是指通过订立保险合同，将风险转移给保险人。投保人向保险人交纳一定的保险费进行投保，一旦预期风险发生并且造成了损失，则保险人必须在合同规定的责任范围之内进行经济赔偿。保险转移机制，使众多的单位和个人根据需要，通过商品交换，将个体风险用保险产品进行全部或部分覆盖，从而个体风险损失变为保险人的承受范围。实际上，投保人购买保险是将被保险人面临的不确定的大额损失转变为确定性的小额支出，将来发生损失或不可测支出时，所购买的保险产品就可以兑现全部或部分货币。而保险人卖出保险产品建立保险基金，将大量风险单位集合起来，并分期兑现保险产品做出的赔付承诺。通过保险来转移风险是最常见的"风险处理方式"。转移风险并非风险真正离开了投保人，而是保险人借助保险的转移功能，把风险损失转移到自己身上，遭灾受损的被保险人将获得经济补偿保障。

风险处理方式： 指针对不同类型、不同规模、不同概率的风险，采取相应的对策、措施或方法，使风险损失对企业生产经营活动的影响降到最小限度。风险处理的方法主要有风险避免、风险预防、风险抑制、风险自留和风险转移等。

风险转移功能是商业保险特有的功能，使古老的保险雏形、萌芽及初级保险跨越到商业的现代保险，也是获得保险商品的手段，把互助共济、分摊损失的做法变成保险商品，保险的交换成为可能，保险具有了价值和使用价值的商品属性，这是保险历史性的飞跃。保险商品化具有了风险转移的功能，并通过买卖保险商品，使风险损失转移成为可能。互助保险、社会保险只是风险的分摊和互助共济，不具有风险转移功能。因此，在管理、运营、发展模式、法律规范等方面，商业保险与互助保险、社会保险都有很大不同，其在风险管理、风险转移上突破了传统的互助共济思维与做法，是人类风险管理历史上的飞跃式进步，也是保险发展史上的分水岭和里程碑。保险的风险转移功能，促进了保险商品的发展，使得保险不再局限于小范围，人们获得保险保障的范围极大扩展、获得保障更为容易，保险双方的责权利更加明晰，出现了保险业和专门从事保险的人员，人们以保险为职业，进行保险产品的生产、销售和服务。保险公司也因此出现。

表 3-7　风险转移功能

风险转移功能——商品性		
相互保险（无）	社会保险（无）	商业保险（有）

对于保险人来说，为了发挥风险转移的功能，保险产品的价格、质量、服务、丰富程度、购买的便利性都对保险人有更高的期许，产品既要多样又要个性化，既要有现实生活的产品也要有虚拟世界的保障。既要积极履行合同又要做好防灾减损、风险管理。大量独立的同质风险单位的存在，使保险费率的

厘定得以符合大数法则的要求，制定出的费率水平公平合理，保险的经营有了科学的依据。积极发展企业财产保险、工程保险、机动车辆保险、家庭财产保险、责任保险、意外伤害和健康保险等。保险人通过保险将众多被保险人所面临的风险汇集起来，在发生保险事故时将其中少数人遭受的损失在所有被保险人之间实现分摊，从而实现风险的分散，增强全社会抵御风险的能力。

保险公司从开发产品、制定费率到承保、理赔的各个环节，都直接与灾害事故打交道，不仅具有识别、衡量和分析风险的专业知识，而且积累了大量风险损失资料，为全社会风险管理提供了有力的数据支持。同时，保险公司能够积极配合有关部门做好防灾防损，并通过采取差别费率等措施，鼓励投保人和被保险人主动做好各项预防工作，降低风险发生的概率，实现对风险的控制和管理。积极参与重点领域灾害事故防范救助。充分发挥保险费率的激励约束作用，制定风险识别与分类标准，研究保险业灾害事故防范技术应用标准，根据风险水平的高低确定费率水平，发挥保险费率杠杆的激励约束作用。《保险法》第53条规定，"有下列情形之一的，除合同另有约定外，保险人应当降低保险费，并按日计算退还相应的保险费：（一）据以确定保险费率的有关情况发生变化，保险标的的危险程度明显减少的；（二）保险标的的保险价值明显减少的。"

保险消费者也要加强风险管理，防灾防损、保护财产、遵章守法等，《保险法》第51条规定，"被保险人应当遵守国家有关消防、安全、生产操作、劳动保护等方面的规定，维护保险标的的安全。保险人可以按照合同约定对保险标的的安全状况进行检查，及时向投保人、被保险人提出消除不安全因素和隐患的书面建议。投保人、被保险人未按照约定履行其对保险标的的安全应尽责任的，保险人有权要求增加保险费或者解除合同。保险人为维护保险标的的安全，经被保险人同意，可以采取安全预防措施。"第52条规定，"在合同有效期内，保险标的的危险程度显著增加的，被保险人应当按照合同约定及时通知保险人，保险人可以按照合同约定增加保险费或者解除合同。被保险人未履行前款规定的通知义务的，因保险标的的危险程度显著增加而发生的保险事故，保险人不承担赔偿保险金的责任。"

四、经济补偿功能

经济补偿功能是指保险用分摊损失的方法，通过风险转移的手段来实现其经济补偿的目的，按照保险合同对遭受灾害事故而受损的单位、个人进行经济补偿，保险的产生和发展都是为了满足补偿灾害损失的需要。经济补偿功能是保险最基本的功能，也是保险区别于其他行业的最根本的特征。投保人根据合同约定，向保险人支付保险费，将其面临的不确定的大额损失转变为确定性的小额支出，将未来大额的或持续的支出转变为当前固定性的安排，保险人则是为面临风险的被保险人提供保险经济保障。保险补偿功能体现了保险商品的对价关系，保险人通过提供保险保障服务而收取保费，投保人通过支付保险费获得了保险经济补偿的保障服务。双方对价交换实现。互助保险和社会保险虽然也有经济补偿功能，但不是对价关系。

按照保险合同的性质分类，保险合同分为补偿性保险合同与给付性保险合同。补偿性保险合同是指保险人的责任，以补偿被保险人的经济损失为限，并不得超过保险金额的合同。各类财产保险合同和人身保险中的医疗费用保险合同都属于补偿性保险合间。给付性保险合同是指保险金额由双方事先约定，在保险事件发生或约定的期限届满时，保险人按合同规定的标准金额给付的合同。各类寿险合同属于给付性保险合同。因此，保险的经济补偿功能具体表现为财产保险的损失补偿功能和人身保险的经济给付功能。给付性保险和补偿性的保险险种各不相同，哪种保险最好根据消费者需要来购买，最适合的保险才是最好的保险。

财产保险的补偿是指在特定灾害事故发生时，在保险的有效期和保险合同约定的责任范围以及保险金额内，按其实际损失金额给予补偿。通过补偿使得已经存在的社会财富因灾害事故所致的实际损失在价值上得到了补偿，在使用价值上得以恢复，从而使社会再生产过程得以连续进行。保险的这种补偿既包括对被保险人因自然灾害或意外事故造成的经济损失的补偿，也包括对被保险人依法应对第三者承担的经济赔偿责任的经济补偿，还包括对商业信用中违约行为造成的经济损失的补偿。大多数的财产保险合同都属于补偿性保险合同。因这种合同的目的是补偿被保险人的损失，故在保险事故发生后，保险人在保险金额的限度内，以评定实际损失为基础来确定保险金的数额。在财产保险合同中，即使定值保险合同所约定的保险价值在全损时低于实际损失，被保险人所获的保险金也不失其补偿性，只是补偿的数额小于损失而已。

财产保险赔偿是弥补被保险人由于保险标的遭受损失而失去的经济利益。通常包括两层含义：一是保险合同订立以后，保险标的遭受保险事故而产生损失，被保险人有权按合同的约定，获得全面、充分的补偿；二是保险人对被保险人的赔偿恰好使保险标的恢复到未出险前的状况，即保险补偿以被保险人的实际损失为限，被保险人不能因保险赔偿而获得额外的经济利益。补偿还受到保险合同中约定的其他一些限制，如以保险金额为限、按比例投保因而按比例赔偿的限制。另外还受赔偿方法的限制，如某些保险中规定了免赔额，或赔偿限额等。补偿原则的体现。

（1）在保险财产遭受部分损失后仍有残值的情况下，保险人在进行赔偿时要扣除残值。

（2）在保险事故是由第三者责任引起的情况下，保险人在赔偿被保险人的损失后取代其行使对第三者责任方的追偿权。

（3）在重复保险情况下，如果各保险人的保险金额总和超过了保险标的的价值，则应采用分摊原则分摊损失；在不足额保险的情况下，对被保险人所遭受的损失应采取比例赔偿方式进行赔偿。

人身保险的给付与财产保险损失补偿不同，因为人身保险的标的人的生命或健康是不能以价值来衡量的，保险事故发生后造成的损失也无法以货币来评价。而且，有些人身保险并无意外事故的发生，也无损失的存在，保险人依合同规定所给付的保险金只是为满足被保险人的特殊需要。比如，在生存保险中，在保险期限届满时被保险人仍然健在，无意外事故的发生也谈不上造成损失，但从另一个角度来看，人们年龄越高，体力越差，就更需要得到经济上的保障，而保险人于此时给付保险金，能够达到雪中送炭的效果。因此，在人身保险合同中，通常根据被保险人的特殊需要及承担保险费的能力确定一个保险金额，在危险事故发生或保险期限届满时，由保险人根据合同规定的保险金额承担给付义务。这个金额是固定的，不能任意增减，因此，人身保险合同也被称为定额保险合同。所以，人身保险的保险金额是由投保人根据被保险人对人身保险的需要程度和投保人的交费能力，在法律允许的范围与条件下，与保险人协商约定后确定的。因此，在保险合同约定的保险事故发生或者约定的年龄到达或者约定的期限届满时，保险人按照约定进行保险金的给付。

大多数人身保险合同如人寿险合同都属于给付性保险合同，而有些人身保险属于补偿性的保险合同，以报销补偿为条件，大多按照实际费用的比例报销，不能重复报销。如疾病保险、伤害保险等，即以治疗及住院等费用的补偿为限。给付性保险是买多少赔多少，可以重复购买。而补偿性保险不能重复报销，所以多买无益。

保险的补偿功能在健康险中的体现。健康保险计算费率是依据发病率、伤残率和疾病（伤残）持续时间等因素，并以保险金额损失率为基础，同时结合药品价格和医疗费用水平对费率进行调整。健康保险的给付，依据保险合同中承保责任的不同，而分为补偿性给付和定额给付。费用型健康保险，即对被保险人因伤病所致的医疗花费或收入损失提供保险保障，属于补偿性给付，类似于财产保险。定额给付型健康保险，则与人寿保险依据保险合同事先约定的保险金额予以给付相同。健康保险经营的是伤病发生的风险与人寿和意外伤害保险相比易发生逆选择和道德风险。一方面健康保险中的技术问题其结论往往不是唯一的。例如，被保险人的疾病可选择的诊疗方法有多种，但其花费是不同的，有的相差甚远。另一方面，健康保险的构成环节较多，包括门诊、住院治疗、医生开药、出具有关证明等，任一环节都有发生道德风险的可能。例如，小病大治、冒名顶替等，在医疗服务的数量和价格方面保险人难以控制，也是健康保险的风险之一。因此，健康保险的核保要严格得多，对理赔工作的要求也高得多，健康保险医疗保险金的给付往往带有很多限制或制约性条款，以此来降低经营风险。例如，住院医疗费用，采取分级累进制的报销方法，用药必须属于医保中心颁布的药品目录中的药品，并分等级按比例报销，医用材料与器械使用以国产标准价格报销等。

保险的三大功能是一个有机联系、相互作用的整体。经济补偿功能是保险最基本的功能，是保险区别于其他行业的最根本的特征，是保险机制存在的生命之源。分摊损失功能是实现经济补偿功能的基础，是保险互助性的具体运作和体现，是保险制度得以运行的技术保证和底层逻辑，也是风险转移功能的重要前提。风险转移功能是获得保险商品的手段，把互助共济、分摊损失的做法变成保险商品，并通过买卖保险商品，使风险损失转移成为可能，保险的风险转移功能，促进了分摊损失功能的完善，丰富了保险保障的产品，扩展了经济补偿功能发挥的空间和领域。因此，保险的三大功能之间相互联系、相互作用，形成了相互依存的现代保险功能体系。

五、保险与非保险的对比

（一）保险与社会福利

两者就其对社会经济生活的安定作用上看，具有共同之处，然而，保险与社会福利之间的差异是十分显著的。一是保险以商业保险公司为提供保障的主体，而社会福利则是以社会为主体；二是保险以投保人缴纳保险费为前提，而社会福利则不以个人缴纳为前提；三是保险是以损失或收入减少为受益条件，而社会福利则无此限制，是以国家规定的某些条件为依据；四是保险是以补偿损失为己任，而社会福利则是以改善和提高公民的生活为宗旨。[1]

（二）保险与社会救济

两者就其都是以一定的风险事故的发生而对人们的生产或生活带来一定的困难为条件这一点来说，具有相同之处。但保险与社会救济的根本性质是不同的。其一，保险风险事故是以保险合同的范围为限，而社会救济的风险事故则是以造成生产或生活的困难为前提；其二，被保险人所得到的保险补偿或保险金与其（或投保人）缴纳的保费收入的多少有直接关系，而在社会救济下个别人所得到的救济金额与其对社会的贡献无直接关系；其三，提供保险补偿的

---

[1]　吴小平主编，《保险原理与实务》，中国金融出版社，2002。

主体是商业保险公司，而社会救济是以国家为主体；其四，保险是商业行为，而社会救济是社会行为。[1]

（三）保险与银行储蓄

两者都具有以现在的积累解决以后的需要这一共同特点。保险与储蓄的差异在于：一是保险是以一定的群体为条件，而储蓄则是以个人或单位为主体；二是保险属于他助行为，而储蓄属于自助行为；三是保险与储蓄的受益期限不相同，保险由保险合同规定收益期限，在合同有效期内，不论何时出险，均可得到补偿；而储蓄则是以本息返还期限为受益期限；单纯的储蓄行为不属于保险范畴。储蓄不属于商业保险，然而，保险与储蓄相结合的储蓄性保险，则属于商业保险范畴。[2]

（四）保险与银行理财

保险与银行理财产品主要有以下四个方面区别：其一，作用不同。保险产品最大的功能是保障，主要是为投保者规避风险，其次才是获取收益。目前市场上的保险理财主要是投连险、万能险和分红险。这三种产品一般将保费分为两个部分投入保险账户和投资账户中。前者主要用于实现保障功能，后者则用于实现投资功能。银行理财产品的主要作用是追求资金安全和一定收益。其二，投资期限不同。理财保险产品一般都是几年甚至是几十年的期限，而银行理财产品通常是中短期，一般不会超过两年。其三，起点不同。理财保险产品的起点比较低，通常仅需一两万元，甚至几千元，而银行理财产品一般为五万元，有的起点甚至会更高。其四，中途支取影响程度不同。理财保险产品一旦支取，就会给投保者造成较大的损失，银行理财产品固定的期限，如果提前支取，将会有利息损失，但不会影响本金。

---

[1] 吴小平主编，《保险原理与实务》，中国金融出版社，2002。

[2] 吴小平主编，《保险原理与实务》，中国金融出版社，2002。

（五）保险与赌博

两者在本质上无共同之处，主要理由有三：其一，保险是以保险利益为前提，赌博无任何利害关系的财物或事件；其二，应用分散风险的科学方法，谋求经济生活的安定；赌博靠偶然机会，冒险图利。其三，保险是以分散风险为前提的，交了一定的保险费，就可以解除后顾之忧，就可避免由于偶然发生风险而带来的不幸后果。而赌博是本来不存在风险而自找风险。

第三章 保险的作用

保险对家庭的作用
保持家庭稳定，防止生活被改变。

保险对企业的作用
企业没有保险的保障无异于裸奔。

保险对社会的作用
确保社会治理高效和社会秩序的稳定。

一、保险对家庭的作用

家庭是婚姻关系、血缘关系基础上产生的社会生活最基本单位，是人类最重要的一种制度和群体形式。家庭生活安定是人们从事生产劳动、学习、休息和社会活动的基本保证。家是人们幸福的港湾，家庭需要团结、和睦、稳定，每一个人都希望能拥有一个安定、美好的家庭。然而，各种自然灾害、意外事故、生老病死等各种风险事故的发生常使家庭遭到损害，不但造成物质财富的损失，而且极易造成家庭成员的"精神损伤"、"心理疾病"等。导致其正常的生活状况恶化、生活秩序混乱，生活质量降低；因此家庭会常常处于紧张、不安，甚至恐惧的担忧之中。保险可以使家庭的"安全需要"得以部分或大部分的满足。投保以后人们减轻了后顾之忧，当发生意外事故和自然灾害时，人们的经济损失能得到合理补偿。每个家庭都会面临很多风险，谁也不能保证一生一帆风顺，永远风平浪静。

精神损伤：又称精神创伤，指人在生活中受到某种因素作用后，正常心里受到强烈刺激，神经精神活动的生理机能平衡失调；或指颅脑损伤后中枢神经系统出现的不同程度的器质性或机能性改变。原因很多：属于机能性精神发作的，有天灾人祸、突然的意外事件、人们之间的冲突纠纷等；属于慢性的，有长期忧郁、多疑，内心矛盾长期得不到解决，精神长期紧张，以及各种颅脑外伤后遗症等。

心理疾病：是指一个人由于精神上的紧张，而使自己思维上、情感上和行为上，发生了偏离社会生活规范轨道的现象。长期过度紧张可能会导致一系列的心理疾病。

安全需要：包括要求社会环境安全、生命财产得到保护，摆脱失业的威胁，生活有保障，病有所医等。人们由于不安全的存在，而变得紧张、不安。马斯洛认为，人的整个有机体是一个追求安全的机制，人的感受器官、效应器官、智能等主要是寻求安全的工具。

（一）保险可以解除家庭后顾之忧

家庭的费用支出如生活费用，子女教育、婚嫁开支、赡养父母，自己养老等都必不可少。家庭的财富积累非一日之功。然而，不确定性风险的存在，如意外伤害的发生、疾病的发生、突发事件、自然灾害，不可预知风险将会导致财富收入损失。家庭的财力有限，很难积累足以应付天灾人祸的资金，一旦受损，生活水平会降低，甚至生活难以为继。《老子》有云："吾所以有大患者，为吾有身；及吾无身，吾有何患。"人生在世，就会面临风险，这是每个家庭都需预防的事情。怎么解除后顾之忧，保险是最佳首选。目前可供家庭选择的保险很多，如房屋保险、家庭财产保险、汽车保险、意外伤害保险及各种人寿保险。如果通过这些保险覆盖家庭日常风险，可以免除因灾害、意外事故或疾病冲击大而使生活被给变的后顾之忧，从而能够安心工作、学习和生活，使生活更有规划。保持对未来的向往和憧憬。

表 3-8 不确定风险分类

不确定风险				
自然灾害	意外事故	疾病	突发事件	其他原因

（二）保险可以保持家庭财务稳定

家庭向保险人支付保险费，实际上是将其面临的不确定的大额的或持续的支出转变为确定的小额的支出。意外的发生如果导致伤残，医疗费用是巨大的，而且这个风险发生的越早，损失越大，因为损失了未来几十年的工资收入，经营收入等。疾病的发生如果是重大疾病，那么损失是不可预测的，因为重大疾病意味着长期的治疗费，长期的康复费，长期的护理费，长期的收入损失。由于保险的安排，发生意外或事故能够获得保险的经济补偿，避免了原有的生活被改变，家庭生活保持稳定，生活节奏没有被打乱，各种计划可以不受影响继续下去，可以进行其他的当期消费，如教育、健康、旅游、理财投资等。同时购买长期人寿保险，既可以获得生老病死的经济保障，又能使货币保值增值，累积资金。风险是不确定的，但是保险使我们有确定的方法，防范和化解了因不确定的因素带来的财务损失，从而确保家庭财务状况的稳定。生活安定，家庭幸福，是人们的普遍愿望。

（三）保险可以保障家庭现金流

一个家庭的消费从未停止过，不能把手中的钱全部花掉，而是留出一部分，规划、安排未来。努力工作、赚取收入、成家置业、孩子教育、自己和父母养老，这一切都依赖于家庭现金流入的源头一切正常。如果经济来源出现问题，房子可能断供，孩子教育可能无法保障，父母生活医疗可能无法解决，在财务上经受更大的打击。例如，在子女尚未独立生活前，家庭中的主要劳动者突然伤亡，必将给家庭收入状况造成巨大的影响，小孩的抚养、配偶的生活、老人的照顾都将成问题。或者家庭成员身染重病，健康出现问题，涉及住院费、手术费。人到老年，经常会受到诸如关节炎、骨质增生、心脑血管疾病的困扰，行动不便，会产生医疗护理照料的需求，这些显然需要一大笔费用的支出。随着子女的逐年成长、持续教育、婚嫁等费用，亦会使家庭加重经济负担；再加上人的寿命不断延长，养老时间亦随之加长，为家庭主要收入来源者购买寿险后，家庭不至于因为经济支柱的意外而发生连锁反应。保险起到保障家庭现金流的作用，保障未来生活不被风险的发生而改变，锁定家庭未来的规划。

（四）保险可以安抚家庭成员心理

风险事故的发生在造成物质损失的同时，往往给家庭很大的精神打击，造成家庭成员的情绪失控、精神失常、萎靡不振、神志恍惚，甚至有过激的行为，严重影响正常生活秩序，等等，保险的及时赔付，在一定程度上给予安抚和精神抚慰，稳定情绪、抚慰心理、平复心理创伤避免情绪失控和过度悲伤。情绪和精神状态的稳定非常重要。

（五）保险对家庭不同阶段的保障

1. 家庭形成期

从结婚到孩子诞生时期，一般为1—5年。这一时期是家庭的主要消费期。经济收入增加生活稳定，为提高生活质量往往需要较大的家庭建设支出，如购买一些较高档的用品，贷款买房的还须月供。这时可以选择交费少的定期寿险、意外保险、健康保险等，但保险金额最好大于购房金额以及足够家庭成员5年以上的生活开支。

2. 家庭成长期

从小孩出生到小孩参加工作前这段时间，大约20年。这一时期，家庭的最大开支是日常生活、孩子成长、孩子教育、医疗费、娱乐旅游费用。为使子女能在任何情况下可接良好的教育。要偏重于教育基金、父母自身保障的保险。房子、车子一定要上保险，旅游意外险必不可少。

3. 家庭成熟期

指子女参加工作到自己退休为止这段时期，一般为15年左右。这一阶段夫妇双方年纪较大，健康状况有所下降，对养老、健康、重大疾病等保险的要求较大。同时应为将来的老年生活做好安排。家庭财产险、车险的需求必不可少。

4. 退休后

这段时间的主要内容应以安度晚年为目的，安排好晚年医疗、保健、娱乐、锻炼、旅游等开支，夫妇双方年纪较大，健康状况较差，家庭负担较，收入较低，家庭财产逐渐减少。在退休之前，通过合理的规划，调整拥有的人寿保险。

二、保险对企业的作用

（一）企业涉及的保险种类

企业在生产经营过程中会遇到自然灾害、意外事故的风险，从而造成财产损失、利润损失，也会涉及与经营有关的各种责任的影响，如产品责任、公共责任等；同时，企业员工的出行及工作期间也会受到意外伤害或者是职业性疾病的困扰。企业可以参加的保险很多，主要有以下八类。

财产保险类：是指对企事业单位和机关、团体对具有保险利益的财产进行承保的保险。如企业财产保险（财产保险基本险、财产保险综合险、财产保险一切险）、利润损失保险、科技保险等。

责任保险类：是以被保人的民事赔偿责任为保险标的的财产保险。包括产品责任保险、雇主责任保险、职业责任保险（医疗职业责任保险、律师责任保险、建筑工程设计责任保险、会计师责任保险）、公共责任保险（综合公共责任保险、场所责任保险、承包人责任保险、承运人责任保险环境污染责任保险、旅行社责任保险等）、食品责任保险等。

货物运输保险类：是指以运输货物为保险标的，保险公司承担赔偿运输过程中自然灾害和意外事故造成损失的一种保险。包括国内货物运输保险、国际货物运输保险。

运输工具保险类：是载人、载物或从事某种特殊作业的运输工具为保险标的的保险。包括机动车辆保险（车辆损失保险、机动车辆第三者责任保险）、船舶保险、飞机保险（机身保险、飞机战争及劫持险、飞机第三者责任保险、航空旅客责任保险、航班延误险）等。

工程保险类：是指以再建工程和安装工程中，安装不善或一切不可预料的意外事故所造成的损失费用和责任为保险标的的保险。包括建筑工程保险、安装工程保险、科技工程保险机器损坏保险等。

保证保险类：是通过与投保人订立合同，向债权人担保，债务人按约履行债务，想投报单位保证雇员会履行职责，这两项担保内容称为保证保险。

信用保险类：是险人根据权利人（投保人）的要求，担保债务人信用，万一债务人发生信用危机对权利人造成损失，由保险人赔。包括出口信用保险、确实保证保险（合同保证保险、司法保证保险、许可证保证保险、存款保证保险、货款保证保险、公务员保证保险）、诚实保证保险、产品质量保证保险等。

团体人身保险类：团体人身保险不是一个具体的保险险种，而是保险业务的一种承保方式，指保险公司用一份保险合同为团体内众多成员提供保险保障的人身保险业务。

不同的企业涉及保险险种会有不同。总之，通过保险可以实现对企业的风险进行合理转嫁。同时，部分保险费可以税前列支，有利于企业减轻税负，节约资金。

（二）财产保险对企业的作用

1. 稳定生产经营的作用

生产作为社会的基本单位，企业或团体通过投保财产保险，能够把企业不确定的巨额风险灾害损失，化为固定的、少量的保险费支出，并摊入生产经营成本。一旦遭遇风险事故，就能及时得到保险赔偿，重新购置资产，恢复生产经营，避免生产经营的中断，减少各种损失及下岗失业等。

2. 促进防灾防损的作用

保险公司具有丰富的风险管理经验，可以指导企业消除风险隐患，同时由于保险的约束和保险费优惠政策，使得企业具有防灾防损的积极性。

3. 促进科技创新的作用

相较于财务稳定，如果保险事故在保险期间未发生，保险人也在这段时间内提供了经济上和精神上的保障，使投保人、被保险人免于后顾之忧，从而对于生产、运输、贸易、工程等各类社会生产活动都起到直接或间接的促进作用，尤其是石油、天然气勘探、核电站建设和卫星发射等高科技领域面临新的风险，保险的保障恰恰给这些领域的开发、应用解除了担心和顾虑，从而促进科技的创新。

（三）人身保险对企业的作用

企业通常为员工购买团体人身保险。团体人身保险具有如下优点：

（1）手续简单。保险人与团体投保人发生合同关系，而不与团体内部个人发生合同关系。保险人向投保人收取保险费，发生保险事故时，保险金由投保人领取，然后转交给被保险人或其指定受益人。

（2）保险赔付按企业投保选择的保险金额确定，故企业可以根据自身情况来合理地规避风险。

（3）保险条款相对灵活，企业可根据实际情况与保险公司沟通。

为员工投保团体人身保险，可使员工无后顾之忧，使他们全身心地投入工作，提高员工士气，增加凝聚力。企业高级管理人员非常关键，为他们投保高额人寿保险，是调动他们积极性并留住他们的一个有力手段。

第一，增强员工忠诚度和归属感作用。企业购买团体人身保险能有效控制成本，能有效转嫁企业风险。同时也能增强员工忠诚度和归属感。团体人身保险包括团体人寿保险、团体意外保险和团体健康保险，保障员工正常工作期间及与工作直接相关的期间所遭受的意外受伤、死亡或患职业疾病所致的死亡伤残，也能保障员工非工作期间遭受的意外伤害造成的身故或身残。

团体人寿保险：包括团体定期人寿保险、团体终身保险、团体信用人寿保险团体养老保险、交清退休后终身保险、团体遗嘱收入给付保险和团体万能人寿保险等险种。

团体意外保险：指以团体方式投保的人生意外伤害保险，还可以附加意外伤害医疗保险。

团体健康保险：包括团体医疗费用保险、团体补充医疗保险、团体特种医疗费用保险、团体丧失工作能力收入保险等险种。

第二，可降低企业运作成本。企业把每年的福利费交给寿险公司，让其来负担员工的生老病残死，这是降低企业成本，有效利用资金。

第三，可作为信用和抵押：企业领导个人的高额保单，可以成为一种信用和抵押，可凭它争取银行借款，拆借资金或抵押贷款。

第四，有利于合伙企业的管理和发展：用企业的提留资金，为合伙人各自投保高额保障，万一有合伙人遭受意外，就可以使这笔保险赔款给其家属，不至于抽走资金而影响企业发展。

第五，有利于企业福利待遇的提高。

三、保险对社会的作用

（一）稳定社会再生产

对于一个社会再生产过程中的经营单位，购买了保险就是为其稳定运行提供了经济保障。"社会再生产过程由生产、分配、交换和消费四个环节组成，它们在时间上是连续的，在空间上是均衡的。但是，再生产过程的这种连续性和均衡性会遇到各种灾害事故而被迫中断和失衡。保险经济补偿能及时和迅速地修复这种中断和失衡，从而保证社会再生产的连续性和稳定性。"[1]

（二）提高社会保障能力

保险作为社会保障体系的重要组成部分，是对社会保险的有力补充。个人购买商业养老保险可以部分替代政府在社会保障方面提供的福利，有利于建立多层次的社会保障安全网，减轻政府的财政负担，同时，保险公司可以提供多样化的养老金产品，可以满足不同层次的保障需求。企业补充养老保险为员工提供的养老保障，对基本养老保险起到补充作用。大病保险覆盖范围达到31个省市区，覆盖人口9.5亿，伴随着个人税收优惠型健康保险，长期护理保险这样的新型健康险产品推出，对整个医疗保障体系是一个很好的补充。保险行业借此越来越多地进入健康产业和健康管理服务。在发达国家，很多企业的补偿养老保险都由商业保险公司负责管理。在美国，由人寿保险公司管理的职业养老保险计划，占美国职业养老计划资产的25%。目前，许多国家都在尝

[1] 中国保险行业协会编，《保险原理》，中国金融出版社，2016。

试社会保险的商业化运作。在美国，许多著名的保险公司都是公立养老保险计划的主要管理人。保险公司在管理和运营养老保险基金方面发挥着重要作用，提升社会保障运行效率。

（三）分散农业经营风险

我国农业保险本着国家支持保大宗、保成本，地方支持保特色、保产量，有条件的保价格、保收入的原则，鼓励农民和各类新型农业主体自愿参保。农业保险可以保障农业生产过程的持续稳定，保护农业资源，扩大农业生产规模、降低成本，保持农产品供求平衡。农业保险已经成为仅次于车险的第二大险种。

（四）提升防灾减灾和救助水平

保险在风险管理、灾害补偿中具有很强的优势，各类财产保险、责任保险和意外伤害保险等有效增强了全社会抵御风险的能力，且能够强化事前风险防范、减少灾害事故发生，促进安全生产和突发事件应急管理。

（五）支持实体经济发展

保险对实体经济的促进作用体现在以下几个方面。

（1）促进科技创新。保险公司根据科技企业的风险特征和实际需要，提供科技保险产品，为科技企业创业、出现提供支持。

（2）服务小微企业。信用保险、保证保险可以帮助小微企业实现融资，解决贷款难的问题。

（3）促进社会消费。不论财产保险还是人身保险都为社会提供风险保障，使财务稳定、支出可控，人们会有更多的财务支出用于购物、旅游、休闲、娱乐等消费，保险还可以促进汽车信贷、住房信贷。

（4）带动第三产业。保险业的发展，可以带动咨询、法律、会计、评估等产业发展，文化、物流、演义、会展等领域的保险，促进这些行业的发展。

（5）促进对外贸易。对外贸易不但有自然风险、人为风险，也有政治风险。进出口货运险、出口信用保险都使对外贸易的风险得以覆盖，从而促进了对外贸易。

（六）服务国家战略

保险可以深入到社会各领域，供给侧改革、一带一路、脱贫攻坚、社会综合治理等方面，保险都可以发挥作用。

（七）维护社会稳定作用

通过保险应对灾害损失，不仅可以根据保险合同约定对损失进行合理补偿，而且可以提高事故处理的效率，减少当事人可能出现的各种纠纷。比如医疗责任保险的推行，缓解了医患纠纷。由于保险介入灾害处理的全过程，参与到社会关系的管理之中，逐步改变了社会主体的行为模式，为维护政府、企业和个人之间正常、有序的社会关系创造了有利条件，减少了社会摩擦，化解矛盾纠纷，起到了社会"润滑器"的作用，大大提高了社会运行的效率。

第四章　保险评价指标

常用指标

常用指标即目前最常用于说明保险业发展情况的指标，包括总保费、保险深度、保险密度。

修正指标

修正指标可扩大原保险密度内涵，使其更全面，形成新的保险密度指标。

新创指标

① 保险力度：用于反映保险业经济补偿程度的指标，是以赔偿或给付体现的指标。

② 保险广度：用于反映保险业普及程度的指标，是以保数与可保数占比体现的指标。

一、常用指标

目前比较通用和流行的衡量一国或地区保险业市场规模的指标有两类，一类为绝对规模指标，包括保费收入、保险业总资产等，用于衡量保险业发展的总体水平。另一类是相对指标，主要包括保险密度和保险深度等。

图 3-2　2008—2017 年我国 GDP 发展情况

资料来源：公开资料整理

图 3-3　2010—2016 年我国保险业总资产情况

资料来源：公开资料整理

（一）总保费

保险费收入是一个国家社会成员用于抵御意外事件袭击的经济能力的货币标志，也是社会成员用自己的力量解决经济损失的能力的标志。这个数额越大，说明社会成员自己解决意外事件造成经济损失的能力越强，意外事件给社会生产、生活造成的冲击和创伤越少，生产和生活就会更加顺利和安定，对经济稳定和社会安定发挥着强有力的保障作用。同时，一个国家保费收入的多少，一定程度上也是该国商品经济发展程度的标志。随着商品经济的发展壮大，保险费的收入会越来越多。所以保险业的发展，首先是从商品经济发达的行业和地区开始，并保障和推动商品经济的迅速发展。近十年来，我国保险业发展迅速，保费收入规模从 2009 年的 1.11 万亿元增长至 2017 年的 3.66 万亿元，年均复合增长率高达 16.21%。

表 3-9　2009—2017 年我国保费收入变化表

年份	财产保险业务		人身保险业务		合计	
	保费收入（亿元）	同比（%）	保费收入（亿元）	同比（%）	保费收入（亿元）	同比（%）
2009	2876		8261		11137	
2010	3896	35.47	10632	28.70	14528	30.45
2011	4618	18.53	9721	−8.57	14340	−1.29
2012	5331	15.44	10157	4.49	15488	8.00
2013	6212	16.53	11010	8.40	17222	11.20
2014	7203	15.95	13031	18.36	20235	17.50
2015	7995	11.00	16288	25.00	24283	20.00
2016	8725	9.13	22235	36.51	30959	27.49
2017	9835	12.72	26746	20.88	36581	18.15

数据来源：公开资料整理

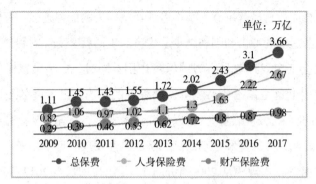

图 3-4 保费收入情况图

数据来源：公开资料整理

（二）保险深度

保险深度是指保费收入占国内生产总值（GDP）比例，具体反映一个国家或地区的保险业在整个国民经济中的地位。保险深度取决于经济发展的总体水平和保险业的发展速度，我国保险业正处在加速成长的阶段，从近几年的发展趋势来看，我国的保险深度不仅逐年增加，且增速也在不断加快。我国保险深度从 2009 年的 3.13% 提高到 2017 年的 4.42%，年均复合增长率达到 4.41%，如表 3-10 所示。是在我国 GDP 保持较高增速的背景之下达到的，实在不易，说明我国的保险业发展迅速且内生动力十足。

表 3-10 2009—2017 年我国保险深度变化表

年份	财产保险业务		人身保险业务		合计		GDP（万亿）
	保费收入（亿元）	保险深度	保费收入（亿元）	保险深度	保费收入（亿元）	保险深度	
2009	2876	0.81	8261	2.32	11137	3.13	35.59
2010	3896	0.95	10632	2.60	14528	3.55	40.89
2011	4618	0.95	9721	2.01	14340	2.96	48.41
2012	5331	1.00	10157	1.90	15488	2.90	53.41

续表

年份	财产保险业务		人身保险业务		合计		GDP（万亿）
	保费收入（亿元）	保险深度	保费收入（亿元）	保险深度	保费收入（亿元）	保险深度	
2013	6212	1.06	11010	1.87	17222	2.93	58.8
2014	7203	1.13	13031	2.05	20235	3.18	63.59
2015	7995	1.18	16288	2.41	24283	3.59	67.67
2016	8725	1.17	22235	2.99	30959	4.16	74.41
2017	9835	1.19	26746	3.23	36581	4.42	82.71

数据来源：公开资料整理

图 3-5 保险深度变化图

数据来源：公开资料整理

相较于全球平均水平，我国保险深度较低。根据瑞士再保险 Sigma 公布的数据，2016 年全球平均保险深度为 6.3%，欧盟及日本等一些发达国家和地区的保险深度基本保持在 8% 以上。我国保险渗透程度不足，但未来发展空间广阔。

（三）保险密度

保险密度是指按当地人口计算的人均保险费支出，具体反映一个国家或一个地区的国民参与保险的程度。我国的保险密度也在加速提高。在近十年的时间里，我国的人均保费从 2009 年 834 元增加至 2017 年的 2632 元 / 人，年平均增速 15.5%。这表明我国国民参加保险的程度不断提高，不断增长的保险需求将会成为未来保费继续保持高增长的有力保障。

表 3-11 2009—2017 年我国保险密度变化表

年份	财产保险业务		人身保险业务		合计		总人口（亿）
	保费收入（亿元）	保险密度（元）	保费收入（亿元）	保险密度（元）	保费收入（亿元）	保险密度（元）	
2009	2876	215	8261	619	11137	834	13.35
2010	3896	291	10632	793	14528	1083	13.41
2011	4618	343	9721	722	14340	1065	13.47
2012	5331	394	10157	750	15488	1144	13.54
2013	6212	456	11010	809	17222	1265	13.61
2014	7203	527	13031	953	20235	1479	13.68
2015	7995	581	16288	1185	24283	1766	13.75
2016	8725	631	22235	1608	30959	2239	13.83
2017	9835	708	26746	1924	36581	2632	13.90

数据来源：公开资料整理

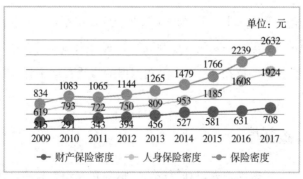

图 3-6 我国的保险密度在低位加速增长

数据来源：公开资料整理

2016 年全球人均保费为 638 美元，欧美等发达国家的人均保费已高达 2500—4000 美元。香港人均保费高达 7679 美元。我国保险密度尚处低位，未来发展前景广阔。

2014 年，国务院印发《关于加快发展现代保险服务业的若干意见》，即保险业新"国十条"，明确了发展目标：到 2020 年保险深度达到 5%，保险密度达到 3500 元 / 人。《中国保险业发展"十三五"规划纲要》中，进一步明确了保险发展的路径和未来发展的方向。

二、修正指标

对于前文所述的常用保险密度指标进行修正，可以使其内涵更加丰富，更有价值，对保险的评价更全面。这里所说的保险密度是在原来传统保险密度的基础上进行扩展，即保险密度是指按统计区域内常住人口计算的人均保险费、人均保额、人均保单数量。凡是按人均计算的统计指标，统称为保险密度。如人均保费可以称为保险的保费密度、人均保额称为保险的保额密度、人均保单数称为保险的保单密度。人均保费反映了人均购买保险的支出情况，单位是（元 / 人）。人均保额反映了人均受保障的情况，单位是（万元 / 人）。人均保单数反映了人均持有保险单的数量情况，单位是（张 / 人）。保险密度指标用公式表示如下：

（1）保费密度＝某地区当年保险收入 / 某地区当年常住人口数。2017 年全国保费 36581 亿元，人口 13.90 亿，则，保费密度为 2632 元 / 人。

（2）保额密度＝某地区当年保险金额 / 某地区当年常住人口数。

2017 年全国保险风险保障额度 4154 万亿元，其中财产保险风险保障 3030 万亿元，人身保险保障额度 1124 万亿元。人寿保险保障额度 31.73 万亿，健康保险保障额度 536.80 万亿，则人身保险的保额密度为 80.86 万 / 人。其中：人寿保险的保额密度为 2.29 万元 / 人，健康保险的保额密度为 38.81 万元 / 人。

（3）保单密度＝某地区当年保单数量 / 某地区当年常住人口数。例如

2016 年，我国人均持有寿险保单 0.13 张 / 人，而美国为 3.5 张 / 人，日本为 8 张 / 人。

长期以来，一般将人均保险费作为保险密度的指标，忽视了人均保险金额和人均保单数量指标。人均保单能够反映人们持有不同保险保障的情况，保险费指标则很难做到这一点。尤其在人身保险业务中，很多产品内含了一些与保险保障无关的内容，存在保险费增长、保险金额下降的情况。所以保险密度指标不只是统计保费密度，也要统计保额密度和保单密度，这样的保险密度才比较全面。保险密度指标分别按财产保险和人身保险来统计更为恰当。

三、新创指标

（一）保险力度

保险力度指标是赔付或给付指标，反映保险业经济补偿程度。保险赔款是保险公司支付的损失补偿金和经济给付金，是保险实实在在的保障兑现。所以无论保险金额多少、保险费多少，人们所感觉到的是保险赔偿的多少。保险力度在传统理论和实践中都没有这个概念，本书提出了这一概念。保险力度是一定时期内，通常为一年，保险总赔付（财产保险赔款和人身保险给付）分别在保险费收入、灾害损失额或"社会保障支出"中的占比。

保险总赔付占总保险费的比例叫作对价力度，财产险总赔款占总损失金额的比例叫作赔款力度，人身险总给付占社会保障总支出的比例叫作给付力度，保险力度的单位是（%）。

保险力度体现了保险本质和保险作用的程度，体现保险对家庭、企业、社会的贡献度。是保险最重要的指标，也是人们对保险的获得感的直接体现。

社会保障支出：社会保障支出，是用于社会保障制度的运作，为居民的最低生活水准提供保障的一种支出形式。一般来说，社会保障由社会保险、社会救济、社会福利、优抚安置等组成。其中，社会保险是社会保障的核心内容。

（1）对价力度。对价力度是单位保费获得的赔款程度，反映保险赔款与保险费的对比关系。一个合适的对价力度体现出保险整体的对价关系，过高或者过低都是不合适的。保险行业总体上应当保持一个较高水平的对价力度，以证实其保险精算的准确性以及保费收取合理性。

表 3-12　2009—2017 年我国对价力度表

年份	财产保险业务			人身保险业务			合计		
	原保费收入（亿元）	赔款支出（亿元）	财险对价力度	原保费收入（亿元）	给付支出（亿元）	人险对价力度	原保费收入（亿元）	赔款＋给付（亿元）	总对价力度
2009	2876	1576	54.80%	8261	1550	18.76	11137	3125	28.06
2010	3896	1756	45.07%	10632	1444	13.58	14528	3200	22.03
2011	4618	2187	47.36%	9721	1742	17.92	14340	3929	27.40
2012	5331	2816	52.82%	10157	1900	18.71	15488	4716	30.45
2013	6212	3439	55.36%	11010	2774	25.20	17222	6213	36.08
2014	7203	3788	52.89%	13031	3428	26.31	20235	7216	35.66
2015	7995	4194	52.46%	16288	4480	27.50	24283	8674	35.72
2016	8725	4726	54.17%	22235	5787	26.03	30959	10513	33.96
2017	9835	5087	51.72	26746	6093	22.78	36581	11181	30.57

数据来源：公开资料整理

图 3-7 我国历年对价力度图

数据来源：公开资料整理

从上图我们可以看出，总对价力度偏低，财产保险的对价力度为 45%~55%，人身保险的对价力度为 20%~25%，人身保险保费收入中可能存在储蓄型和理财型险种，从而其对价力度较低。简单地理解为，在保险公司收到的 100 元钱中，财产保险一半的保费作为赔款赔给了被保险人群体，人身保险的 100 元中有 25 元钱赔付给了被保险人或受益人群体。相对来说财产保险的对价力度远远高于人身保险对价力度，虽然两类险种性质不同。

（2）赔款力度。财产险总赔款占总损失金额的比例，用公式表示为：赔款力度＝财产保险赔款/灾害事故直接经济损失。是单位损失获得的赔款程度，反映保险赔款与灾害损失对比关系。赔款力度适用于财产保险。中国幅员辽阔、地区差异大、自然灾害及意外事故多发，从统计资料来看，造成最大损失的是自然灾害，其次是地震、地质灾害、火灾，再次是海洋灾害、交通事故、森林火灾等。有的事故造成的财产损失可能不是很大，但造成的人身伤害很大，却往往难于用金钱直接衡量。另外我国每年环境治理的支出大得惊人，超出所有灾害和意外事故造成的直接损失。

表 3-13　2009—2016 年我国主要灾害事故直接损失统计表　（单位：亿元）

年份	自然灾害	地震灾害	地质灾害	火灾	合计
2009	2524	27	19.1	16.	2586.1
2010	5340	236	63.9	20	5659.9
2011	3096	602	41.3	21	3760.3
2012	4186	83	62.5	22	4353.5
2013	5808	995	104.4	48	6955.4
2014	3374	333	56.7	47	3810.7
2015	2704	179	25.1	44	2952.1
2016	5033	67	35.4	37	5172.4

注：2008 年地震损失 8595 亿元；不含交通事故。

数据来源：公开资料整理

表 3-14　2009—2016 年我国财产保险赔付情况及赔付力度　（单位：亿元）

年份	财产保险			自然灾害 直接损失	财产保险（非车） 赔付力度（%）
	赔款支出	车险赔款	非车险赔款		
2009	1576	1201	375	2586.1	14.50
2010	1756	1376	380	5659.9	6.71
2011	2187	1751	436	3760.3	11.59
2012	2816	2248	568	4353.5	13.05
2013	3439	2720	719	6955.4	10.34
2014	3788	3027	761	3810.7	19.97
2015	4194	3336	858	2952.1	29.06
2016	4726	3648	1078	5172.4	20.84

数据来源：公开资料整理

我们可以对不同地区、不同领域、不同风险进行赔款力度分析。赔款力度能准确反映出保险在这方面的贡献，比如自然灾害赔款力度、生产事故赔款力度、巨灾赔款力度等。2015年宁波"灿鸿""杜鹃"台风保险赔付8000万元，广东"彩虹"台风赔付7.5亿元，"东方之星"事件赔付7380.6万元。数据显示，在国际上，巨灾保险赔款一般占到灾害损失的30%~40%，但我国还不到10%。2008年汶川大地震，直接经济损失8595亿元，保险只赔了20多亿元，赔款力度不到0.3%。远远低于国际水平。

（3）给付力度。人身险总给付占社会保障总支出的比例，用公式表示如下：给付力度＝人身保险给付总额／社会保障总支出。给付力度适用于人身保险。

表3-15　2009—2016年我国历年社会保障基金支出情况　（单位：亿元）

年份	社会保险支出	社会救助支出	医疗救助支出	其他支出	社会保障基金支出
2009	12303	933	106	337	13679
2010	15019	1068	133	/	16220
2011	18653	1449	193	/	20295
2012	23331	1537	203	/	25071
2013	27916	1800	181	27	29924
2014	33003	1782	253	33	35071
2015	38988	1861	299	31	41179
2016	46888	1931	296	35	49150

数据来源：公开资料整理

表 3-16　2009—2016 年我国人身保险给付情况及给付力度

年份	人身保险给付额度 （亿元）	社会保障基金支付额度 （亿元）	给付力度 （%）
2009	1550	13679	11.33
2010	1444	16220	8.90
2011	1742	20295	8.58
2012	1900	25071	7.58
2013	2774	29924	9.27
2014	3428	35071	9.77
2015	4480	41179	10.88
2016	5787	49150	11.77

数据来源：公开资料整理

人身保险的给付力度基本在 10% 左右，商业保险的作用有待进一步发挥。我们可以对不同地区进行分析，分析该地区的给付力度。

（二）保险广度

保险广度指标是保险的普及性指标，反映保险业覆盖程度。

（1）保险广度评价指标。在传统保险理论和实务中并没有保险广度的概念，本书率先提出了这一概念。保险广度指参保数量占所有可保数量的比例，即持有保单的人数、家庭数、法人数与统计范围的总人口数、总家庭户数、总法人个数的比例，分别称为个人保险广度（Personal insurance breadth）、家庭保险广度（Breadth of family insurance）和法人保险广度（Legal insurance breadth）。保险广度反映了保险对社会经济生活的保障范围，其单位是（%）。

表 3-17　2009—2016 年我国总人口、总家庭户数和法人数

年份	总人口（万人）	家庭户数（万户）	法人数（个）
2009	133450	43048	8003868
2010	134090	43255	8754588
2011	134735	43463	9593729
2012	135404	43678	10616530
2013	136072	43894	10825611
2014	136782	44123	13701440
2015	137462	44343	15729199
2016	138271	44603	18191382

注：2010 年人口普查每户人口 3.1 人，家庭户数由此算得。

数据来源：公开资料整理

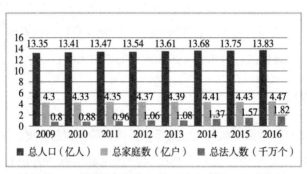

图 3-8　我国历年总人口数、总家庭数、总法人数

数据来源：公开资料整理

个人保险广度＝拥有人身险保险单的个人总数量 / 户籍人口总数量 ×100%。

一个人可能拥有多张保单，如责任险保单、家财险保单、意外险保单、健康险保单等，财产险类不计入统计，多张寿险保单按一张计。家庭和单位所保的人身类保单计入个人，但一个家庭或一个单位有几个被保险人按几个计。

本指标体现人身保险对个人的覆盖程度。如果我们分析个人的保险广度，首先需要知道保单总量，再除以人口数量。如果统计人身保险个人保险广度，统计时一人持有多张保单可按一张计，如按人寿保险、健康保险和意外伤害保险分别分析，则持有同一险种的保单按照一张计算，尤其是意外伤害保险，可能一人会持有多张，但只按一张统计。个人保险广度反映了人身保险对国民的覆盖程度。2016年，我国寿险保单持有人占总人口的8%，即个人保险广度为8%。据资料显示，2017年大病保险覆盖10.1亿人，那么大病保险的个人保险广度即为73.03%（即10.1亿/13.83亿）。

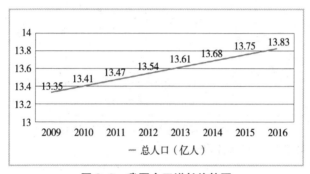

图 3-9 我国人口增长趋势图

数据来源：公开资料整理

表 3-18 个人保险主要险种（人身保险类）

险别	序号	险种	序号	险种
人寿保险	1	定期寿险	2	终身寿险
	3	两全寿险	4	年金寿险
意外保险	5	综合意外险	6	交通工具意外险
	7	旅行意外险	8	航空意外险
健康保险	9	医疗保险	10	疾病保险
	11	收入损失保险	12	护理保险

家庭保险广度＝某地区持有保单家庭数／某地区户籍数。

家庭持有的保单包括责任险保单、家庭财产险保单、各类人身险保单。如一个家庭拥有多张保单，按一张计；人身险保单包括意外险健康险和人寿险保单不计。个人所保的财产类保单计入家庭，但一个人无论有几张保单均按一个计。单位所保的以员工为被保险人的团体财产类保单计入家庭，不计入单位。本指标体现财产保险对家庭的覆盖程度。

图 3-10 我国总家庭户数增长趋势图

数据来源：公开资料整理

表 3-19 家庭保险主要险种表（财产保险类）

序号	险种	序号	险种
1	机动车辆保险	8	城乡居民住宅地震巨灾保险
2	普通家庭财产保险	9	电动车、自行车、摩托车保险
3	家庭组合保险	10	监护人责任保险
4	燃气责任保险	11	手机碎屏保险
5	管道破裂水渍险	12	个人账户资金损失安全险
6	家庭成员责任险	13	农房保险
7	宠物责任保险	14	农机具保险

数据来源：公开资料整理

法人保险广度＝拥有财产类保险单的法人总数量/登记注册的单位总数量。

如一个单位拥有多张保单，按一个计；人身险保单包括意外险、健康险和人寿保单不计。单位所保的以员工为被保险人的团体类保单两种处理方式，属于财产险类的计入家庭，属于人身保险类的计入个人，不计入单位。本指标体现财产保险对法人单位的覆盖程度。

图 3-11 我国法人总数增长趋势图

数据来源：公开资料整理

表 3-20 法人保险主要险种表（财产保险类）

险类	险别	险种
财产损失险	火灾保险	财产保险基本险、财产保险综合险、财产保险一切险、利润损失保险
	运输工具险	机动车辆保险、船舶保险、飞机保险
	货物运输险	国内货物运输保险、国际货物运输保险
	工程保险	建筑工程保险、安装工程保险、科技工程保险、机器损坏保险
	农业保险	种植业保险、养殖业保险
责任保险	公众责任险	综合公众责任保险、场所责任保险、承保人责任保险、承运人责任保险、环境污染责任保险
	产品责任险	电梯责任保险、家用电器责任保险

续表

险类	险别	险种
责任保险	雇主责任险	
	职业责任险	医疗职业责任保险、律师职业责任保险、建筑工程设计责任保险、会计师责任保险、董事及高级管理人员责任险
	第三者责任险	运输工具第三者责任保险、建筑安装工程第三者责任保险、企业财产保险附加第三者责任保险等
信用保证保险	信用保险	国内信用保险、投资保险、出口信用保险
	保证保险	确实保证保险、诚实保证保险

数据来源：公开资料整理

长期以来，我国财产保险结构失衡，车险在财产保险中占据绝对的份额，一险独大。截至 2016 年底，机动车辆保险占全国财产保险保费规模的比重高达 73.8%，远远高于其他险种所占的比重。而企业财产保险所占比重仅为 4.37%，农业保险和责任保险所占比重只有 4.79% 和 4.15%，其他财产保险如工程险、信用保证保险、船舶险、货运险和特殊风险总共只占 8.36%。如果我们进行险种广度分析，除了车险，其他险种的广度应该都不太乐观。也就是说，除了车险，其他财产类保险对法人的覆盖范围很有限。2016 年财产保险险种结构如表 3-21 所示。

表 3-21　2016 年我国财产保险分险种保费收入表

项目	原保费收入（亿元）	占比（%）	险种	原保费收入（亿元）	占比（%）
企业财产保险	381.2	4.37	船舶保险	51.2	0.59
家庭财产保险	52.2	0.60	货物运输保险	85.5	0.98
机动车辆保险	6834.2	78.33	特殊风险保险	40.3	0.46

续表

项目	原保费收入（亿元）	占比（%）	险种	原保费收入（亿元）	占比（%）
工程保险	93.2	1.07	农业保险	417.7	4.79
责任保险	362.4	4.15	其他	21.2	2.43
信用保险	200.9	2.30			
保证保险	184.1	2.11	合计	8724.1	100

注：保费不包括财产保险公司经营的意外伤害保险业务和短期健康保险业务。

我们可以对不同险种进行分析，观察该险种的普及程度。以往没有保险广度这项指标，缺乏官方的公开数据，如果这项指标被采用，数据的获取应该相对容易。对于保险广度，无论是个人、家庭还是法人，都可以就某一具体险种或某一地区范围来分析，或就某类人群进行分析统计。比如，人身保险弱势群体的保险广度，包括农民工以及农村留守老人、妇女、儿童的保障，破产企业职工的保障，退休职工的保障，异地就医的保障等。

拓展阅读

人类史上十大地震灾难 [1]

1. 中国陕西大地震

时间：1556 年 1 月 23 日

震级：8 至 8.3 级，烈度为 11 度

损失：83 万人死亡，是中国历史乃至世界历史上死亡人数最多的地震。

---

[1] 根据公开资料整理

2. 印度加尔各答大地震,

时间: 1737 年 10 月 11 日

震级: 7 级以上

损失: 对外宣称的死亡人数达 30 余万。

3. 印度洋地震海啸

时间: 2004 年圣诞节后一天

震级: 印度洋海底爆发 9.2 级地震, 其能量相当于两万三千颗原子弹爆炸, 引发了印度洋海啸, 高达 50 英尺的海浪袭击了 11 个国家。

损失: 死亡人数为 292206 人。

4. 海地地震

时间: 2010 年 1 月 12 日

震级: 7.0 级

损失: 首都太子港及全国大部分地区受灾情况严重, 最终确定死亡人数有 27 万之多。

5. 中国宁夏海原大地震

时间: 1920 年 12 月 16 日

震级: 8.5 级的强烈地震, 释放的能量相当于 11.2 个唐山大地震。

损失: 死亡人数达 27 万人, 毁城四座, 数十座县城遭受破坏。

6. 叙利亚安提俄克大地震

时间: 公元 526 年

震级: 7 级以上

损失: 几乎将这座城市夷为平地, 25 万人丧生。

7. 中国唐山大地震

时间: 1976 年

震级: 7.8 级

损失: 死亡 242419 人, 重伤 16 万人, 一座重工业城市毁于一旦, 直接经济损失 100 亿元以上, 为 20 世纪中国伤亡最大的一次地震。地震发生在深夜, 市区 80% 的人来不及反应, 被埋在瓦砾之下。

8. 意大利墨西拿大地震

时间: 1908 年 12 月 28 日

损失: 最多的统计死亡人数达 30 万人, 最少的死亡统计也在 7 万人以上, 比较普遍的统计认为有 16 万人丧生。

9. 日本关东大地震

时间：1923 年 9 月 1 日

震级：7.9 级强烈地震，史称关东大地震。地震灾区包括东京、神奈川、千叶、静冈、山梨等地，损失：15 万人丧生，200 多万人无家可归，财产损失 65 亿日元。

10. 日本北海道地震

时间：1730 年

震级：不低于 7 级

损失：官方统计 13.7 万人丧生。

第四部分

保险理论与实践

　　中国特色社会主义进入新时代，我国社会主要矛盾已经转化为人民日益增长的美好生活需要和不平衡不充分的发展之间的矛盾。准确理解我国社会主要矛盾的变化，对于做好保险理论和实践工作具有十分重要的意义。

　　中国保险业近年经历了快速的发展，同时也存在发展不持续、不协调的问题，也出现了一些偏差和一些乱象。需要在理论上和实践中坚持"保险姓保""回归本原"，提高保险供给能力和服务水平，发挥长期稳健风险管理和保障功能，履行保险业职责和使命，更好地满足人民日益增长的美好生活保障需要。

　　当前保险业很重要的一项任务是重塑行业，建设国家和人民可信赖、可托付的保险业。要重塑保险业，就要重塑行业发展观、重塑行业供给端和重塑行业评价体系等。使保险突出主业、做精专业，发挥损失分摊、风险转移和经济补偿的功能。

　　科学技术的发展，为识别、控制和管理风险提供了技术支撑，使风险管理水平达到了新的高度。要充分运用互联网、大数据、人工智能、基因检测等科技手段，使产品更丰富、服务更优质，使保险市场、保险业务、保险区域发展更平衡，发挥保险的经济"减震器"和社会"稳定器"作用，服务国家战略和人民福祉。

第一章　回归本原

思想回归

思想如灵魂，不能游离于躯体之外，保障就是保险的躯体。用新的思想火炬的光芒，照亮保险的新方向。

理论回归

保险是什么？保险功能是什么？如何定位保险业？理论上要回归，把握保险的本质，找准行业职能定位。

制度回归

建立新的制度体系，指导与约束新时期的保险实践，让保险在制度的框架内运行。

一、思想回归

早在公元前 2500 年前后，中国和世界上一些文明国家就有了朴素的保险思想。古代保险形式，从产生至今已有数千年的历史，经历了漫长的历史演变。现代保险形式自产生至今亦有数百年，现代意义上的商业保险首先是从海上保险开始，并取得了重大发展，后逐渐形成了火灾保险、人身保险和信用保证保险以及社会保险等。人类在现实生活中，面临着各类风险。保险是人们自我保护和自我发展的自觉行动，并不断的积累、完善，形成了切实有效的现代保险风险管理思想，为现代社会生产、生活、经济和文化发展起到了重要的保障和促进作用。一切符合于客观事实的思想即是正确的思想，对客观事物的发展起促进作用；反之，则是不正确的思想，对客观事物的发展起阻碍作用。

保险的初衷和最原始的思想是共济互助、扶危济困，"我为人人、人人为我"。几千年来，保险的实践履行了古老传统的思想，丰富了原始的理论。近年来，中国保险行业的规模、实力和影响日益扩大，然而行业在思想理念等方面出现了偏差，保险乱象丛生。2017 年，保监会财产保险监管会议上披露了财产保险行业存在的八大方面主要问题。

（1）产品背离本源，指有的产品设计偏离保险本原，片面突出产品的理财特性；定价没有遵循精算原理，产品结构同质化问题也很突出。

（2）经营管理激进，指行业风险意识不强，没有把风险识别和风险管控能力作为自身的核心竞争力，进而导致发展偏离方向，个别公司的资金运用、资产负债匹配、流动性管理面临巨大挑战，对整个财险行业也带来负面影响。

（3）市场竞争失序，指车险市场以高费用为手段开展恶性竞争的问题尤为突出，个别公司把赔付率下降带来的改革红利异化为竞争的本钱，导致车险费用水平居高不下。

（4）经营数据失真，有些公司存在承保理赔数据虚假、经营费用虚假问题，有些公司存在偿付能力虚假、资本信息虚假等问题，严重损害投资者和广大消费者利益，也导致监管政策难以落实到位。

（5）公司治理失效，指有的公司决策机制缺乏制衡，内部股权斗争激烈，严重影响公司正常经营。董事会不了解保险业发展规律和公司经营情况，无法起到对管理层的指导和约束作用。

（6）合规意识淡漠，指少数公司对依法合规经营的要求根本不重视，打监管政策的擦边球，重视市场规模，轻视市场规范，追求私利不顾公司和公众利益，游走在违法违规边缘。

（7）公司内控薄弱，指有的公司核心内控制度不健全，运作机制和流程不完善，没有形成一套以制度管人、管事、管机构的有效运作机制和运作流程，导致公司经营稳定性差。

（8）激励机制扭曲，指有的公司没有充分运用科学考核机制引导员工树立理性竞争理念，仅仅将经营费用与保费规模密切挂钩，没有将效益指标作为重要考核内容，造成公司盲目扩张保费规模，从而容易积累风险。

这些问题极大地破坏了保险的形象和社会对保险业的信任。保险遭到人们一些诟病，也给社会经济发展带来了一些负面影响。保险业要消除这些负面影响，必须在思想上统一认识，回归本原，围绕保障人民美好生活这个核心，服务实体经济这条主线，发挥好保险的功能和作用，服务于国家战略和人民福祉。

思想源于行动，又指导着行动。海涅在《论德国宗教和哲学的历史》中说："思想走在行动之前，就像闪电走在雷鸣之前一样。"如果思想出现问题，行为肯定就会跑偏。卢梭在《社会契约论》中说："当我向一个目标走去的时候，首先必须是我心里想走到哪里去，其次是我的腿使我走到哪里去。"迈进新时代，开启新征程，迫切需要思想武器、行动指南。国家如此，行业亦如此。把分摊损失、风险转移和经济补偿即提供风险保障确立为保险业必须长期坚持的指导思想，这就是保险业指导思想的一次回归，也是一次与时俱进的飞跃，是保险业的拨乱反正也是顺应发展大势的必然抉择。站在历史的新起点，让我们用新的思想火炬的光芒，照亮保险的新方向。保险业必须在思想上始终坚持保险本原。思想如灵魂，不能游离于躯体之外，保障就是保险的躯体。保障就是分摊损失、风险转移和经济补偿，始终不渝地坚持这一点，才能保证保险正确的方向，保险才能叫保险，才能有价值、受欢迎。这是保险业基本逻辑、也是最高逻辑。赶上这个伟大的新时代，是我们这一代保险人的幸运。

牢牢树立"保险业姓保"的思想不动摇，使保险业在社会抵御风险、提高人们生活质量、提升社会安全感等方面发挥积极作用。坚持"保险业姓保"，扩大保险覆盖面、渗透度和普惠性，健全商业保险作为社会保障体系支柱的功能，彰显"雪中送炭"的天然属性；发挥保险机制的精准优势，服务经济社会发展大局，加快落地保险助力实体经济发展的功能；围绕国家宏观经济政策和产业政策调整，加大产品服务创新，加密社会风险保障网；以保险资金服务保险主业，提升保障型业务发展能力，提升保险业自身的安全程度。

保险业姓保：2016 年 12 月 13 日下午，保监会召开专题会议，会议指出"保险业姓保"是指要分清保障与投资属性的主次。保障是保险业根本功能，投资是辅助功能，是为了更好地保障，必须服务和服从于保障，决不能本末倒置。要坚持长期投资、价值投资、稳健投资，起到支持实体经济、促进资本市场稳定健康发展的作用。

保险业要牢记"不忘初心，方得始终"。保险业无论价值理念、发展理念还是产品、服务、销售，或是愿景、战略、管理，都要紧密结合初心和使命。在历史变迁中始终坚持追根溯源的"不忘初心"，保险依托其"提供保障和风险管理"的"初心"得以保持旺盛生命力。

保监会陈文辉副主席曾就金融业偏离主业的风险时强调，"这是一个战略层级的风险，对企业、行业都会产生整体上的影响。一些金融机构忘记本源、偏离主业，盲目搞多元化、全牌照，热衷于跑马圈地挣快钱，导致主业不主、副业不副，有的甚至是种了别人的田，荒了自己的地。这种现象在金融业各个领域都不同程度地存在着，有的甚至通过通道、表外等方式规避监管，如果把握不好就会出现大的风险。"思想的回归会伴随着阵痛，习惯于原有的模式和做法往往会不适应，但只要思想转变了，回归了，就会有行动的改变、模式的调整。思想的回归最好是主动的、快速的回归，如果过慢或者是被动，那么代价可能会很大或惨痛。在保险业里目前应该还有不在少数的高级管理人员还停留在原有的思路之中，不但发展粗放，更重要的是把保险当成快速挣钱的工具和途径，并没有把保险的功能发挥太当回事，思想深处就是快速上规模，不择手段恶性竞争。要把保险当成事业而且是崇高的事业来做，不能把保险当赚钱的工具来做。

二、理论回归

理论是人们对自然、社会现象，按照已有的知识或者认知，经由归纳与推理等方法，得出合乎逻辑的结论，在某行业或某一范围内具有普遍适用性，对人们的行为具有指导作用。例如经济理论、医学理论、军事理论等。然而理论也有对错、好坏，这是由人类的实践水平和认知能力决定的，理论靠实践去检验和发展。正确的理论能透过事物的现象，抓住了事物的本质，反映了事物发展规律，为人们提供科学的方法、提高认识能力、提供科学的工具，因而能够使我们综观全局、高瞻远瞩、确定事物前进的方向，从而指导人们的实践。正确的理论是人们在实践中不可缺少的，没有正确的理论指导的实践是盲目的，甚至是危险的。

任何理论都是在一定的历史条件下产生的，客观事物都是在变化、发展的，因此，理论一定要随着实践的发展而发展，以符合变化了的客观情况，做到理论和实践的统一。保险的理论也是如此，有些理论确已有几百或几千年的历史，尚需要继续坚持；有的理论可能只有几年的时间，确需放弃或修改。保险理论有很多，如可保风险理论、产品定价理论、保险职能理论、保险营销理论、现代保险服务业理论等。我认为，总体而言保险理论应该在以下几个方面进行明确：第一，保险是什么？第二，保险的功能是什么？第三，保险业的定位。这几个问题是最基础、最核心的问题，如果这几个问题没有明确界定和准确定位，保险业就容易出现偏差。

（一）保险是什么

保险是什么至今没有一个确切的定义，都是从不同角度做出一些解释。第一种解释，保险本意是稳妥可靠保障，后延伸成一种保障机制，是用来规划人生财务的一种工具，是市场经济条件下风险管理的基本手段，是金融体系和社会保障体系的重要的支柱。第二种解释，保险是指投保人根据合同约定，向保险人支付保险费，保险人对于合同约定的可能发生的事故因其发生所造成的财产损失承担赔偿保险金责任，或者被保险人死亡、伤残、疾病或者达到合同约定的年龄、期限等条件时承担给付保险金责任的商业保险行为。第三种解释，从经济角度看，保险是分摊意外事故损失的一种财务安排；从法律角度看，保险是一种合同行为，是一方同意补偿另一方损失的一种合同安排；从社会角度看，保险是社会经济保障制度的重要组成部分，是社会生产和社会生活"精巧的稳定器"；从风险管理角度看，保险是风险管理的一种方法。下面就三种解释简单分析。

第一种解释的前两句"保险本意是稳妥可靠保障，后延伸成一种保障机制"可以理解为对保险的基本定义，后三句可以理解为是"保障机制"的作用或是对"保障机制"的进一步说明。第二种解释是《保险法》对商业保险的界定，是《保险法》的调整范围。不是对保险的定义，也不是对保险的解释。第三种解释分别从经济的角度、法律的角度、社会的角度和风险管理的角度对保险进行解释。从经济角度保险是一种财务安排；从法律角度保险是一种合同行为；从社会角度保险是社会经济保障制度的重要组成部分；从风险管理角度保险是风险管理的一种方法。每一个角度都不能全面概括保险。鉴于上述分析，只有第一种解释的前两句最接近对保险的定义，即"保险本意是稳妥可靠保障，后延伸成一种保障机制"。也可简单地说，保险是"保障"或"保险是保障机制"。

明确保险的定义的意义在于：可以区分保险与非保险；可以区分保险产品与非保险产品；可以区分保险行业主业与副业；可以区分保单的价值。

（二）保险的功能是什么

保险的功能取决于保险的定义，如果说保险是保障或保障机制，那么保险的功能就是提供风险保障。具体而言，保险的功能有三，一是损失分摊功能，二是风险转移功能，三是经济补偿功能。这在前面章节已做了细致的论述（本书作者关于保险功能论说属于作者一家之言）。关于保险的功能有多种说法，目前主流的说法是，现代保险主要具有三大功能：经济补偿功能、资金融通功能和社会管理功能，这一学说一经确立，确实极大地促进了保险业的发展，使保险业站位更高，视野更宽。但我认为，这应该是现代保险服务业的功能，而不是保险的功能。保险的功能是不是要区分角度，对不同的对象来定位？更准确地说，是否把保险对于消费者的需求定位为保险的功能更合适？保险的功和保险的作用不是一回事，功能是属性，作用是功能的表现形式和结果。保险和保险行业也不是同一回事，正如汽车不同于汽车生产厂和运输公司一样。希望业界、学界或监管部门对保险的功能进行分析和论证。使保险行业方向明确、聚焦主业，避免分散精力，充分发挥保险风险保障的作用。保监会副主席陈文辉曾指出："保险业发展得好，消费者、从业人员和资本都将从中受益，但首先要保证消费者的利益是第一位的，消费者必须有获得感。这是我国社会主义性质决定的，也是保险业长期健康发展的基石。"

按照保单属性，保险分为两类，一类是无现金价值保险，如财产保险、意外保险和部分健康保险，这类保险属于纯消费类保险，消费的是保障，这类保单不具有金融属性。另一类是有现金价值保险，如传统寿险、养老保险和投资型寿险，这类保险具有金融属性，属于"消费类保险＋储蓄理财"，是保险产品和金融产品的组合，消费的是保障，属于保险，但投资理财不属于保险范畴，是借助保险标的，以保险的名义进行的代为理财行为，是金融产品与保险产品的混装，投资理财完全可以用相关产品替代。储蓄理财功能与原来的载体（储蓄理财产品）分离，经过创新方案与另一个载体（保险产品）结合起来，这是功能的载体替代。我认为，保险本身不具有金融属性，它是个消费品，消费的是"保障"。但某些保险产品搭载和结合了金融产品，使得这类保险产品具有保险和金融双重属性。需要辩证地看待、准确地把握保险的保障属性和金融属性。一段时间以来，个别保险公司盲目扩张，部分保险产品设计偏离保险本原，保障功能弱化，实际上成了投资品，偏离了保险轨道。这和保险的功能界定不够明确有直接的关系。

（三）保险业的定位

2006 年《国务院关于加快保险业改革发展的若干意见》对保险业的定位是，保险业是市场经济条件下风险管理的基本手段。保险业与风险管理密不可分，这一定论是很准确的。2014 年《国务院关于加快发展现代保险服务业的若干意见》明确将保险业定位为现代服务业，"保险是现代经济的重要产业和风险管理的基本手段，是社会文明水平、经济发达程度、社会治理能力的重要标志。要使现代保险服务业成为完善金融体系的支柱力量、改善民生保障的有力支撑、创新社会管理的有效机制、促进经济提质增效升级的高效引擎和转变政府职能的重要抓手"。这是政府对保险业最新的定位。现代服务业范围很广，保险业也是其中之一。但保险的定位我觉得不甚清晰、明了。

我认为，保险业是具有金融属性的风险保障业，风险保障是核心，金融属性是从属。

保险产品往往既包含保障又包含投资，与金融密不可分，但保险又不是纯粹的金融，保险与金融有本质的区别：金融是资金的融通，是"资源跨期配置"，而保险的风险保障强调的却是"资源跨状态配置"。资源跨状态配置与跨期配置结合，增加了资源跨期配置手段，进一步实现资源高效配置。如果过多地强调保险具有"资金融通"的金融属性，保险就变得与银行和证券没有明显的区别，本质功能不突出。如果将保险的核心功能定位为"风险保障"，保险就不可或缺，因为保险的风险保障以及跨状态的资源配置功能，其他行业无法替代。

资源跨期配置：资源在不同时点上具有不同的价值，因此需要资源实现跨期配置。资源跨期配置满足的法则为不同时间点上单位资源价格的边际价值相等原则，不同时点资源的价格不同，这之间存在利率，今天的资源相对于明天等量资源价格为合成利率。一般而言，资源都会增殖，于是利率都大于零，而增殖是通过将资源再经历跨部门配置实现。资源的跨期配置使得资源的获得渠道增多，并使得人类生产的成果能够更大范围共享。资源的跨期配置是国民财富加速积累的引擎，发挥资源跨期配置就是建立各类具备国际竞争力的金融市场体系，带动全球资源助推中国发展。

资源跨状态配置：市场主体在经济活动中总是受到各种随机冲击，为了平滑自己在经济活动中的连续性，于是呼唤有这样一种机构存在，使得不同状态下资源的配置有连续性。通过在好状态时节流资源以补充不好状态时的资源不足，这就是资源的跨状态配置。在人类经济发展史上，资源跨状态配置存在已久，资源跨状态配置的实现途径是保险市场，资源跨状态配置满足的法则是单位状态价格下资源的边际价值相等。各类保险机构在市场中收集了大量的资源，它需要增殖，而实现的途径就是通过资源跨期配置，因此保险市场和金融市场天然联系一起，以至于现代保险机构都可以视为金融机构。

三、制度回归

制度是国家机关、社会团体、企事业单位，为了维护正常的工作、劳动、学习、生活的秩序，保证国家各项政策的顺利执行和各项工作的正常开展，依照法律、法令、政策而制订的具有法规性或指导性与约束力的文件，是各种行政法规、章程、制度、公约的总称。2017 年，面对"野蛮人"和"不务正业"的指责，监管部门引导保险行业回归本原，做强主业，密集出台了一系列规范性文件和相关规定，立竿见影，效果明显。

保监会"1＋4"系列文件。"1"指《关于进一步加强保险监管维护保险业稳定健康发展的通知》（保监发〔2017〕34 号），是保监会总的监管思路的体现；"4"指分别落实的四个文件，《中国保监会关于进一步加强保险业风险防控工作的通知》（保监发〔2017〕35 号）、《中国保监会关于强化保险监管

打击违法违规行为 整治市场乱象的通知》(保监发〔2017〕40号)、《中国保监会关于保险业支持实体经济发展的指导意见》(保监发〔2017〕42号)《中国保监会关于弥补监管短板构建严密有效保险监管体系的通知》(保监发〔2017〕44号)。文件对保险监管和行业改革做出总体部署,明确当前和今后一个时期加强保险监管、治理市场乱象、补齐监管短板、防范行业风险的任务和要求。

保监会《关于规范人身保险公司产品开发设计行为的通知》(保监人身险〔2017〕134号,以下简称"134号文")。134号文从险种设计导向、展现形式、保障内容上提出了明确要求,是"保险姓保"概念的落地,防止"销售误导"的有效措施,促进中国保险业更加成熟发展的里程碑。其中最重要的两条是:(一)两全保险产品、年金保险产品,首次生存保险金给付应在保单生效满5年之后,且每年给付或部分领取比例不得超过已交保险费的20%;(二)保险公司不得以附加险形式设计万能型保险产品或投资联结型保险产品。

2012年以来,一些激进的中小型险企为了快速做大规模,将万能险当成理财产品来做,减少初始费用,缩短存续期限,提升结算利率,压缩保障功能,甚至出现了"零保障"的万能险产品,与保险完全脱节。134号文出台之后,一大批保险产品停售,一些热门产品——快速返还型年金险和附加万能险退出了历史舞台。

保监财险〔2017〕174号文,重点打击违法违规行为,整治市场乱象,维护车险消费者合法权益,促进车险市场持续健康发展。要求各产险公司:(1)不得忽视内控合规和风险管控,盲目拼规模、抢份额。不得向分支机构下达不切实际的保费增长任务。不得以低于成本的价格销售车险产品,开展不正当竞争。(2)据实列支各项经营管理费用,确保业务财务数据真实、准确、完整。(3)不得委托未取得合法资格的机构从事保险销售活动,不得向不具备合法资格的机构支付车险手续费。不得直接或委托中介机构开展异地车险业务。(4)不得委托或允许不具备保险中介合法资格的第三方网络平台在其网页上开展保费试算、报价比价、业务推介、资金支付等保险销售活动。(5)按照规定报批和使用车险条款费率。不得通过返还或赠送现金、预付卡、有价证券、保险产品、购物券、实物或采取积分折抵保费、积分兑换商品等方式，给予或者承诺给予投保人、被保险人保险合同约定以外的利益。不得以参与其他机构或个人组织的促销活动等方式变相违法支付保险合同约定以外的利益。提供机动车辆防灾减损、道路救援等服务，应在保险单特别约定栏目予以注明，并在中国保险行业协会进行登记。（6）不得利用业务便利为其他机构或个人牟取不正当利益。（7）不得违规调整未决赔款准备金以调节不同时期、不同地域、不同分支机构、不同险种之间的赔付率数据，导致车险业务财务数据不真实。（8）不得以拖赔、惜赔、无理拒赔等方式损害保险消费者合法权益，不得要求消费者提供不必要的索赔证明文件。优化理赔资源配置，保证理赔服务场所、服务工具、理赔人员配备充足。对于违法违规行为，应依法采取限制保险机构业务范围、责令保险机构停止接受车险新业务、吊销保险机构业务许可证、撤销高管人员任职资格等措施，从严从重从快进行行政处罚。存在套取手续费或其他费用用于商业贿赂，以及其他贪污、挪用、侵占等行为的，应及时向司法机关移交案件线索。

《中国保险业发展"十三五"规划纲要》（以下简称《纲要》），根据《中华人民共和国国民经济和社会发展第十三个五年规划纲要》和《关于加快发展现代保险服务业的若干意见》（国发〔2014〕29号）编制，主要明确"十三五"时期（2016—2020年）我国"保险业的指导思想"、"发展目标"、"重点任务和政策措施"，是未来几年保险业科学发展的宏伟蓝图、全行业改革创新的行动纲领、保险监管部门履行职责的重要依据。因此，对于十九大后新要求，新情况，应该就有关问题或有关方面应进行调整和修改，以更好地指导保险实践，为新时代做出应有的贡献。

十三五时期我国保险业发展的指导思想：全面贯彻党的十八大和十八届三中、四中、五中全会精神，以邓小平理论、"三个代表"重要思想、科学发展观为指导，深入贯彻习近平总书记系列重要讲话精神，立足于服务国家治理体系和治理能力现代化，主动适应经济发展新常态的形势和要求，以供给侧结构性改革为主线，扩大有效保险供给、满足社会日益增长的多元化保险服务需求为出发点，牢固树立和贯彻落实创新、协调、绿色、开放、共享的发展理念，提高发展质量和效益，建设有市场竞争力、富有创造力和充满活力的现代保险服务业。优化供给，创新发展。深化改革，协调发展。提质增效，科学发展。融入全球，开放发展。以人为本，共享发展。依法监管，健康发展。

十三五时期我国保险业发展的主要目标：到2020年，基本建成保障全面、功能完善、安全稳健、诚信规范，具有较强服务能力、创新能力和国际竞争力，与我国经济社会发展需求相适应的现代保险服务业，努力由保险大国向保险强国转变，使保险成为政府、企业、居民风险管理和财富管理的基本手段，成为提高保障水平和保障质量的重要渠道，成为政府改进公共服务、加强社会治理和推进金融扶贫的有效工具。具体目标是：保险业实现中高速增长。到2020年，全国保险保费收入争取达到4.5万亿元左右，保险深度达到5%，保险密度达到3500元/人，保险业总资产争取达到25万亿元左右。大型保险集团综合实力和国际影响力稳步提高，中小型保险公司实现差异化、特色化发展，保险市场体系丰富多元。产品和服务供给更优，行业影响力显著增强，消费者满意度普遍提高，法治化水平显著提高，监管现代化不断深入。

重点任务和政策措施：（1）深化改革，增强行业可持续发展动力。（2）开拓创新，提高服务经济社会发展能力。（3）服务民生，构筑保险民生保障网。（4）提效升级，发挥保险资金支持经济建设作用。（5）开放发展，提升保险业国际竞争力。（6）加强监管，筑牢风险防范底线。（7）夯实基础，持续改善保险业发展环境。（8）人才为本，建设高素质人才队伍。（9）科学统筹，保证《纲要》顺利实施。

2017年，保监会在防风险、治乱象、补短板、服务实体经济等方面采取有力措施，取得了明显成效。保监会治理的保险业乱象主要包括以下四个方面。

销售乱象：重点整治保险公司、保险中介机构和保险销售从业人员将保险产品混同为银行存款或理财产品进行销售、"存单变保单"，将保险产品与存款、国债、基金、信托等进行片面比较或承诺、夸大收益等问题。重点整治通过各种名义和形式给予或承诺给予投保人、被保险人、受益人保险合同约定以外的保费回扣或其他利益等问题。严厉打击保险销售从业人员制造传播虚假信息进行销售误导，通过歪曲监管政策、炒作产品停售等方式进行产品促销，以捏造、散布虚假事实等方式诋毁同业商誉等违法违规行为。

渠道乱象：重点整治保险中介机构擅自印制使用保险产品宣传资料，使用"商业银行和保险公司联合推出"等类似宣传用语混淆保险经营主体、误导保险消费者，以及在客户投诉、退保等事件发生时消极处理、拖延推诿等问题。严厉打击保险公司对保险代理人"恶意挖角"，通过虚列费用套取资金向中介渠道账外暗中支付手续费或其他利益等方式扰乱保险市场秩序、进行恶性竞争等违法违规问题。

产品乱象：重点整治保险公司"长险短做"，通过保单贷款、部分领取、减少保额等方式变相改变保险期间、变相提高或降低产品现金价值、变相突破监管规定，扰乱保险市场秩序。重点整治保险公司、保险中介机构和保险销售人员通过发布拼噱头、博眼球等不实信息，不如实、准确介绍产品责任、功能和保险期间，欺骗、误导保险消费者等违法违规问题。

非法经营：重点整治不具有合法资质的第三方网络平台非法经营保险业务。严厉打击保险中介机构、保险销售人员利用保险业务进行非法集资、传销或洗钱等非法活动，利用开展保险业务为其他机构或个人牟取非法利益，销售未经审批的非保险金融产品等违法违规问题。

在这一年里，保监会以"1+4"系列文件为抓手，保险市场发展稳中向好，产品保障功能凸显，资金运用收益稳步增长，保险科技广泛应用，行业风险防控能力持续增强。统计数据显示，2017 年全行业实现原保险保费收入 3.66 万亿元，同比增长 18.16%。业务结构持续调整，行业转型成效初显。从寿险业务结构看，普通寿险业务规模保费占比 47.2%，较去年底上升 11.1 个百分点；万能险 19.95%，下降 16.9 个百分点。业务正在转型中回归保障，保费规模出现"瘦身"，但同时也面临退保风险以及中小险企在公司治理中存在的问题。

监管的首要任务是制定科学的游戏规则，营造公平的竞争环境，让市场主体都在这个公平的竞争环境里面来经营，防止"市场失灵"和重大风险积累，最终推动整个行业的发展。2018 年，严监管依然是行业主旋律，将聚焦股权、资本、资金运用等突出风险和农业保险、中介市场、互联网保险等重点领域，同时出台一些办法和政策。如税延养老险落地的办法、新能源车专用险具体细则、修订后的《保险资金运用管理办法》，及《保险资产负债管理监管办法》《保险经纪人监管规定》《保险公估人监管规定》等。保监会强调，保险监管要"长牙齿"，让违规者长记性，不能只说不做。监管不能只靠风险提示和道义劝说，要敢于做出不同于市场的独立判断，而不是被市场的意志所左右。一如卢梭所言："一旦人们可以不受惩罚地不服从，人们就会正大光明地不再服从。"要敢于质疑，能够说"不"，拒绝监管上的"父爱主义"，提高依法监管的能力。

第二章　践行保障

提升保险密度

提升保险密度，即提升保费密度、保额密度和保单密度三个指标。提高人身保险密度意义更大，如我国人均持有保单险密度。

拓展保险广度

保险广度是指已承保数与可保数的比例，为了拓展保险广度，要设定一定的目标，做到目标明确、量化管理。

加大保险力度

保险力度是实实在在的赔付指标，赔款越多力度越大，行业的贡献度也越大，社会也就更认可保险业，保险业受益也会大。

一、提升保险密度

保险密度标志着某一地区保险业务的发展程度，也反映了该地区经济发展的状况与人们保险意识的强弱。按照《国务院关于加快发展现代保险服务业的若干意见》中设立的"2020 目标"，保险密度要从 2016 年的 2258 元 / 人，上升到 3500 元 / 人。

密度指标适合于衡量人身保险的发展和保障程度，因为人身保险一般由投保人或被保险人主观愿望决定保险金额，更能反映投保人的购买意愿和购买能力，保险标的不论是身体还是生命都是一样的（没有固定价格）。而对于财产保险标的的差异特别巨大，保费、保额相差悬殊，购买又不是个人愿望决定的，财产险保费绝大多数是单位承保，对于法人出资承保的财产保险与个人没有关系，个人也不直接受保障，因此人均保费计数的保险密度本身意义不大。

传统保险密度是人均保费，但在本书第三部分保险功能与作用第三章里扩展了这个概念的内涵，凡是按人均的口径统计的指标均称为保险密度。产生了人均保费、人均保额和人均保单三个保险密度，即保费密度、保额密度和保单密度。长期以来，我们一直将人均保险费作为保险密度的指标，忽视保险金额和保单数量指标。由于保险产品的特殊性，保险费指标很难正确反映保险保障程度。所以，保费密度、保额密度和保单密度三方面的保险密度才比较全面。尤其在人身保险业务中，很多产品被内含了一些与保险保障无关的内容，形成保险费增长、保险金额下降的情况。例如 2016 年，在人身保障方面，我国人均持有保单仅有 0.13 张，而美国为 3.5 张，日本为 8 张。

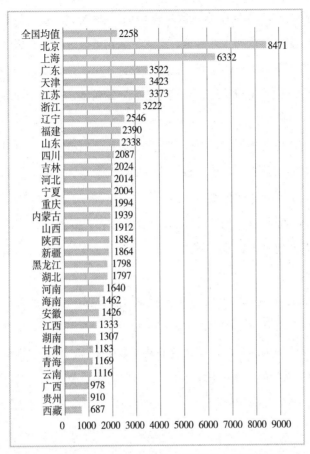

图4-1 2016年我国保险密度统计图（保费密度）

中国的保险密度比较低，那么如何提升保险密度？由于人数是相对稳定变化的，要提升保险密度就必须提高保费、保额或保单数量。这是系统工程，也并非一日之功，我认为首先要做到以下几点：

（1）提升国人保险意识。发挥新闻媒体宣传和引导作用，利用广播、电视、平面及互联网等开办专门的保险频道或节目栏目，在全社会形成学保险、懂保险、用保险的氛围。加强大中小学、职业院校学生风险管理与保险意识教育。保险监管部门、行业协会、学会、高等院校及保险企业推进保险知识进学校、进社区、进农村、进机关、进企业。

（2）加强人才队伍建设。加大产品研发、核保核赔、风险管理、精算、互联网等专业人才的培养力度，造就一批具有国际视野、富有创新精神的高素质人才队伍，实施开放的人才政策，扩大引入海外人才、跨界人才，打造高层次人才向保险业聚集的整体态势。优化行业人才结构、畅通人才流动渠道、实施高管人员市场化聘用与管理，突出专业人才的价值，提升技术人才对行业支持水平。

（3）完善《保险法》。相关部门应适用时修改《保险法》和相应规章制度，出台新形势下的相关制度，建立科学完善的保险监管体系和制度框架，为保险行业发展提高优质的法律环境。

（4）塑造行业形象。厚植保险行业价值理念，推进保险系统文化工程建设，构建保险文化建设长效机制和交互平台，促进保险文化传播和落地，树立行业正面形象。

（5）加强行业信息化建设。加快行业风险数据库、信息共享平台、保单登记管理平台等基础设施建设；加大与医疗卫生、道路交通、应急管理、银行征信等相关部门的沟通协调，扩大行业共享数据来源；构建以保险功能服务和风险监测为核心的统计指标体系，推动云计算、大数据、人工智能等应用，加快数据采集、整合和应用分析。

二、拓展保险广度

我们可以对不同险种进行分析，观察该险种的普及程度，比如，2016年，在人身保障方面，我国寿险保单持有人只占总人口的8％。近年来，保险业快速发展，大病保险覆盖10.1亿人，巨灾保险落地，农业保险持续扩大，商业税优健康保险正式推出，商业税延养老保险即将试点，全方位保险扶贫保障体系初步形成……

大病保险是对城乡居民因患大病发生的高额医疗费用给予报销，目的是解决"因病致贫、因病返贫"问题，使绝大部分人不会因为疾病陷入经济困境。2012年8月30日，国家发改委、卫生部、财政部、人社部、民政部、保监督会等六部委《关于开展城乡居民大病保险工作的指导意见》发布，明确针对城镇居民医保、新农合参保（合）人大病负担重的情况，引入市场机制，建立大病保险制度，减轻城乡居民的大病负担，大病医保报销比例不低于50%。

巨灾保险是指对因发生地震、飓风、海啸、洪水等自然灾害，可能造成巨大财产损失和严重人员伤亡的风险，通过巨灾保险制度，分散风险。巨灾的显著特点是发生的频率很低，但一旦发生，其影响范围之广、损失程度之大，一般超出人们的预期，由此累计造成的损失往往超过了承受主体的承受能力，并极可能最终演变成承受主体的灭顶之灾。

农业保险是指专为农业生产者在从事种植业和养殖业生产过程中，对遭受自然灾害和意外事故所造成的经济损失提供保障的一种保险。按农业种类不同分为种植业保险、养殖业保险和林木保险；按危险性质分为自然灾害损失险、疾病死亡保险、意外事故损失保险；按保险责任范围不同，可分为基本责任险、综合责任险和一切险。

商业税优健康保险是指纳税人在购买商业健康险后，可以在当年（月）计税时予以税前抵扣的部分。

商业税延养老保险是指投保人在税前支付保费，在领取保险金时再缴纳个人所得税，和个人收入纳税后才能购买商业保险有所不同。个人税收递延型养老保险实质上是国家在政策上给予购买养老保险产品个人的税收优惠，能够为个人减轻税负。

2017年财产保险行业保费收入首次突破万亿大关，达到10541亿元，同比增长13.8%，行业提供风险保额3030万亿元，同比增长136.2%。农业保险承保主要农作物21亿亩，约占全国播种面积的84.1%。责任险提供风险保障金额252万亿元，同比增长113.6%，其中"环境污染责任保险"为1.6万余家企业提供风险保障306亿元。巨灾保险出单244万笔，风险保障金额达1055亿元。保险扶贫工作形成了"监管引领、行业参与、协同作战、合力攻坚"的工作格局。妥善化解信用保证保险风险，切实保护投资者利益。商业车险改革成果更多地惠及人民群众，在责任范围扩大的前提下，商车险车均保费较改革前下降16.7%。巨灾保险建设实践探索不断推进，张家口成为全国首个政府全额出资、区域统保的城市，四川"住宅地震保险"逐步与全国并轨。

环境污染责任保险：一种以企业发生污染事故对第三者造成的损害依法应承担的赔偿责任为标的的保险。它是一种特殊的责任保险，是在二战以后经济迅速发展、环境问题日益突出的背景下诞生的。在环境污染责任保险关系中，保险人承担了被保险人因意外造成环境污染的经济赔偿和治理成本，使污染受害者在被保险人无力赔偿的情况下也能及时得到给付。

住宅地震保险：2016 年 5 月 11 日，中国保监会、财政部以保监发〔2016〕39 号印发《建立城乡居民住宅地震巨灾保险制度实施方案》。该《方案》分基本思路和实施原则、保障方案、运行模式、实施步骤、保障措施 5 部分。保监会、财政部会同相关单位按照民生优先原则，选择地震灾害为主要灾因，以住宅这一城乡居民最重要的财产为保障对象，拟先行建立城乡居民住宅地震巨灾保险制度，在《地震巨灾保险条例》出台前开展实践探索。为保证制度顺利实施，制定本方案。以城乡居民住宅为保障对象，原则上以达到国家建筑质量要求（包括抗震设防标准）的建筑物本身及室内附属设施为主，以破坏性地震振动及其引起的海啸、火灾、爆炸、地陷、泥石流及滑坡等次生灾害为主要保险责任。运行初期，结合我国居民住宅的总体结构情况、平均再建成本、灾后补偿救助水平等情况，按城乡有别确定保险金额，城镇居民住宅基本保额每户 5 万元，农村居民住宅基本保额每户 2 万元。每户可参考房屋市场价值，根据需要与保险公司协商确定保险金额。考虑到保险业发展水平，运行初期，保险金额最高不超过 100 万元，以后根据运行情况逐步提高，100 万元以上部分可由保险公司提供商业保险补充。家庭拥有多处住房的，以住房地址为依据视为每户，可投保多户。

中国进入新时代，保险业的主要矛盾转化为不平衡不充分的保险供给与人民群众日益迸发、不断升级的保险需求之间的矛盾。从人民群众的需求看，我国人均 GDP 已达 8100 美元，到 2020 年将达到 1 万美元。2017 年全国居民"恩格尔系数"为 29.3%，达到联合国划分的富足标准。今后在生老病死、衣食住行、体育文娱等各个领域的保险服务将成为保障人民群众美好生活的必需品，保险供给不平衡不充分的问题在以上方面仍然突出。在业务结构上，健康、养老等长期寿险业务发展不足；车险占比过高，超过70%，企财险、责任险等专业险种的份额不高。这些现象体现了我国保险业供给不平衡的特点。同时，在医疗、农业、巨灾、责任保险等领域，仍然存在巨大的保障缺口。

恩格尔系数：食品支出总额占个人消费支出总额的比重。19世纪德国统计学家恩格尔根据统计资料，对消费结构的变化得出一个规律：一个家庭收入越少，家庭收入中（或总支出中）用来购买食物的支出所占的比例就越大，随着家庭收入的增加，家庭收入中（或总支出中）用来购买食物的支出比例则会下降。推而广之，一个国家越穷，每个国民的平均收入中（或平均支出中）用于购买食物的支出所占比例就越大，随着国家的富裕，这个比例呈下降趋势。联合国根据恩格尔系数的大小，对世界各国的生活水平有一个划分标准，即一个国家平均家庭恩格尔系数大于60%为贫穷；50%~60%为温饱；40%~50%为小康；30%~40%属于相对富裕；20%~30%为富足；20%以下为极其富裕。

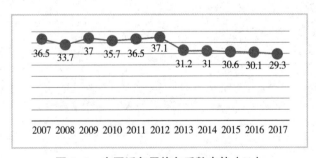

图4-2　中国近年恩格尔系数走势（%）

为了拓展保险广度，要设定一定的目标，做到目标明确、量化管理。到2020年，全国保险保费收入将达到4.5万亿左右。那么，我假设把保险业务分成五类，强制类、普及类、政策类、一般类和特种类，然后设定保险广度的目标值，以促进保险广度的大幅度扩展。保险广度目标如表4-1所示。

表 4-1 保险广度目标统计表

项目	保险广度	财产保险	人身保险
强制性险种	95% 以上	交强险、船舶污染责任险、工程险、旅行社责任险	井下人员意外伤害险、危险作业职工意外险、
普及性险种	80% 以上	企财险、机动车商业险、飞机险、货运险、船舶险	意外伤害保险
政策性险种	60% 以上	种植险、养殖险	大病补充医疗保险
一般性险种	40% 以上	家财险、责任险、信用保证险	人寿保险、健康保险
特殊险种	20% 以上	巨灾险、科技险	税优养老险、税优健康险

　　本表只是很随意的简单举例，并没有经过严谨的论证，是想借此说明，要想拓展保险广度，就需要有个目标，并根据目标做出种种措施。

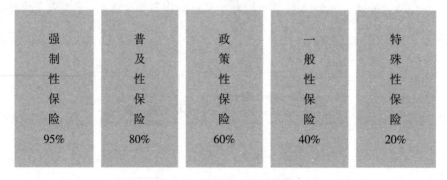

图 4-3 保险广度目标统计

　　根据"十三五"时期我国保险业发展的指导思想，拓展保险的广度可以从以下方面入手。

　　（1）优化供给。以创新驱动激发供给侧新动力，运用新理念、新思维、新技术，积极探索新产品、新渠道、新模式，形成以创新为主的保险业发展新业态、新动力。

（2）转型升级。实现需求升级与供给升级协调共进，优化市场主体结构和区域布局，提高保险业发展的均衡水平和整体效能。

（3）提质增效。发挥市场在资源配置中的决定性作用，精准施策，统筹兼顾，开创更有活力、更富品质的发展境界。

（4）对外开放。引入先进经营管理理念和技术，综合运用国际国内两个市场、两种资源，重视国内外保险市场联动效应，对标全球。

（5）以人为本。以保险消费者为中心，把服务人民群众生产生活、满足多样化风险保障需求作为保险发展的出发点和落脚点，实现"保险让生活更美好"的目标。

（6）依法监管。健全市场主体经营规则，强化保险公司合规经营，完善监管制度体系，提升监管的科学性和有效性，营造公平公正、有序竞争的市场环境。

（7）主体多元。大型保险集团发挥综合实力，中小型保险公司差异化、特色化，市场体系丰富多元，产品多层次、个性化保险需求得到基本满足。

（8）服务更优。有效化解理赔难、销售误导，保险服务手段更加丰富，服务效率和质量进一步提高，保险纠纷多元化解决，消费者合法利益得到有效保护，消费者投诉率大幅下降，行业赢得全社会的广泛认可。

拓展保险广度也具有服务国家重大战略的意义，具体可以从以下方面入手。

（1）支持经济转型升级。服务高端制造装备研发和生产，促进工业经济结构调整，健全首台（套）重大技术装备保险风险补偿机制，助力我国实施制造强国战略。发展科技保险，推进专利保险试点，为科技企业自主创新、融资、并购等提供全方位的保险服务。配合国家新能源战略，发展绿色保险，配套保险产品研发。围绕互联网开展商业模式、销售渠道、产品服务等领域的创新，促进互联网保险健康发展。推动小额贷款保证保险业务发展，为大众创业、万众创新提供融资增信服务。发展文化产业保险、物流保险，探索演艺、会展责任险等新兴保险业务，促进第三产业发展。发展住房、教育、旅游等领域保险服务，促进居民消费升级。

（2）服务社会治理创新。把与公众利益关系密切的环境污染、医疗责任、

233

食品安全、安全生产、建筑工程质量等领域作为责任保险发展重点，探索开展强制责任保险试点。发展雇主责任保险、职业责任保险、产品责任保险和公众责任保险，发展治安保险、社区综合保险等，发挥责任保险功能作用，用商业保险化解民事责任纠纷。

（3）参与国家灾害救助体系建设。争取将保险纳入灾害事故防范救助体系和公共安全管理体系，完善突发事件应急管理，建立救援人员人身安全保险制度，提升企业和居民利用商业保险应对灾害事故风险的意识。充分发挥保险费率杠杆的激励约束作用。开展城乡居民住宅地震巨灾保险。建立洪水、台风、核污染等巨灾政策保险制度。

（4）创新三农保险方式。完善《农业保险条例》和农业保险制度，加大农业保险政策支持力度，完善中国农业保险再保险共同体机制，建立农业保险大灾风险分散机制。开展地方特色农产品保险、天气指数保险、价格指数保险试点，扩大渔业保险、森林保险、农房保险、农机具保险覆盖范围，开展多种形式的农业互助合作保险，满足新型农业经营主体多样化需求。建立农业补贴、涉农信贷、农产品期货和农产品保险联动机制，扩大"保险＋期货"试点，推动保险支农融资业务创新。完善农业保险服务体系，保险机构与灾害预报部门、农业主管部门合作。扩大保险覆盖面，提高保障水平。

（5）提高保险服务创新能力。充分运用物联网、大数据等科技手段，完善企业财产保险、家庭财产保险、货运保险、意外伤害保险等险种的风险保障功能。丰富商业车险产品，完善商业车险价格形成机制。大力推进保单通俗化、标准化和承保理赔便捷化、规范化、科技化，运用电子保单、远程理赔等新的服务方式，提升保险机构管理水平和服务质量。

（6）保险助推扶贫攻坚。精准对接脱贫攻坚的保险需求。开发扶贫农业保险产品，满足贫困农户多样化、多层次的保险需求。针对低收入人群的意外、疾病、死亡、残疾等风险提供保障，大病保险向贫困人口予以倾斜。探索扶贫小额贷款保证保险等信贷扶贫模式。开展针对贫困家庭大中学生的助学贷款保证保险。参与转移就业扶贫。健全保险服务网络，完善贫困地区保险服务体系，依托村委会、居委会建设农村、社区保险服务站，开展面向基层群众的保险惠民服务。保险机构将资源向贫困地区和贫困人群倾斜。发展普惠保险，开发各类保障适度、保费低廉的小额保险产品。引导城乡居民在参加社会医疗保险的基础上，再投保小额人身保险等商业保障产品。

（7）拓展多层次养老保险服务。创新发展多种形式的商业养老保险产品，积极参与多层次社会养老保障体系建设，满足更高层次、差异化的社会保障需求。积极争取商业养老保险税收优惠政策，推出个人所得税递延型商业养老保险。扩大老年人住房反向抵押养老保险试点范围，发展独生子女家庭保障计划，探索对独生子女伤残、死亡家庭保障及无子女家庭保障的新模式。

（8）发展多元化健康保险。发展与基本医疗保险相衔接的补充医疗保险，开发各类医疗、疾病保险和失能收入损失保险等商业健康保险产品，全面推开个人税收优惠型商业健康保险。鼓励发展多种形式的商业护理保险。积极开发和提供疾病预防、健康体检、健康咨询、健康维护、慢性病管理、养生保健等健康管理服务，探索管理式医疗，降低医疗费用支出。

（9）促进大病保险稳健运行。提升大病保险的统筹层级，积极推进市（地）级统筹，鼓励省级统筹或全省统一政策、统一组织实施，提高抗风险能力。推动大病保险与基本医保、医疗救助、商业健康保险等医疗保障制度的有效衔接，实现商业保险信息与公共卫生、医疗服务、基本医保、医疗救助等信息共享，简化报销手续，优化服务流程，完善＂一站式＂大病保险服务。促进大病保险快速，健康运行。

（10）服务"一带一路"建设。建立保险业服务"一带一路"建设的工作机制，积极提供配套保险服务，发挥出口信用作用，提高信用保险覆盖面，增强对外工程承包重点行业的竞争能力，增加信用经营主体，丰富出口信用保险产品。保险公司加大在"一带一路"沿线投资保险的发展力度，争取财政支持政策。保险机构扩大对＂一带一路＂项目的承保和服务，构建境外服务网络。

（11）完善保险法治建设。加快修订《保险法》和保险监管制度的"废改立"工作，完善保险法律体系。完善保险代理人制度，实行保险产品分类监管，充分发挥法律制度对行业的引领、规范和约束作用。完善监管机制和行政处罚程序。加强立法协调，在社会治理、社会保障、财政税收、公共安全、应急处理等各领域立法中的保险地位。

（12）全面推进保险信用体系建设。建立涵盖保险企业信用、保险从业人员信用和保险消费者信用在内的保险业信用信息数据库。加强保险征信系统建设，满足保险征信需求。建设保险信用信息平台，推进信用信息交换与共享，推进保险机构与社保平台、身份识别系统的数据对接。搭建保险业信用管理标准体系，建立守信激励、失信惩戒约束机制，建立保险公司、保险中介机构信用评级制度。加强保险诚信文化建设，切实提升保险业社会形象。

三、加大保险力度

保险力度从整个社会来说，取决于保险密度和保险广度，与保险密度、保险广度正向关系，前两部分重点分析了提高密度和广度的方法，如果保险密度和保险广度大幅度提高，则保险的力度自然就会加大。因此，应该下大力气提升保险密度，拓展保险广度。

就单一保险标的、危险单位或单次保险事故来说，如果保险已经完全覆盖，那么其保险力度取决于承保方式、保额的充足程度及保险责任范围，概括来说取决于最终保险赔款的额度。数据显示，在国际上，保险赔付一般占自然灾害直接经济损失的30%~40%。最近10年，全球重大灾害事故造成经济损失的平均水平是2000亿美元，保险赔付是640亿美元，赔付比例是32%。而我国目前不到10%~20%，低于国际平均水平。因此要加大保险力度就必须选择好承保方式、尽量足额承保，同时保单责任要对风险进行全覆盖。对于通常不可保的风险尽可能通过附加险的方式承保或承保单一的风险保险，也许这种保险的保费会较常规风险保费高很多，但其保障更有必要。保险人应该在常规风险之外研究特种行业、特殊风险的保险需求，这对于加大保险力度往往作用更大。

现代保险的主要特征是"保险科技"被广泛深入的运用，保险需求更加多元、保险购买更加方便；保险保障更加全面、保险服务更加高效。保险的共性需求持续增加，个性需求越来越多；获得保险的渠道随之变多，线上线下高度融合，线下的便利店随处可见、线上的网店随手可得；从保险标的来看，不仅包括财产、人身和健康保障，也提供虚拟财产保障，共性的产品随便挑选、个性的保障开发很快。信息充分共享，风险数据采集方便，费率厘定科学，法律法规完善、服务周到细致且快速有效。

保险科技：保险科技是保险与科技的结合，而这其中科技又占到了主导地位。《中国保险科技发展白皮书》指出，保险科技是以包括区块链、人工智能、大数据、云计算、物联网等在内的科技为核心，围绕保险的方方面面进行表现，广泛运用于产品创新、保险营销和保险公司内部管理等方面，通过创建新的平台、运用新的技术服务保险消费者。

在传统保险业中，保险公司通常使用大数法则对保险产品进行设计和定价，而面对一些"大数法则"不适用的风险如巨灾风险时基本不敢触及；同样的，在一些小额、高频的领域，由于成本的限制，保险公司又不愿涉及，使得市场上的保险产品，不能充分满足客户的需求。在销售渠道方面，传统保险业绝大部分业务量都是借助线下的人员推销，由于有的人员缺乏专业保险知识或存在过度营销现象，人们对保险推销员或代理人员比较反感；也增加了保险公司的管理成本或中介成本，造成一定财务压力。此外，理赔难更是直接导致了人们对保险的信任度降低。我国总体的保费收入量虽然较大，但保险密度相对于其他发达国家而言还是有不小的差距。保险科技的出现，极大地提高了保险业对风险的认知能力和管理水平，对传统保险业起到了巨大的助推作用，改变保险业的商业模式的同时，为社会提供更多的保险服务。

我国是世界上受到灾害影响最大的国家之一，除了火山爆发之外，几乎面临所有的巨灾风险。目前我国的巨灾风险管理主要采用的是一种以中央政府为主导、地方政府紧密配合、以国家财政救济和社会捐助为主的模式，并没有建立专门的"巨灾保险体系"，尚未建立相应的"巨灾保险制度"。2008 年中国大陆地区有 17 次地震成灾事件。其中四川"5·12"汶川 8.0 级地震造成近69227 人死亡，17923 人失踪，373643 人受伤，地震造成直接经济损失 8451

亿元。其中财产损失超过 1400 亿元，保险赔付为 18 亿元，仅占总损失 0.21%，占财产损失的 1.23%，远低于国际 30% 的平均赔付率水平。目前，建立巨灾保险制度必要性更加凸显。保险业如何应对成为我们面临的一个课题。

巨灾保险体系：是指发挥商业保险公司在巨灾风险管理中的作用，建立以政府为主导、市场为辅助的全社会广泛参与的多层次、多支柱的巨灾保险及风险处置体系，以实现多方共担风险。

巨灾保险制度：是指对由于突发性的、无法预料、无法避免且危害特别严重的如地震、飓风、海啸、洪水、冰雪等所引发的大面积灾难性事故造成的财产损失和人身伤亡，给予切实保障的风险分散制度。

巨灾保险作为转移风险的有效方式，但巨灾对于商业保险公司来说是不可保的风险。主要原因在于：①缺乏大量同质的、独立分布的风险暴露，不适宜运用大数法则；②巨灾风险造成的损失异常难以预测，特别是几乎无法准确估计风险事故发生的频率；③巨灾造成的损失巨大，单个保险公司难以承担；④巨灾保险的保费往往非常昂贵，普通居民可能难以支付。因此，完全依靠商业保险体系承保地震风险等巨灾风险十分困难，建立完善的巨灾保险制度，有利于商业保险更好的进入巨灾保险体系，发挥资源配置的作用，各方面发挥最大作用，将损失充分分摊。2006 年 6 月，国务院颁发了《关于保险业改革发展的若干意见》，其中明确表示，我国要建立国家财政支持的巨灾风险保险体系。《十三五时期我国保险业发展规划纲要》规定，要推动出台《地震巨灾保险条例》，落实《建立城乡居民住宅地震巨灾保险制度实施方案》。研究建立覆盖洪水、台风等多灾因巨灾保险制度。研究建立地震巨灾保险基金，完善中国城乡居民住宅地震巨灾保险共同体运行机制，探索符合我国国情的巨灾指数保险试点，推动巨灾债券的应用，逐步形成财政支持下的多层次巨灾风险分散机制。推动建立核保险巨灾责任准备金制度。

第三章　重塑行业

重塑发展观

重塑行业发展理念，把以人民为中心作为保险业的根本追求，把保障人民对美好生活的向往作为奋斗目标。

重塑供给端

保险业在有效供给方面仍存在较大差距。生产、销售、服务可深度变革。

重塑评价体系

评价体系是行业核心价值的量化，有什么样的评价体系就会促进产生什么样的行业结果。

一、重塑发展观

重塑发展观，首先要明确为谁发展、怎样发展、发展什么等问题。保监会副主席黄洪曾指出："重塑行业理念，把以人民为中心作为保险业的根本追求。保险业必须把党的群众路线贯彻到行业发展和保险监管全部活动之中，把保障人民对美好生活的向往作为奋斗目标，要按照十九大强调的以人民为中心的理念，把人民群众需不需要、满不满意、获不获益、喜不喜欢作为检验保险业发展成果的根本标准，而不是把资产规模、行业影响、发展速度，甚至是资本的态度异化为检验标准。作为习近平新时代中国特色社会主义思想的重要内容，坚持以人民为中心必须在保险业不折不扣地贯彻落实。所有的保险公司和高级管理人员必须深刻认识到，在中国，背离了以人民为中心理念的保险公司没有生存和发展的土壤，这是中国保险业的政治逻辑、经济逻辑、市场逻辑和监管逻辑。"[1]

上述内容回答了为谁发展，怎么发展、发展什么的问题，明确了保险发展方向、内容、目的，纠正了对保险存在的错误观念，尤其是把保费规模指标当成保险业发展目的，只关心保费规模、增长率等倾向，盲目追求发展速度，认为只要做大规模就是英雄认识。不计后果、不择手段、不做主业、不顾大局的野蛮式发展，背离保险的本原，对保险业的健康发展不但没有贡献，反倒是造成伤害。

2017 年保险业发展稳中向好，行业加快回归本源，为重塑发展观开了好头，奠定了基础。2017 年保险市场发展稳中向好，保险保障功能凸显，保险保障功能较强的财产保险业务同比稳定增长，曾经附加多种形式理财功能的人身保险业务同比增速放缓，"保险姓保"与保险回归保障的理念得到贯彻，限制预定收益较高的短期两全、分红及年金保险产品的销售规模、剥离健康险

---

[1]　保监会黄洪副主席在参加新浪金麒麟 2017 保险高峰论坛上的讲话

业务附加的理财功能收到实际效果，寿险与健康险业务体现的保险保障功能更加突出。全行业实现原保险保费收入 36581.01 亿元，同比增长 18.16%。其中，财产险公司和人身险公司分别增长 13.76% 和 20.04%；赔付支出 11180.79 亿元，同比增长 6.35%。保险业资产总量 16.75 万亿元，较年初增长 10.80%。具体看，市场运行呈现以下特点：一是业务发展稳中向好，风险保障水平快速提高。财产保险业务积极向好，实现原保险保费收入 9834.66 亿元，同比增长 12.72%，增速上升 3.60 个百分点。与国计民生密切相关的责任保险和农业保险业务继续保持较快增长，分别实现原保险保费收入 451.27 亿元和 479.06 亿元，同比增长 24.54% 和 14.69%。人身保险业务增长放缓，实现原保险保费收入 26746.35 亿元，同比增长 20.29%，增速下降 16.22 个百分点。其中，寿险 21455.57 亿元，增长 23.01%；健康险 4389.46 亿元，增长 8.58%；意外险 901.32 亿元，增长 20.19%。二是风险保障水平大幅提高，2017 年，保险业为全社会提供风险保障 4154 万亿元，同比增长 75%。其中，机动车辆保险提供风险保障 169.12 万亿元，同比增长 26.51%；责任险 251.76 万亿元，同比增长 112.98%；寿险 31.73 万亿元，同比增长 59.79%；健康险 536.80 万亿元，同比增长 23.87%。寿险本年累计新增保单 1.11 亿件，净增加 0.73 亿件。

重塑发展观，要坚持"保险业姓保"，推动行业发挥长期稳健风险管理和保障功能，更好服务实体经济发展的理念不动摇。保险业是一个分散风险、管理风险的行业，要"提高保障和改善民生水平，加强和创新社会治理"，2017 年，从助推脱贫攻坚来看，农业保险为 2.13 亿户次农户提供风险保障金额 2.79 万亿元，同比增长 29.24%；支付赔款 334.49 亿元，增长 11.79%；4737.14 万户次贫困户和受灾农户受益，增长 23.92%。从服务实体经济来看，保险业定期存款余额超过 1.34 万亿元，是实体经济中长期贷款重要资金来源；以债券和股票为实体经济直接融资超过 7 万亿元，其中，支持"一带一路"建设投资规模达 8568.26 亿元；支持长江经济带和京津冀协同发展战略投资规模分别达 3652.48 亿元和 1567.99 亿元；支持清洁能源、资源节约与污染防治等绿色产业规模达 6676.35 亿元。从支持科技创新来看，科技保险为科技创新提供风险保障金额 1.19 万亿元；首台（套）重大技术装备保险为技术装备创新提供风险保障金额 821.71 亿元。从社会就业来看，保险公司代理人数持续快速增长。截至 2017 年底，保险代理人数达 806.94 万人，较年初增加 149.66 万人，较年初增长 22.77%。

重塑发展观，要以解决保险业的主要矛盾为首要任务。保险业的主要矛盾是保障人民群众的美好生活，解决不平衡不充分的保险供给与人民群众日益迸发、不断升级的保险需求之间的矛盾。黄洪副主席曾指出："要着力在增强人民群众的安全感、获得感和幸福感上下功夫。首先是安全感，这是对保险产品服务的基本要求。全国金融工作会议强调，要发挥保险的经济'减震器'和社会'稳定器'功能，这说明，为社会和人民提供安全感是保险服务的基本内涵。不仅要让人民群众过上富足的生活，而且不必为未来的生活而担心，这是美好生活的应有之义。其次是获得感，这是保险业的重要努力方向。任何一个行业，都存在发展成果由谁享有的问题。保险业发展得好，消费者、从业人员和资本都将从中受益，但首先要保证消费者的利益是第一位的，消费者必须有获得感。这是我国社会主义性质决定的，也是保险业长期健康发展的基石。第三是幸福感，这是中国共产党人的初心和使命在保险业的具体要求。习近平总书记反复强调，中国共产党人的初心和使命，就是为中国人民谋幸福，为中华民族谋复兴。无论是保险监管的监管理念、资源配置，还是保险行业的产品设计、保险服务，抑或是保险公司的经营愿景、战略规划、管理流程，都要和这一点紧密结合起来。保险行业存在很多为人诟病问题的重要原因，就是背离了行业为人民群众提供安全感、获得感和幸福感的要求。"[1]

重塑发展观，要以习近平新时期中国特色社会主义理论为指导思想，紧紧围绕十九大报告提出的"深化金融体制改革，增强金融服务实体经济能力"，"提高保障和改善民生水平，加强和创新社会治理"来进行。陈文辉指出："（1）以服务国家重大战略为抓手，支持保险资金参与'一带一路'、京津冀协同发展、雄安新区建设，更好服务创新驱动发展战略和《中国制造 2025》；推进农业保险'扩面提标增品'，服务国家脱贫攻坚战略。（2）以服务供给侧结构性

[1] 保监会黄洪副主席在参加新浪金麒麟暨 2017 保险高峰论坛上的讲话

改革为抓手，加快完善覆盖科技创新、装备应用、融资增信、产品责任、外贸出口等全方位的保险服务体系。（3）以服务民生保障为抓手，完善广覆盖的大病保险制度，发展多元化的商业健康、养老保险，积极拓展普惠保险，增强人民群众的获得感、幸福感和安全感。（4）以服务社会治理为抓手，发展巨灾保险，加快发展与公众利益关系密切的环境、食品、医疗、校园等领域的责任保险，提升社会治理的社会化和专业化水平。""当前保险业仍然存在发展不持续、不协调的问题。我们将有效践行创新、协调、绿色、开放、共享五大发展理念，深化生产要素改革，推动互联网、大数据、人工智能、基因检测等科技创新与保险经营深度融合，推动保险市场、业务、区域协调发展，让保险产品更多、服务更优，更好地满足人民日益增长的美好生活需要。"

重塑发展理念，要立足于服务国家治理体系和治理能力现代化，主动适应经济发展新形势和要求，以供给侧结构性改革为主线，扩大有效保险供给、解决不平衡不充分的保险供给与人民群众日益迸发、不断升级的保险需求之间的矛盾。提高发展质量和效益，建设有市场竞争力、富有创造力和充满活力的现代保险服务业。建设保障全面、功能完善、安全稳健、诚信规范，具有较强服务能力、创新能力，与我国经济社会发展需求相适应的现代保险服务业，使保险成为政府、企业、居民风险管理的基本手段，成为提高保障水平和保障质量的重要渠道，成为政府改进公共服务、加强社会治理和推进金融扶贫的有效工具。化解金融风险，补足民生短板，服务实体经济。

重塑发展观，要澄清一些模糊认识和改变实践中的习惯中的做法。主要以下几个方面：第一，进一步明确保险的功能、性质、定位问题，第二，进一步明确发展与保障、规模与效益、经济效益与社会效益问题，第三，明确"两个轮子"优先级问题，保险产品脱实向虚，保障不足问题，资本逐利与保险行业规律协调问题，第四，某些领域保险供给不足与个别领域竞争过度的不平衡问题，第五，保险主体市场准入与退出结合问题，第六，行业的正面宣传引导与监管惩处的约束结合问题，第七，扭转行业形象与消费者教育共同推进问题，第八，保险过度营销话术与保险消费者保险意识不强，需要提高社会保险意识问题。第九，防范风险与鼓励创新的政策导向问题，第十，责任风险领域的强制保险、民生及农业领域的政策性保险、巨灾领域的联合保险、一般风险的商业保险等协调发展问题。这些都属于重塑发展观的范畴，对行业的发展走势非常重要。

二、重塑供给端

保险业必须牢固树立"以保障为中心"的发展理念，深刻理解和把握客户的需要，解决保险发展中的主要矛盾，重塑供给端，不断进行供给侧结构性改革，提升保险业实力，通过重塑保险机构、重塑保险产品、重塑保险销售和重塑保险服务，解决发展不充分不平衡问题，满足社会保险需求。

（一）重塑保险机构

重塑保险机构要根据国家战略和保险业发展规划，制定保险主体的发展计划，包括发展数量、组织形式、地区分布、基本条件，完善并公布保险主体准入机制。推动保险主体层次、业务结构和区域布局优化升级，统筹培育与实体经济发展和改革创新相适应的保险主体格局。积极发展自保、相互等新型保险主体，丰富新业务形态和新商业模式。鼓励区域性、专业性保险公司发展，支持中小保险公司差异性、特色化发展。推动上海保险交易所的发展，建设智慧、科技的保险综合服务平台和保险运营基础平台，提升保险行业的服务能力、创新能力和管理能力。建设保险改革创新示范园区，合理布局保险主体和分支机构，加大对中西部地区保险资源的均衡配置，促进区域协调发展。

加强保险公司风险管控，优化股权结构，完善公司治理。加强对保险公司控股股东和实际控制人管理，对于个别保险公司受大股东实际控制，保险公司沦为大股东的小金库；个别保险公司以理财和投资功能的万能险业务为手段，脱离保障的实质。进行不恰当投资，尤其是万能险的规模过大，扰乱了资本市场的。及时排查、处置，推动问题公司通过"瘦身"和转型化解风险；对风险隐患较大的公司，及时采取处置措施；对违法违规和激进投资等各种市场乱象，要加强股权穿透管理，将单一股东最高股权比例从51%下调至1/3，解决大股东或实际控制人"一言堂"的问题，探索建立职业经理人执业"黑名单"制度；对销售误导、理赔难、违规套取费用等行为，加强日常防范，构建多层次防控格局。深化退出机制，建立法律和市场手段为主、行政手段为辅、具有刚性约束的多层次市场退出机制。

健全再保险市场体系，适度增加再保险主体，发展区域再保险中心，加大再保险对农业、交通、能源、化工、水利、航空航天、核电等国家重点项目的保障力度。发挥再保险对保险市场的创新引领作用，鼓励再保险公司与原保险公司在产品开发、服务网络、数据共享等方面开展深度合作，扩大我国保险市场的承保能力。支持再保险公司参与行业数据平台、灾害管理、风险管理服务体系等基础设施建设，推动行业数据经验分析。完善再保险专业化监管体系、完善"再保险登记制度"，增强市场透明度，降低信用风险，提高我国再保险资产安全水平，研究制定"离岸再保险人保证金制度"，防范金融风险通过再保险业务跨境传递。

再保险登记制度：2015 年保监会发布了《中国保监会关于实施再保险登记管理有关事项的通知》（保监发〔2015〕28 号），《通知》主要包括适用范围、登记管理、审核标准、登记内容、信息披露、监督管理等六方面内容。

离岸再保险人保证金制度：为提高离岸再保险交易的安全性，防范离岸再保险人的信用风险，保护境内保险公司作为再保险分出人的合法权益，中国保监会 2017 年 3 月 4 日印发了《关于离岸再保险人提供担保措施有关事项的通知》，我国正式建立了离岸再保险人保证金制度，改变了我国再保险市场仅依靠国际信用评级防范离岸再保险人信用风险的不足，完善了我国再保险监管体系，对于防范境外金融风险通过再保险交易跨境传递。

（二）重塑保险产品

保险产品是满足消费者保障与补偿的需要，在发生不幸事故时仍能拥有生活下去的基本条件，并能使人们以最小的代价获得最大的经济补偿。产品的设计必须立足于消费者真实的保险保障需求。商业车险条款费率管理制度深化，建立以行业纯风险保费为基准、公司自主确定附加费用率和部分费率调整系数的定价机制。推进交强险制度改革，继续深化寿险费率市场化改革，完善寿险费率形成机制配套制度。探索开展意外险市场化定价机制改革，研究建立意外险赔付率调节机制和定价回溯制度。推动保险产品自主注册改革，鼓励保险公司提供个性化、定制化保险服务，通过大数据的运用，保险公司可以对消费者的保险需求、喜好、收入及其生活方式等方面进行详细的数据分析，并对客户进行细分，设计出以客户为导向的个性化定制产品。健全产品监管事后抽查和产品退出机制。加大保险产品条款费率公平性、合理性审查，探索开展第三方评估机制。开发普惠式、广覆盖的保险产品，大力加强农业保险、大病医保等政策性保险业务产品研发，推进个税递延养老保险、税优健康险产品的上市推广，进一步"提高交强险的保障功能"，关注低收入群体和弱势群体保险需求，注重经济效益和社会效益的统筹协调，让保险惠及更多的人群。

提高交强险的保障功能： 现行交强险赔偿的最大额度与驾驶员有责还是无责有关系。有责任时，其中死亡伤残赔偿的限额为 11 万元，医疗费用赔偿的限额为 1 万元，财产损失赔偿的限额只有 2 千元，最高的赔偿限额为 12.2 万元。无责任时，其中死亡伤残赔偿的限额为 1.1 万元，医疗费用赔偿的限额为 1 千元，财产损失赔偿的限额只有 1 百元，最高的赔偿限额为 1.21 万元。

表 4-2　交强险赔偿现行标准

		交强险赔偿限额	
现行标准	赔偿项目	有责	无责
	财产损失	2000 元	100 元
	医疗费用	1 万元	1000 元
	死亡伤残	11 万	1.1 万

在交通事故中，车辆碰撞、剐蹭和追尾属于大概率事件，交通事故导致的人员伤亡属于小概率事件。保险的目的是为了转移小概率高损失的事件，大概率低损失的事件完全可以由被保险人自行承担。建议在交强险保费适当调增的前提下，删除财产损失赔偿责任，提高死亡伤残及医疗费用的赔偿限额，有责任赔偿限额分别为 30 万元和 3 万元，无责任赔偿限额分别为 3 万元和 3000 千元，彰显交强险保障伤亡赔偿的初衷。对于财产损失，采取互碰自赔的方式解决。

表 4-3 交强险赔偿建议标准

	交 强 险 赔 偿 限 额		
建议标准	赔偿项目	有责	无责
	财产损失	0	0
	医疗费用	3 万元	3000 千元
	死亡伤残	30 万	3 万

（三）重塑保险销售

保险销售应更加智能化和理性化，做到精准销售，使购买更加便利，约束销售行为，打击销售误导。充分利用互联网、保险代理销售标准化、简单化、常规性保单；特殊保单采用业务经理直销或保险经纪的方式。对保险销售行为按照中国保监会发布的《保险销售行为可回溯管理暂行办法》规范。鼓励发展多种形式方式，目前，随着监管政策出台，保险业回归保障本源，以销售理财型保险为主的银邮渠道逐渐褪色，而以"一对一"销售的个人代理人的优势正在显现。2017 年前三季度，全行业实现原保费保费收入 3.05 万亿，其中个人代理业务占比 48.61%。超越银邮代理，再次成为第一大渠道。保险门店销售方便居民。互联网销售没有时空限制，符合现代消费习惯，去年，除车险外，其余险种网销保费均正增长。财产险、信用险、保证险、责任险同比增长超过100%。保险公司自营平台（pc官网、APP、WAP和微信等）同比减少84亿元，负增长25%；专业中介机构保费同比增长11%；第三方平台增长68%。保险科技投入力度加大，大数据、人工智能、区块链、移动互联网、物联网等前沿技术广泛运用于产品创新、保险营销和公司内部管理等方面。依托于互联网保险对部分标准化传统保险的快速替代及场景创新型产品带来的增量市场，互联网保险创新业务保持高速增长。2017年，互联网保险签单件数124.91亿件，增长102.60%，其中退货运费险68.19亿件，增长51.91%；保证保险16.61亿件，增长107.45%；意外险15.92亿件，增长539.26%；责任保险10.32亿件，增长438.25%。网上销售在销量提升的同时大大降低了商品的价格，使得人们在感受便捷的同时又体会到价格优惠的好处。而且现在的年轻人普遍倾向于足不出户就能进行的网上购物消费，拥有自己的选择权，而不是被动地接受销售人员的推销。一方面可以减少对销售代理的支出，降低自身的营运成本，另一方面也给客户更加清晰的说明及舒适的体验。

建立多层次、多形式的保险中介服务体系，培育具有专业特色的大型中介机构，发展小微型、社区化和门店化经营的区域性专业代理机构，鼓励保险销售多元化发展，探索独立个人代理人制度。改进准入管理，加强退出管理，推动保险中介市场要素有序流动，鼓励专业中介机构兼并重组。提升中介机构的专业技术能力，在风险定价、产品开发、防灾防损、理赔服务、反欺诈等方面发挥积极作用，提供增值服务。夯实保险中介市场基础建设，构筑市场化的中介职业责任和风险承担体系。加强中介信息披露，强化专业中介机构内控治理和兼业代理机构保险业务管理，落实法人机构和高管人员管理责任。

（四）重塑保险服务

把保险承诺转化为实实在在的服务，增强客户体验，让客户信得过、用得上、离不开。处理好核心性服务与扩散性服务的关系，提供更加个性化、高品质的保险服务。

核心性服务是根本，扩散性服务围绕核心性服务展开，切不可喧宾夺主。在同行业竞争激烈的情况下，以不影响核心性服务质量为前提，可以适当地增加扩散性服务的比重和种类，以便争取到更多的客户。但是，如果扩散性服务增设不当或者超过了居于主导地位的核心性服务，则会适得其反。比如，某保险公司增设有奖保险、为客户设计保险方案以及安排保额较大的客户外出旅游，假如客户并不觉得这些新增设的项目有很大的实惠和吸引力，这些新提供的项目又非本公司的独创之举，或者毫无新奇之处，就不能引起人们的特殊兴趣。然而，随着新设项目逐渐增加的新的行政管理费用却加大了公司的成本。同时，公司的员工注意力分散于多种业务，无法集中于核心服务上，对保险公司的经营活动也是不利的。

消费者渴望在保险消费全过程中产品获得更便捷的、更高品质的服务体验。保险条款晦涩难懂、保险服务手段匮乏、保险理赔体验差等情况都是必须改善的问题。是否真正做到以保障为根、以人为本、以需求为首，是否将先进的技术运用到保险消费的场景中。目前，有的保险公司已经将保险保障和医疗健康服务，将机动车保险和道路救援服务捆绑在保险条款里，将业务场景真正地融入保险产品中，获得社会各界好评。这些依托场景的服务创新就是未来的发展趋势。

保险服务要积极运用科技创新、思维创新等手段，从产品、手段、渠道、内容等实现全方位的创新提升。服务才是保险业发展的未来，只有真正获得客户服务好评的公司，才能赢得客户信任。保险业普遍存在重营销、轻服务的现象，现有的客户服务模式依赖于销售人员和中介渠道，保险公司成体系、成规模的客户服务机制没有形成，客户服务口头宣传多于具体行动，有些服务观赏性大于实用性，缺乏从心底里自发的对客户的尊重，致使有的服务被误解，对于保险公司的服务缺乏好感。如何真正做好保险服务，如何真正提高客户的保险服务体验，如何真正提高保险服务的价值，已经成为保险公司转型升级的关键。近年来互联网平台的勃勃兴起，新的业态、新的模式，线上线下高度融合，适销对路的产品、精准高效的场景化体验，都是保险服务的重点。

三、重塑评价体系

中国保险行业通常用的评价指标是保险费指标，即总保险费、保险深度和保险密度。行业面向社会宣传保险事业发展成就的数字，基本上以保险费总数和保险费增量为主，同时，再列举保险费占 GDP 比重和人均保费，保险公司总资产和保险公司资金运用情况。社会关注的更多是保障情况和赔付情况，保险费和保险资产、保险资金运用与被保险人、社会民众没有什么关系。只有保险公司才更关心保险费，关心收益。所以用上述指标说明和评价保险业是不全面的。另外，保监会对保险公司还有以下三个评价指标体系。

保险公司经营评价指标体系：该指标是对保险公司经营的评价。2015 年8 月 7 日，中国保监会以保监发〔2015〕80 号印发《保险公司经营评价指标体系（试行）》。该文件分评价对象、评价类别、评价指标、评价方法、评价频率、评价结果、解释与修订 7 部分。根据保险公司的经营状况，将其分为 A、B、C、D 四类。评价指标由速度规模、效益质量和社会贡献三大类指标构成。中国保险行业协会负责进行评价；经营评价采用 10 分制，满分为 10 分。大于等于 8 分，为 A 类机构；得分小于 8 分但大于等于 4 分的，为 B 类机构；得分小于 4 分但大于等于 2 分的，为 C 类机构；得分小于 2 分的，为 D 类机构。每年评价一次。每年 6 月底前公布。

保险服务评价指标：该指标是对保险公司服务的评价，按照财产险和人身险建立两套定量指标。定量指标选取范围，主要涉及保险消费者能够直接感受和体验的服务触点，涵盖各关键服务环节。在指标选择上，兼顾数据客观准确性原则，选取目前保险行业主体普遍适用的可系统提取、人为影响因素可控的指标。财产保险公司服务评价体系包括 8 个指标，涉及销售、承保、咨询、理赔、投诉五大环节。其中，为敦促保险公司及时响应消费者的服务需求，切实提升消费者体验，在销售、承保与咨询环节分别设置了电话呼入接通率、客服代表满意率及承保理赔查询异议处理率 3 项指标，权重均为 10%；为突出对理赔难的治理，在理赔环节设置了立案结案率、案均报案支付周期以及理赔获赔率 3 项指标，权重合计为 45%；为引导保险公司减少客户投诉并做好投诉服务，在投诉环节设置了投诉率和投诉件办理及时率2项指标，权重合计为25%。人身保险公司服务评价体系也包括8个指标，涉及销售、咨询、回访、理赔、保全、投诉六大服务环节。为提升销售环节服务质量和效率，设置保单送达率1项指标，权重为15%；为突出回访工作在防范销售误导的重要作用，设置电话呼入接通率、电话回访成功率2项指标，权重合计为15%；为提升保险公司理赔服务效率和消费者获赔比率，设置理赔服务时效、理赔获赔率2项指标，权重合计为35%；为提高保险公司保全服务效率，降低消费者在保全服务环境的等待时间，设置保全时效1项指标，权重为10%；为引导保险公司减少客户投诉并做好投诉服务，在投诉环节设置了投诉率和投诉件办理及时率2项指标，权重合计为25%。保险总公司服务评级设定为A、B、C、D四大类，具体包括AAA、AA、A、BBB、BB、B、CCC、CC、C、D共10级。A类是指总体服务质量优秀的公司，B类是指总体服务质量良好的公司，C类是指总体服务质量较差的公司，D类是指总体服务质量差的公司。

分类监管指标：该指标是对保险公司风险管理的评价。自2009年1月1日起正式运行，保监会根据保险公司2008年末信息进行首次分类评价。①保监会根据保险公司的风险程度，将保险公司分为四类：A类公司、B类公司、C类公司、D类公司。②保监会依据监测指标，偿付能力充足率、公司治理、内控和合规性风险指标、资金运用风险指标、业务经营风险指标和财务风险指标，及保监会日常监管中所获取的监管信息，对保险公司进行分类。③保监会日常监管中在产品、机构、资金运用等方面对四类公司采取不同的监管政策，并根据公司存在的风险采取不同的监管措施，如，监管谈话，风险提示，要求限期整改问题，进行现场检查，提交改善偿付能力的计划，责令增加资本金，限制向股东分红，限制董事和高级管理人员的薪酬水平和在职消费水平，限制商业性广告，限制增设分支机构，限制业务范围，责令停止开展新业务，责令转让保险业务或者责令办理分出业务，责令拍卖资产或者限制固定资产购置，限制资金运用渠道或范围，调整负责人及有关管理人员，向董事会、监事会或主要股东通报公司经营状况，采取整顿、接管或中国保监会认为必要的其他监管措施。

三个指标互相独立，各有不同的作用，分别反映了保险公司的经营管理水平、服务水平以及风险管理水平，在一定程度上可以据此对保险公司进行评价。以上就是目前保险业总体评价体系和评价指标。

为综合评价保险业状况，促进保险行业回归本原、突出保障，有必要重塑保险业评价体系，新的体系应该能够反映出保险业对社会的价值，直接体现行业功能发挥、对社会作用，对保险行业整体有一个价值的评价。准确的评价体系是引导行业发展和指导保险实践的重要手段。我认为要重塑保险行业评价体系，这个体系要牢牢把握保险业的特点，坚持保险本原、体现保障的原则。建立评价体系的总体思路是：第一，评价体系要涵盖四个方面即，保费、保额、赔付和保单数量。第二，评价体系可以分为两个大范围即，总量评价指标和相对量评价指标。第三，评价体系可以就某一险种、某一业务、某一地区做出分项评价。根据上述原则，可建立一个全新的保险业指标体系，该指标体系包括总量指标和相对量指标。总量指标包括四个维度，即总保费（万元）、总保额（万元）、总赔款（万元）和总保单（张）。相对量指标包括四个维度，即保险深度（％）、保险密度（元/人、万元/人、张/人）、保险广度（％）和保险力度（％）。保险广度和保险力度两个概念系本书作者创立的，在这里使用。对于社会不太关心的如保险业总资产、资金运用余额等不进入评价体系。

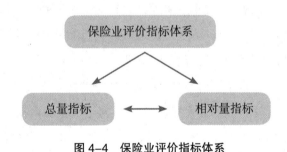

图 4-4　保险业评价指标体系

（一）总量指标分析

总量指标是总体的、绝对量的数值，反映整个行业的总量水平。总保费、总保额、总赔付和总保单四个维度，基本上对保险业的情况有了比较宏观的整体反映，直观、简洁、清晰。

表 4-4 总量指标的四个维度

总量指标			
总保费	总保额	总赔付	总保单

1. 总保费

一国或一地区保险费总量。这个指标官方有统计，每年定期公布。各主要险种的总保费如下：2017 年，保险行业总保费 36581 亿元，其中，财产保险业务实现原保险保费收入 9834.66 亿元，同比增长 12.72%。与国计民生密切相关的责任保险和农业保险业务分别实现原保险保费收入 451.27 亿元和 479.06 亿元，同比增长 24.54% 和 14.69%。人身保险业务实现原保险保费收入 26746.35 亿元，同比增长 20.29%。其中，寿险 21455.57 亿元，增长 23.01%；健康险 4389.46 亿元，增长 8.58%；意外险 901.32 亿元，增长 20.19%。

图 4-5 2017 年保险业务总保费（亿元）

资料来源：公开资料整理

2. 总保额

一国或一地区保险保障总量。这个指标没有历年完整的官方统计。2017 年官方公布了一些险种保障数据，具体如下：2017 年，保险业为全社会提供风险保障 4154 万亿元，同比增长 75%。其中，机动车辆保险提供风险保障 169.12 万亿元，同比增长 26.51%；责任险 251.76 万亿元，同比增长 112.98%；寿险 31.73 万亿元，同比增长 59.79%；健康险 536.80 万亿元，同比增长 23.87%。

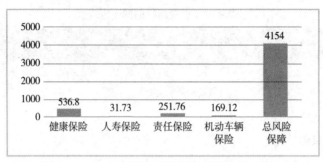

图 4-6 2017 年保险业提供风险保障（万亿）

资料来源：公开资料整理

3. 总赔付

一国或一地区保险赔款和给付总量。这个指标官方有统计，每年定期公布。

2017 年，全行业赔付支出 11180.79 亿元，同比增长 6.35%。具体如表 4-5、图 4-7：

表 4-5 2017 年我国保险业总赔付 （单位：万元）

原保险赔付支出	111807932.57
1. 财产险	50874495.97
2. 人身险	60933436.60
（1）寿险	45748906.94
（2）健康险	12947670.22
（3）人身意外伤害险	2236859.45

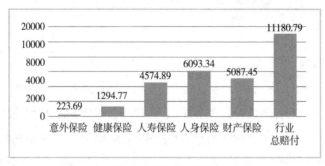

图 4-7 2017 年保险业总赔付（亿元）

资料来源：公开资料整理

4. 总保单

一国或一地区保单总量。这个指标查不到官方完整的统计。2017年公布的涉及保单件数的信息如下：2017年，寿险本年累计新增保单1.11亿件，净增加0.73亿件。依托于互联网保险对部分标准化传统保险的快速替代及场景创新型产品带来的增量市场，互联网保险创新业务保持高速增长。互联网保险签单件数124.91亿件，增长102.60%，其中退货运费险68.19亿件，增长51.91%；保证保险16.61亿件，增长107.45%；意外险15.92亿件，增长539.26%；责任保险10.32亿件，增长438.25%。

图4-8 2017年互联网保险签单数（亿件）

资料来源：公开资料整理

（二）相对量指标分析

相对量指标是总量对于不同数值的对比指标，反映整个行业的总保费、总保额、总赔付和总保单的深入、普及和覆盖程度，具体用四个相对指标来体现，即保险深度、保险密度、保险广度和保险力度，这四个指标基本上对保险业的相对微观、相对深入的反映，与个人、家庭或法人关系相对密切，易于与自身对照、参考。

表4-6 相对量指标

相对量指标			
保险深度	保险密度	保险广度	保险力度

1. 保险深度

由于每年监管部门公布总保险费，国家每年公布国内生产总值，因此，保险深度指标是容易计算得到的。

表 4-7 2017 年我国保费深度表

年份	保费收入 （亿元）	保险深度 （%）	国内生产总值 （亿元）
保险深度	36584	4.42	827122
财产保险业务	9838	1.19	
人寿保险业务	21456	2.59	
健康保险业务	4389	0.53	
意外保险业务	901	0.01	

数据来源：公开资料整理

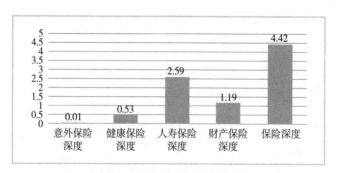

图 4-9 2017 年我国保险深度

资料来源：公开资料整理

2. 保险密度

这个指标由于没有完整的保单数据，只能根据 2017 年官方公布的一些保单数据做些分析。如互联网保险签单件数 124.91 亿件，其中退货运费险 68.19 亿件，保证保险 16.61 亿件，意外险 15.92 亿件，责任保险 10.32 亿件。则保单密度如图 4-10 所示。

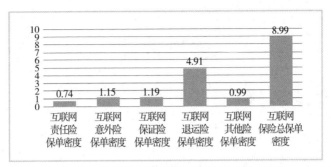

图 4-10　2017 互联网保险保单密度（件／人）

资料来源：公开资料整理

可见，互联网保险是高频业务，运费险占了一半以上。

3. 保险广度

总人口、总家庭户数、总法人数是可查到的数字，但持有保单的人数、家庭数和法人数没有相关的统计数据，因此，需要有权威的数据发布才好计算。

4. 保险力度

由于保费和赔付是定期公布的数据，易于获得，因此对价力度是容易算出的。对于财产保险的赔款力度，由于计数的口径，灾害事故的直接损失的取值范围等因素影响，计数起来会相对麻烦，并可能数据不太准确，所以，财产保险的赔款力度最好用来统计个别险种或特定灾害，这样赔款力度指标就很准确，而且更有意义了。比如，保险在某次巨灾中的赔款力度。据资料显示：在我国造成最大损失的是自然灾害，其次是地质灾害，海洋灾害、交通事故、火灾爆炸相对损失小得多。人身保险的给付力度是商业保险与社会保障支出的比率，这一指标可以充分体现商业保险作为社会保障的补充作用，提高人身保险在大病医疗、健康养老、意外伤害方面的给付力度责任重大、使命光荣、任重道远。

拓展阅读

世界保险史上的若干"第一"[1]

1. 第一张船舶保单是意大利热那亚商人乔治·勃克维纶于 1347 年 10 月 23 日签订的。这张保单是目前世界上所发现的最古老的保单。

2. 第一份具有现代意义的典型保险契约是 1384 年签订的比萨保单。这张保单承保了从法国南部的阿尔兹运到意大利比萨的一批货物。

3. 第一家海上保险公司 1424 年在意大利热那亚问世。

4. 第一部比较完整的保险条例是 1523 年意大利佛罗伦萨市制定的，条例规定了标准保险单的格式。

5. 第一起人寿保险出现在 1536 年的英国。当年 6 月 18 日，英国人马丁为一个名叫吉明的人承保了 2000 英镑的人寿险，保险期限为 12 个月，保费为 80 英镑。

6. 第一家皇家交易所是 1568 年 12 月 22 日经伦敦市长批准开设的。这为当时海上保险提供了交易场所，从而取代了从伦巴第商人沿袭下来的一日两次在露天广场交易的习惯。

7. 世界上第一份人身保单是伦敦皇家交易所的 16 个属于保险行会的商人于 1583 年共同签发的。

8. 第一部有关海上保险的法律是 1601 年伊丽莎白女王颁布的。法律规定在保险商会内设立仲裁法庭，以解决日益增多的海上保险纠纷。

9. 第一家专门承保火灾保险的营业所是由英国一个名叫尼古拉斯·巴蓬的牙医独自创办的。他是 1666 年 9 月 2 日伦敦大火中第一个醒来的人。

10. 第一张完整科学的生命表是 1693 年英国著名数学家、天文学家哈雷制订的。

11. 第一家被公认为世界上真正的人寿保险组织是 1699 年成立的英国孤寡保险会。

12. 第一个以股份公司出现的保险组织是 1710 年由英国人查尔斯·波文创办的"太阳保险公司"。它是英国迄今仍存在的最古老的保险公司之一。

13. 第一份分保合同是 1821 年法国巴黎国民保险公司和布鲁塞尔业主联合公司签订的。

14. 第一家金融界保险学术团体是 1873 年在曼彻斯特成立的"英国特许保险学会"。

---

[1] 根据公开资料整理

15. 第一张盗窃保险单是 1887 年劳合社设计的。它为世界上第一辆汽车和第一架飞机出立保单。

16. 第一张汽车保险单于 1898 年问世。而之前只有一种专门承保因马匹而引起的责任。

17. 第一家独立的专业再保险公司是德国创立的科隆再保险公司。

18. 第一份正规的汽车险保单是劳合社于 1901 年签发的。

19. 第一个开办航空保险的是 1914—1918 年间英国和美国。而世界上第一架飞机于 1903 年在美国试飞成功。

20. 第一件航空失事保险大赔案为 5 亿美元，是为 1985 年日本航空公司的一架波音 747 客机。

附　录

论保险企业核心价值观的作用及效能

　　企业的核心价值观是企业为追求愿景、实现使命而提炼出来并用以指导企业行为的终极价值取向，是对企业信仰、理想等人格化、抽象化的描述和高度概括，是企业文化大厦的内核和基石，是企业生产、经营管理等一系列活动的总原则，是对企业行为、价值观体系进行评价时所持有的最高标准和价值尺度。

一、保险企业核心价值观的基本作用

　　保险企业核心价值观具有一般价值观所共有的导向作用、价值尺度作用和动力作用。

（一）导向作用

　　价值观是推动并指引一个人采取决定和行动的原则、标准，它使人的行为带有稳定的倾向性。人们行为的动机受价值观的支配和制约，只有那些经过价值判断被认为是可取的，才能转换为行为的动机，并以此为目标引导人们的行为。价值观不仅影响个人的行为，还影响着群体行为和整个组织行为。在同一客观条件下，对于同一个事物，由于人们的价值观不同，就会产生不同的行为。在同一个保险行业中，有的公司看重规模，有的公司看重效益，有的公司看重服务，有的公司看重专业等等。这就是因为他们的价值观不同。价值观对企业行为起着非常重要的导向作用。有什么样的价值观，就会产生什么样的动机，进而产生相应的行为。企业的工作重心、资源配置就会向该公司所认同的价值方向倾斜。这种核心价值观是基点和灵魂，所以它既是企业生存之道，又是企业克服种种困难的法宝。企业的核心价值观就是在管理中对各种因素、关系进行厘清梳理，选择值不值得做，在许多值得做的事情中应该选择哪一件事先做。

（二）尺度作用

尺度一般表示物体的尺寸与尺码，有时也用来表示处事或看待事物的标准。价值尺度是指衡量客体对于主体有无价值和价值大小的标准，客体本身的属性不能作为度量客体对主体价值的尺度。价值观是人用于区别好坏、分辨是非及其重要性的心理判断体系，反映人对客观事物的评价，发现事物对自己的意义，支配着人的行为、态度、观察、理解，达到自我了解、自我定向、自我设计等，也为人的行为提供充足的理由。所以价值观具有衡量客观事物价值的功能，起到价值尺度的作用。对于保险企业来说是选择以客户为导向，还是以产品为导向？是选择专业化经营，还是多元化发展？是以保障性业务为主还是偏重理财产品。当存在多种选择难于决断时，最终影响决策的是保险公司的价值观。价值观在这里就起到了一种主观判断的价值尺度作用。

（三）动力作用

动力是推动工作、事业等前进和发展的力量，动力包括物质动力和精神动力。精神动力是思想、信念、意志等精神因素对人或群体活动产生的精神推动力量。精神动力不仅可以补偿物质动力的缺陷和不足，有时在特定情况下，它也可以成为决定性因素。任何一个人的成长、组织的进步都离不开价值观的推动。从人类历史的发展来看，每一种新的社会形态在诞生之前，事实上就已经由支撑它的价值观规定了方向。价值观是建立各种社会制度的思想源泉，新社会的建立过程某种意义上就是价值观念制度化和规范化的过程。近二十几年中国保险业取得了长足的发展，目前产寿险公司近百家，但各家发展的不尽相同，不可否认的是发展好的公司，其正确的价值取向对其发展起到了巨大的推动作用。对于一个组织而言，人、财、物等是其借以存在的表现形式，而决定组织力量大小的则是一种看不见的精神元素，就是说，是精神元素决定物质元素，而且软性的东西更具有持久的生命力。

二、保险企业核心价值观的根本作用

任何一个价值观念体系都包含多层面、多等级的价值目标和价值追求，这些不同的价值目标和价值追求在一个价值体系当中相互说明、相互支持、相互补充。但各种价值观念在价值体系当中的地位是不一样的，核心价值观在价值体系中处于核心地位，因此它发挥着其他价值观所不具备的根本作用，主要包括支配作用、凝聚作用和调整作用。

（一）支配（统帅）作用

价值体系是由居于核心地位的价值观念和处于保护地带的从属价值观念所构成。居于核心地位的价值观念决定着价值体系的总方向和总特征，对于其他处于从属地位的价值观念起着支配和统帅作用，它既约束着从属地位的价值观念，又为其提供方向和根据，从而对价值体系的稳定和统一起着维护作用。因此，对于一个价值体系而言，重要的是要确立一种核心价值观念。核心价值观作为一个占主导地位的价值观，是通过确立反映本质要求的重要原则，来引导主体确定一定价值目标，选择相应的价值取向的，特别是在价值多样化的今天，核心价值观更是凸显其支配功能。就一个企业价值体系来说，如果存在多种价值评价标准，便会使企业成员在价值目标的追求上呈现无序状态。而核心价值观的确立，则能为价值选择确立一个统一的价值评价标准，使企业活动不再无所适从。最近某一保险公司确立了"以客户为中心"的核心价值观，并预计用三年的时间进行战略、组织构架、公司制度、业务流程的全方位改造。新确立的核心理念就会支配其他各种价值选择，使得公司原有的各种价值标准都要受到新价值观的统摄、约束，使其服从于核心价值取向。

（二）凝聚作用

企业文化具有强大的凝聚功能，而核心价值观是企业文化的内核与基因。文化建设始于核心价值观，服务于核心价值观。一种价值观念要成为核心，就要能够把它之外的各种不同价值观凝聚在自己周围，并对它们加以正确协调、整合和引导。核心价值观念具有理想性，它不仅立足现实，反映现实，同时又超越现实，成为人们追求和实践的理想和信仰。核心价值观不仅以制度的形式表现自己，而且还通过舆论、宣传、培训等引导方式，使之深入人心，成为全体组织成员共同遵守的价值规范和规则，并在这种规范的引导下，按组织的意志向着共同的方向和目标去努力。如企业对市场、对客户、对员工等的看法或态度。在进行价值选择的过程中，由于其价值主体、评价标准不一，就容易形成多样的价值观念，经济全球化又加剧了价值观念的多样性。而核心价值观就会发挥其凝聚作用，使企业形成一致的认识和追求。在保险行业这种核心价值观念就是要反映和表达本行业的终极追求，并以此为核心，调动整个行业的资源和智慧，凝聚所有力量促进整个行业全面进步与健康发展。

（三）调整作用

多样价值观的并存，给企业经营的各个领域树立了多种价值尺度，甚至对于同一事物也存在多种价值评价标准，而且每一种价值标准都可以从各自角度中找出证明其合理的依据。在多样价值观的影响下，人们往往左右为难，难以形成对一定价值的归属感，导致价值选择上的迷茫。核心价值观直接体现着企业的愿景和理想，是企业的终极目标。因而当多种价值体系相冲突的时候，核心价值观就能为众多从属价值选择提供价值参照系，以此使不符合终极价值观要求的价值理念得到及时调整。就个别部门来说其价值观并非总是合理，用此尺度对待与整体的关系，往往会导致局部利益至上或短期行为。某一部门或领域是企业的有机组成部分，其价值观念必须以企业核心价值观为主要价值尺度，调整局部的价值观，体现价值主从关系和价值多元性和一元性的统一。某保险公司把构建综合金融服务集团作为终极价值追求，建立了服务于此的企业文化，其战略布局、组织构架、经营举措无不围绕这一中心，用综合金融服务集团的价值取向调整其他各个方面的价值体系。

三、保险企业核心价值观的效能

保险企业核心价值观的效能是指其核心价值观发生作用所体现的效果，对于保险行业的影响。保险企业核心价值观的效能大致有规范保险企业行为、塑造保险企业性格、培养保险企业习惯和决定保险企业命运四个方面：

（一）规范保险企业行为

明确告诉保险企业什么是我们应该做的，什么是不该做的，对保险企业起着一种隐性的控制的作用，近而规范保险企业行为，提高企业执行力。集体行为的规范程度、运作强度、持续韧度，特别是拥有强大集体行为的企业，实现目标的力度越大，就越需要统一的核心价值观规范员工的行为，使个人行为与企业行为统一起来，变制度规范为行为规范，变外在约束为内在约束。因此，要在全员共同认知和实践核心价值观上下功夫，形成符合企业价值观要求的员工共同的做事方式。我国保险企业核心价值观中很多涉及诚信的内容，比如诚信立业、诚信天下、诚信忠心、诚信规范、外信于行等，把诚信作为核心价值体系的保险公司就要以此来规范、约束公司的一切行为。不论对内、对外都要处处体现诚信。若果能做到这样，保险业的社会形象、客户满意度就会大大提高。保险应遵循最大诚信原则。理赔难问题、误导消费问题就会越来越少。有什么样的价值观就会有什么样的行为文化，有什么样的行为文化就会产生什么样的物质文化。

（二）塑造保险企业性格

性格是企业集体个性的集中体现。如果一个企业没有统一的个性，企业对市场和环境便无法适应，企业就没有竞争优势，就不能持续生存和发展。个性是企业生命力和活力的集中表现。企业核心价值观是塑造企业性格的集中体现。如某保险公司把创新作为核心价值观的重要部分，这家公司就可把这一价值观念根植到公司的文化、制度、流程等经营管理之中，处处体现求新求变发展。正如有的员工开玩笑所说的，公司除了变化是不变的，其余都在变。苟日新日日新。在创新方面平安保险无疑是行业的标杆。

（三）培养保险企业习惯

　　良好习惯是企业群体智慧的结晶，是牢不可破的无形力量。企业良好习惯的养成过程就是渗透企业核心价值观的过程。企业核心价值观要变成员工的良好习惯，并不是轻而易举的，必须体现在管理过程中的每一个细节。一方面要建立、健全、完善必要的规章制度，使员工既有看不见的价值观导向，又有看得见的制度化的规范、习惯和准则。理念的生命力就在于管理支持和制度的配套。如华为公司倡导员工学雷锋，但不让学雷锋者吃亏，使自觉遵守"华为基本法"成为员工的习惯；在沃尔玛的成功经验中，有个著名的"10英尺规则"，即只要顾客在你周围的10英尺之内，你就要笑脸相迎。另一方面企业习惯的形成重在养成，持之以恒，特别是通过反映企业核心价值观的生动案例、经常性文化载体和宣传教育活动来潜化。

（四）决定保险企业命运

　　企业要持续发展，实现基业长青，必须培育和实践别人难以复制和移植的"基因密码"——核心价值观。有的企业寿命长一些，成为百年老店；有的短一些，昙花一现。从成功企业的实践看，他们之所以能持续生存发展，一个共同特点是这些企业有明确清晰的核心价值观并在任何时候、任何条件下始终不渝地信守，在企业经营发展全过程中渗透，并内化为员工的心灵深处，外化为员工的集体行为、习惯和性格，固化为规划、制度和机制，从而形成企业的核心竞争力。产品竞争是由技术竞争力决定的，技术竞争力是由制度竞争力决定的，而制度无非是物化了的理念的存在形式。可以说理念才是第一竞争力。在某种意义上说，GE之所以百年不衰，就是因为坚持不懈地推崇三种核心价值观：坚持诚信、注重业绩、渴望变革；海尔的成功也是其理念的成功，创新理念成为海尔生生不息的源泉。因此，企业核心竞争力不仅表现为经济实力技术优势，还体现在社会认同的富有鲜明价值观的企业文化特色，反映企业核心价值观的具体经营理念之中。因为只有突出核心价值观在企业中的主导地位，并融于企业经营理念之中才能成为企业共同的信仰、信念与理想，才能树立起企业的形象。这种核心价值观是基点和灵魂，所以它既是企业生存之道，又是企业克服种种困难的法宝。不断激活员工的积极性、主动性和创造性，为着一个共同的目标，在行为方式上产生共识，形成一个协调融洽、相互信任、高效率的有机整体，产生巨大的生产力和强劲的竞争力。

保险企业应遵循的基本价值要素

保险企业在经营活动中，对于相关事物以其客观价值为基础进行价值判断，结合行业及自身特点主观上进行重要性排序，从而确定最关键的价值元素，这些价值元素就成了保险企业经营中必须遵循的要素。笔者认为保险企业应遵循的基本价值要素包括天道要素、人道要素和王道要素三个方面内容。

一、天道要素——天道乃天经地义之道

（一）天道的含义

天道即客观事物的运动变化规律，万物的规则、道理及其本质。盘古有训"纵横六界，诸事皆有缘法。凡人仰观苍天，无明日月潜息，四时更替，幽冥之间，万物已循因缘，恒大者则为天道"。老子《道德经》有："天之道，损有余而补不足"，"道常无为而无不为"，"人法地、地法天、天法道、道法自然"。《左传·昭公》曰："天道远，人道迩，非所及也，何以知之？"董仲舒说，"道之大原出于天，天不变，道亦不变"。中国古代道学中有："修道最终之境，乃天之大道也，故为天道"。佛教中关于天道："通一道，而齐万道，此道即天道也。"《荀子·天论篇》主张"天行有常，不为尧存，不为桀亡"，人应"制天命而用之"。感悟天道可以预知事情的发展轨迹，万物究其根本必有同一道理。

（二）天道要素对保险业的基本要求

1. 保障性

保险的本质是提供保障，它因为风险而诞生，因为给人类提供保障而发展。保险的保障功能表现为财产保险的补偿功能和人身保险的给付功能。财产保险的补偿体现了对物损的恢复、利益保障和民事责任承担，人身保险体现了对人的生命关怀和价值尊重。不论财产保险还是人身保险其根本职责是给人们提供保障，保障性（补偿性、给付性）是保险的本质和本原。有些保险产品基本上没有保障性，有的甚至与普通的基金产品没有什么区别，这脱离了保险的本质。保险如果远离了保障作用而追求其他，就是舍本逐末，背离根本。因此任何一个保险产品的推出都要考虑是否能满足人们对保障性的需要。同时要研发针对高风险、新领域的保险产品，满足社会日益发展的保障需求。在我国保险的保障功能越来越充分的显现出来。很多人误认为保险就是投资理财，将会带来很高的投资收益。也正是由于这种观点的存在，前几年国内市场曾掀起两次投资型保险的集体退保潮。"保险不是用来改变生活的，而是用来防止生活被改变的"，也就是说保险主要以雪中送炭为主，以锦上添花为辅。

2. 互助性

古代人们对付灾害事故的原始形态保险方法——互助会。互助会的会员定期交纳一定的会费，当其中某位会员遇到困难需要帮助的时候，互助会就会从会费中拿出一笔钱来帮助他，这笔钱比这个人所交的会费要多很多。据史料记载，公元前2000年西亚两河流域的古巴比伦王国，通过向居民收取赋金，用以救济遭受火灾及其他天灾的人们。在古埃及石匠中向每一成员收取会费以支付个别成员死亡后的丧葬费。古罗马军队中的士兵组织，以收取的会费作为士兵阵亡后对其遗属的抚恤费用。据保险大事记记载公元前4500年，古埃及丧葬互助协会被认为是互助保险的最初雏形。目前多数国家的保障体系是社会保险、商业保险和互助保险三种形式并存，无论哪种形式均具有互助性质。基于此，保险的收费要合理，充分体现互助的对价性原则。这种对价是经过科学计算而得出的，它不易太低，太低不足以满足保障的需求。不易太高，太高背离了保险的初衷。对价性决定了保险业不能暴力，同时对于保险资金的结余和准备金要合理运用，做到保值增值，有效积累，防范巨灾风险的发生。

3. 契约性

保险自产生之日起就是一种契约行为，这种行为从最初的约定到形成制度再逐渐上升到法律。当代市场经济体制下的保险活动，均以契约关系维系。因此从契约内容、契约签订、履行都要遵守法律或惯例。签约要满足诚信的要求，不隐瞒、不欺骗、如实告知。保险有最大诚信要求，不误导消费，不提倡过渡话术。保险产品通常使用格式化的契约文本，保险方有义务详细向接受方说明条款相关含义。履约要及时，保证时效性，理赔难的症结要根本解决。契约精神是存在于商品经济中的自由、平等、守信的一种精神，是从契约关系、经济活动中孕育出来的一种基本原则和信念。当事人达成合意，契约内容即具有法律约束力，当事人应以最大的善意，积极履行契约的内容。任何破坏契约精神的行为都是对其他关系人权益的侵犯。保险从业人员应该在业务经营过程中遵纪守法、诚实守信、勤勉尽责，努力做到专业胜任，客户至上。片面追求规模或者是片面追求利润，这些均有可能损害消费者的利益。保险活动得以正常进行，有赖于契约各方尽最大的善意履行合同义务、遵守监管法规，并最终享有相应的权利。

二、人道要素——人道乃人心所向之道

（一）人道的含义

人道就是人性关怀，是以人的本性为中心，作为行事的出发点和立脚点。以爱护人的生命、关怀人的幸福、保障人的自由等为原则，尊重人的人格和权利。在中国古代，人道有时也指社会道德、为人之道和人的道德品行等。人道主义是褒扬人的价值，捍卫人的尊严，提高人的地位。人道主义起源于欧洲文艺复兴时期，提倡关怀人、爱护人、尊重人，做到以人为本、以人为中心的一种世界观。法国资产阶级革命时期把人道主义的内涵具体化为"自由""平等""博爱"等口号。人道主义是社会思想中一种进步的观点或潮流,其主要内容包括:①提倡人的尊严,确认人是最高的价值和社会发展的最终目的;②重视人的现世幸福,满足和发展人的尘世需要和才能;③相信人的可教化性和发展能力,实现个性的自由和全面发展;④追求人类的完善,建立人与人之间互相尊重的人际关系。2008 年 12 月 11 日,联合国大会决定,每年 8 月 19 日为世界人道主义日。

(二)人道要素对保险业的基本要求

1. 尊人性

人性就是在根本上决定并解释着人类行为的那些固定不变的人类天性。这种天性对人类具有普遍适用性,并在深层制约着人类行为。人性是什么?笔者认为是"求我生存"和"求我幸福","求我生存"内含在万种生物之中,它是万物(包括人类)固定不变的天性,是人性的一部分。然而,因为人与物有着本质的不同,人类除了追求生存以实现其肉体组织的存在,更要追求精神满足,"求我生存"不足以说明人性的全部,而且,随人类的发展及其生存条件的逐步改善,它在人性中的分量必将日益减小。那么人性最重要部分是什么呢?"求我幸福"。"求我幸福"是人类固定不变的天性,并从根本上决定、解释着人类行为。孔子说人之初、性本善,孟子说人性善,荀子说人性恶,告子说无所谓善恶。人性本身无所谓先天的道德善恶,《人性论》中有这样的描述"我们承认人们有某种程度的自私;因为自私和人性是不可分离的",亚里士多德认为:"我们不能说一个人天生是善的或是恶"。就道德层面上而言,人的行为有善恶之分,但人性并无善恶之分。由于人的天性是求我生存、求我幸福,人性中卑劣与崇高两种倾向是并存的,利己与利他是同在的。人性关怀就是首先承认人性的存在,进而要有怜爱之心、同情之心、恻隐之心、尊重人性、使人生存得更好、使人幸福。马斯洛提出的"需求层次论"从心理学角度分析,每个人都期盼得到外界重视,注重自我尊严的维护,因而相互尊重才能建立和保持和谐、愉快的人际关系。保险从业者要有天使般的爱心,要尊重客户的需求,不强行推销产品,不把不必要的产品卖给别人,保险条款要通俗易懂,不夸大产品功能。设身处地为客户着想，不要为了业绩，没了良知。推销保险时既要考虑客户所需，又要考虑客户的支付能力。

2. 尚礼义

礼仪是人类宝贵的精神财富，是人类文明的延续，是人类文化的重要组成部分。我国素以"礼仪之邦"著称于世。礼仪涉及的范围极其广泛，包括典章制度、宗教、习惯、风土人情、伦理风范以及生活方式等。礼仪不仅表现为外在的行为方式，如礼貌、礼节、礼宾等，还具有其深层的精神内涵，即思想道德及品格修养。礼仪虽不同于法律具有的强制性，但表现出的自律性、内控性和预防性的功能特征，其约束作用更广泛深入、更易于接受和传承。从某种意义上说礼仪是道德的一种外在表现形式，而道德则是构成礼仪的内在基础。社会道德维系着不可或缺的公共秩序和纪律，个体在不损害他人和社会利益的条件下求得自身发展。礼仪可以有效地展现施礼者和受礼者的教养、风度与魅力。一个具有良好礼仪风范的人，无论何时何地，都能以其端庄的仪表风度、得体的言谈举止、高雅的修养品位等，令自身形象生辉，散发人格魅力，赢得他人的信任和尊重。倡导礼仪精神，有利于化解保险业种种矛盾，平衡各方利益关系，创造互利共赢的行业发展局面。作为保险从业成员，理应成为礼仪的传播者、践行者，感染、感化周围的人，同时一个注重礼仪的组织，其良好的形象，会在复杂多变的环境中处于优势和有利地位。崇尚礼仪不仅是保险从业人员自身发展的主观诉求，也是保险行业和谐发展的客观需要。

3. 重服务

保险是无形产品，消费者对保险评价是好是坏，主要来自对保险公司服务的体验。如对服务不满意必将直接影响对保险的印象，保险公司要想获得消费者的信任与支持，就要从消费者角度出发，提供周到的、人性化的服务。服务应体现于每一张保单的每一环节中。具体包括销售过程中如实告知，对容易产生误解的条款，特别是免责条款等做出详尽的解释说明，而不是为了卖出保险而有意回避这些；在保险存续过程中，要提醒缴费，提示风险，告知最新产品信息等；出险后及时送去关怀，协助处理、进行快速的理赔。尤其是出险客户需要受到关怀和尊重。理赔人员掌握丰富的专业知识，客户相对处于弱势。

往往承受着肉体和精神的双重痛苦。因此，你的一言一行，对他们的影响都很大。据调查，在保险纠纷中，绝大多数并不是技术因素所致，而是由于理赔人员的语言、态度、行为等引发的，所谓"良言一句三冬暖，恶语伤人六月寒"。有的从业人员缺乏起码的怜悯之心，对出险者麻木不仁，甚至横眉冷对，有时会像审问犯人一样做调查。保险本该是温暖的，是充满着人性关怀的，但是，不少保险人员却把保险看成了纯"技术活"，忽视了客户的精神需求，忽视双方之间的心灵沟通，从而加剧了理赔矛盾。保险从业者不仅要专业精湛，而且要十分体贴，问问冷暖。如果没有对人的全面关怀，没有对出险者的深切同情，这不仅与保险的本质不相符合，而且严重影响了双方关系。周到服务包括一个真诚的微笑，一个善意的提示、雨天的一把雨伞、盛夏的一瓶饮料等。只有提供了这样的人性化服务，广大保险客户才能打心眼里认知认可保险，为保险保障拍手叫好，整个保险行业也才会得到持续健康快速的发展。

三、王道要素——王道乃内圣外王之道

（一）王道的含义

最早谈到"王道"的是《尚书》，它说"无偏无陂，遵王之义；无有作好，遵王之道；无有作恶，遵王之路。无偏无党，王道荡荡；无党无偏，王道平平；无反无侧，王道正直"。从周朝起，王道便被理解为公正无偏、人法天地的一种政治理念。孔子后来说的："天下有道，则政不在大夫。天下有道，则庶人不议。"这里的"道"指的就是王道，就是自尧舜到周公所遵循以仁义治理天下，以德政安抚臣民的统治方法。这样为政，天下才能做到无人能够抵御和阻挡。自从春秋战国以来，"王道"思想对中国历代治乱安邦，对推动中华各民族融合、发展和统一，对维护中华文化的繁荣稳定都起到了不可估量的作用。"王道"思想强调内圣。"内圣"就是通过"修己"做好自己的事情，就是要不断提升人的综合素质和道德修养。"王道"理想的最高境界是要做到"外王"。"外王"强调处理人与人、人与周边环境之间相互关系的准则是和谐融洽。

"王道"思想讲"仁者爱人"和"以义取利"。主张互相尊重、包容。就现今社会的商业领域，王道就是人们按照现行的人情、社会道德和法律规范采取积极态度和行动，以使自己的商业活动取得预期效果，从而内和外顺，受人尊崇。

（二）王道要素对保险业的基本要求

1. 遵商道

商道就是人们从事商务活动所应遵循的道德规范和行为准则。中国古代就有经商要合义取利、价实量足等要求。在当代商道的基本内容是文明经商，礼貌待客；遵纪守法，货真价实；买卖公平，诚实无欺等。君子爱财取之有道。走正路，人间正道是沧桑。改革开放三十多年来，虽然我国市场经济取得了巨大成就，但是，商业领域的道德缺失现象日益凸显，不守商业道德的事情时有发生，坑蒙拐骗、以假乱真、以次充好等不道德的商业行为严重影响着社会的商业信誉和社会进步，更有甚者危及人的健康和生命。这就需要商业主体讲究商业道德，具备良好的商业信誉，树立正确的商业道德价值观。天下之事皆从于德，万物生有序处事德为本，德行天下儒者大成。遵商道才能恒久远。保险业本应是充满爱心的高尚事业，但多年来被人们所诟病，结症之一是不守商道、不按保险业的道德规范行事所致。因此，要加强保险业商业道德建设，提高主体的道德水准，树立正确的商业道德价值观，找寻商业道德建设的新思路，以解决保险领域种种深层次问题。弘扬企业的商业道德，加强高层领导的商业道德修养，才能树立保险业的新形象，促进行业快速变得不可或缺，神圣崇高。

2. 守公道

遵守公平竞争的游戏规则，维护公正、平等、和谐的市场秩序，不以大欺小、以强示弱，不欺行霸市，不巧取豪夺等。任何一个市场都有其行业的规范和公共约定，供商业主体去信守。这是市场经济的基本原则和商业逻辑，破坏了这种逻辑就会带来无序的竞争和不公平的获利，对其他商业者都是不公平和变相的侵权。中国商业文明的相对滞后使得一些潜规则对商业逻辑造成冲击和影响。比如有很多商业活动还是传统式的，面子问题、人情问题，投机取巧问题、短期行为问题、损人利己问题、你有政策我有对策问题等等，看得比合规还重要。中国人固有的心理定式、思维模式、行为方式等受中国几百上千年潜规则文化影响很深，即使遇到现代商业文明，有时也会顽强抗争，不肯甘拜下风。中国保险业的快速发展正以摧枯拉朽之势涤荡落后的行业潜规则，市场化、国际化的程度日益提高，保险的商业文明曙光已然照耀中国大地。保险的行业自律越来越成熟，越来越发挥出其巨大的约束和控制作用。《道德经》有云：知其雄，守其雌；知其荣，守其辱；知其白，守其黑。明知自身的雄强，却坚守自身的雌弱；知道自己荣光，也要接受外界的批评；了解自身的清白，却也深知自身的不足。更多地强调人与组织的自我约束，也就是要自律。该做的事做好，不该做的事不做。

3. 循门道

门道是指企业发展所遵循和采取的方式、方法、路径 。就是公司通过什么途径或方式来赚钱。有的企业专注服务、有的多元化经营、有的靠单一品牌、有的侧重渠道战略、有的走高端路线、有的靠薄利多销…每个成功的企业，都是找到了适合自己发展的独特的经营思路和商业模式，并不断随着经营环境、竞争因素以及消费者变化来调整和升级自己的商业模式。三百六十行，行行出状元。关键是要找出成功的商业模式。保险业在我国经济社会中的作用日益显现，但行业粗放经营、结构失衡、随波逐流、盲目跟风、忽左忽右、时而强调快速上规模，时而过度讲效益，大起大落，缺乏长期规划和战略安排的现象比较普遍。行业发展手段单一、渠道狭窄、轻视服务、鲜有特色、缺少高度认同的行业文化，发展的非理性和粗放性明显，通过违法违规、破坏行业规则寻求发展成为一些保险企业的通病和救命稻草。从而加剧了保险市场上的恶性竞争，误导消费、理赔难等顽疾难以遏止和改善。保险业要从根本上摒弃粗放式增长模式，回归理性。必须考虑用什么样的产品、服务、架构、团队、渠道去发展？用什么样的价值观作统领？发展速度多少合适？机构是多多益善，还是必要合理为宜？承保盈亏和投资收益如何平衡？集团化还是专业化？总之，只有寻求一个独特的、适合本企业的发展模式，满足天道、人道的基本要求，在服务上下足功夫，遵循商道，用正确的理念开疆破土、征战市场，将是保险企业的明智选择。这样的企业将会在市场经济的大潮中顺风顺水，稳健前行，最终王天下。

谈保险行业核心价值理念的价值取向

价值取向是指一定主体基于自己的价值理念在面对或处理各种矛盾、冲突、关系时所持的价值立场、价值态度以及所表现出来的价值倾向，是在多种工作情景中指导人们行动和决策判断的总体信念。价值取向具有评价事物、唤起态度、指引和调节行为的定向功能，它直接影响着人们的工作态度和行为。保险行业核心价值理念"守信用、担风险、重服务、合规范"蕴含了什么样的价值取向呢？仁者见仁，智者见智。笔者通过学习和思考认为，主要蕴含了"商道取向""天道取向""人道取向"和"王道取向"。

一、守信用——保险行业的商道取向

商道即是经商之道，是经商的经验和方法，是经商的谋略与学问，是经商的规律和法则，是经商的道德和信念。顺其道，经商则事业昌盛；逆其道，经商则步履艰难。经商提倡合义取利、价实量足、礼貌待客、货真价实、买卖公平、诚实无欺等。遵商道才能恒久远。

（一）商道核心是"信"

商道乃诚实守信之道。行商注重一个信字，有了信才会有生意，才会有人与你交易，有了信才能在商海中如鱼得水。对个人而言，诚信乃立人之本，是做人处世的基本准则。"民无信不立"，"言不信者，行不果"，做事情之前先学会做人，诚实是人生的命脉，是一切价值的根基，失信就是失败。经商就如做人，诚实守信是立业之本、发展之基，企业在经济活动中必须遵守信用。企业欲谋求长远利益，就必须重视在信用基础上积累与升华而形成的信誉，诚信是企业兴衰成败至关重要的因素，要视诚信为生命线，要把诚信当作资本来经营。无论市场经济是否成熟，只要失信就要付出代价。信用是难得易失的，费十年工夫积累的信用，往往由于一时的失信而失掉。欺人只能一时，而诚信才能长久。前些年我国，从"毒奶粉""苏丹红"事件到"瘦肉精"，再到问题食品添加剂，一系列不诚信的问题，已使企业陷入诚信危机，有的企业因此倒闭。一个企业诚信与否直接关系着这个企业生死存亡。信用是一种现代社会无法或缺的无形资产。

（二）商道提倡"契约精神"

契约精神是商品经济中的自由、平等、守信的一种精神，是经济活动的一种基本原则和信念。契约精神包括四个重要内容：契约自由精神、契约平等精神、契约信守精神、契约救济精神。契约自由精神是指选择缔约者的自由，决定缔约的内容与方式的自由；契约平等精神是指缔结契约的主体的地位是平等的，缔约双方平等的享有权利履行义务，无人有超出契约的特权；契约信守精神是契约精神的核心精神，也是契约从习惯上升为精神的伦理基础，诚实信用是民法的"帝王条款"，在契约未上升为契约精神之前，人们订立契约源自彼此的不信任；当契约上升为契约精神以后，人们订立契约源于彼此的信任，在订约时不欺诈、不隐瞒真实情况、不恶意缔约、履行契约时完全履行；契约救济精神是在商品交易中人们通过契约来实现对自己的损失的救济的精神，当缔约一方遭受损害时，提起违约之诉，从而使自己的利益得到最终的保护。提倡契约精神就是提倡诚实守信。

（三）保险业的商道是"守信用"

现代市场经济条件下，诚实信用原则已成为一切民事活动和一切市场参与者普遍遵循的基本原则，成为市场经济活动的道德标准和法律规范。诚实信用原则也是保险活动所应遵循的一项最重要的基本原则，保险法律规范中许多内容都贯彻和体现这一原则。诚信原则对保险合同当事人的要求较一般的民事合同要求更高、更具体，即要遵守最大诚信原则。最大诚信原则最早源于海上保险，该原则在《1906年英国海上保险法》中首先得到确定，即"海上保险是建立在最大诚信原则基础上的契约，如果任何一方不遵守最大诚信原则，他方可以宣告契约无效。"最大诚信原则的内容主要通过保险合同双方的诚信义务来体现，具体包括投保人或被保险人如实告知的义务及保证义务，保险人的说明义务及弃权和禁止反言义务。最大诚信原则作为我国《保险法》的一个基本原则，贯穿于保险法的始终，指导着保险司法，是保险合同当事人和关系人在保险活动中必须遵守的最基本行为准则，适用于保险活动的订立、履行、解除、理赔、条款解释、争议处理等各个环节。《保险法》规定："保险活动当事人行使权利、履行义务应当遵循诚实信用原则。"保险合同是最大诚信合同，签约要满足诚信的要求，不隐瞒、不欺骗、履行如实告知。当事人达成合意，契约内容即具有法律约束力，当事人应以最大的善意，积极履行契约的内容，维护契约的严肃性。保险活动得以正常进行，有赖于契约各方以最大诚信为基础，履行合同义务，享有相应的权利。保险人尤其要做到诚实守信、勤勉尽责、专业胜任、及时履约、保证时效。目前保险市场上，销售误导、拖赔惜赔、无理拒赔等保险消费者反映较多的不诚信经营问题严重损害了保险消费者利益，不利于行业的长远发展。营造诚信经营的市场环境，开展诚信文化建设，抓好从业人员的诚信教育，弘扬诚信契约精神，树立守信的商道理念，才能解决好保险诚信问题，改变保险业目前不良形象。守信用是保险业的商道。

二、担风险——保险行业的天道取向

天道，指自然界变化规律。如天理，天意等。推及宇宙，即万物的规则、万物的道理。世界一切事物皆有一定的规则，是为天道。天道是客观事物的本质及其规律。天道自古有之，亘古不变。

（一）天道核心是"大"

天道乃天经地义之道。盘古有训："纵横六界，诸事皆有缘法。凡人仰观苍天，无明日月潜息，四时更替，幽冥之间，万物已循因缘，恒大者则为'天道'"，老子《道德经》："天之道，损有余而补不足。"天道的特点是"高者抑之，下者举之，有余者损之，不足者补之。"中国古代道学中有："修道最终之境，乃天之大道也，故为天道"。佛教中关于天道："通一道，而齐万道，此道即天道也。"感悟天道可以预知到一些事情的发展轨迹，因为所有的事物究其根本必有同一道理。中国古代哲学家大都认为天道与人道一致，以天道为本。一些哲学家主张，天道是客观的自然规律，天人互不干预。如荀子主张"明于天人之分"，"天行有常，不为尧存，不为桀亡"，人应"制天命而用之"。另一些哲学家则认为天有意志，天道和人事是相互感应的，天象的变化是由人的善恶引起的，也是人间祸福的预兆。如董仲舒的"天人感应"。还有一些哲学家认为天道具有某种道德属性，是人类道德的范本，天道是人类效法的对象。总之天是万物之源，天道至大。

（二）天道主张"按规律办事"

世界上有这么一个"东西"，看不见、摸不着，却处处受制于它。它无时不在，无处不有；充满在全部工作里，渗透在日常生活中；遵循它，就顺利、成功；违背它，就挫折、失败。它，就是规律。规律是事物最本质的属性，是一事物区别于他事物的根本所在。马善奔，就让它成为你的坐骑，驰骋疆场；牛善耕，就让它为你耕作，开垦荒田。它们的天性，是不可替代的，只有扬其天性，才能创造不可替代的价值。党的十一届三中全会后，改革开放，发展市场经济，短短三十多年就使中国成为世界第二大经济体，就是因为走上了一条符合规律的康庄大道。一个人的成长过程，就是对规律不断认识的过程。人们对事物本质的把握，正是始于对规律的认识，并善于按规律办事。马克思说："哲学家们只是用不同的方式解释世界，而问题在于改变世界"。"圣人，其卓异之处在于能知晓天道，能循天道而行"。

（三）保险业的天道是"担风险"

保险的本质是承担风险，它因为风险而诞生，因为给人类提供保障而发展。这是保险的天职和本原，是保险的职责和规律。保险如果远离了保障而追求其他，就是舍本逐末，背离根本。保险业必须把满足人们生活、社会生产、经济建设各种风险保障需求作为出发点、落脚点和终极目标。以提高国民福祉、服务和谐社会、缓解社会矛盾、为政府排忧解难为重点。为经济社会分担风险，参与社会管理，支持经济发展，使其真正发挥经济生活稳定器和助推器作用。把担风险作为核心价值观最为重要的元素实至名归。为了更好地起到担风险作用，保险业重在诚实守信、重在风险保障、重在以人为本、重在依法合规。这是保险规律和保险价值所在，是指导保险行业建设的核心理念。以此为统领，集各方力量，形成合力和氛围，找准切入点和着力点，充分调动行业主观能动性，提升服务水平和创新能力，定能破解"销售误导、理赔难、市场乱、结构差"的难题。"道有时，事有势，何贵于道？"因其时，顺其势，行其道，事半而功倍。保险具有"一人为众，众为一人"的互助特性，基于此保险的收费要合理，保险业不能暴利。这种收费是经过科学计算而得出的，它不易太低，太低不足以满足保障的需求；不易太高，太高会造成投保者的负担，背离了保险的初衷。同时保险资金的结余和提存的准备金要合理运用，做到保值增值，有效积累，防范巨灾风险的发生。要大力发展保障型业务、非车险业务、特殊风险保险；大力发展涉农业务、责任保险业务、工程保险业务；大力发展企业年金业务、养老险、短期健康险及意外险业务；推进巨灾保险研究，落实大病保险政策。控制投资型业务、理财型业务。加强灾害预防和风险预警，提高行业担风险、抗风险、控风险的能力和水平。服务小康社会、美丽中国和小城镇建设，为实现中国梦做出保险行业应有的贡献。担风险是保险业的天道。

三、重服务——保险行业的人道取向

人道就是人性关怀，是爱护人的生命、关怀人的幸福、维护人的尊严、保障人的自由、尊重人的人格等。人道主义强调"惟人、万物之灵""天地之间、莫贵于人""人命关天""仁者莫大于爱人"等，重视人的价值，关心人的生存状态，强调人类之间的互动、关爱。

（一）人道核心是"善"

人道乃人心所向之道，人心向善。《五行》认为，"善、人道也。"人道，为大道之首，为商道之本。无人道即无商道，人道指导、约束着商道，而商道则体现着人道。善就是通过研究人的本性，悟 – 对人之道、做人之道，行 – 人道之事。做人之道是做人的品德与修养，做人的智慧与艺术，做人的规矩和道理。得其道，做人则高风亮节；失其道，做人则必然失败。对社会和绝大多数人的生存发展具有正面意义和正价值的即善。人类应该褒善贬恶、区分善与恶。人是万物的尺度，善是万物之一，所以人是善的尺度。善的语言学定义：善良、慈善；善行、善事；良好；友好、和好；熟悉；办好、弄好；擅长、长于；好好地；容易。天地之间有大善即上善、至善。老子在《道德经》中说："上善若水。水善利万物而不争，处众人之所恶，故几于道。居善地，心善渊，与善仁，言善信，政善治，事善能，动善时。夫唯不争，故无尤。"最高境界的善就像水的品性一样，泽被万物而不争名利，它使万物得到它的利益，而不与万物发生矛盾、冲突。

（二）人道主张"以人为本"

以人为本就是以人为根本，以满足人的需要和利益为出发点、落脚点，承认人性的存在，进而要有怜爱之心、同情之心、恻隐之心。人性最重要部分是"求我幸福"和精神满足，每个人都期盼得到外界重视，注重自我尊严的维护。以人为本就是要从善行善，从人道、尊人性，以实现人的价值为基本追求。保障人依法享有各项权益，维护公平正义，满足人们的发展愿望和多样性需求，关心人的价值、权益和自由，关注人们的生活质量、发展潜能和幸福指数，体现人道主义和人文关怀，促进人的全面发展，使人成为天地间尊贵者。早在千百年前，中国人就提出了"民惟邦本，本固邦宁"，主张"民为贵，社稷次之，君为轻"，强调"政之所兴，在顺民心；政之所废，在逆民心"。体现了朴素的重民价值取向和民本思想。近代西方人本主义反对迷信、崇尚科学，反对专制、崇尚自由，反对神权、张扬人性，对人的个性解放起到了积极的推动作用。

（三）保险业的人道是"重服务"

保险价值是通过服务来实现，服务的质量和水平对保险功能的发挥起着直接作用，保险的服务对象是人，因此保险服务要充分体现以人为本的精神，人是社会发展的最终目的。"善"作为人道核心，在于通过人的"行"来体现。苏格拉底认为"一切可以达到幸福而没有痛苦的行为都是好的行为，就是善和有益"。善是至高无上的宗教，是指导人们思想和行为的唯一东西，人们应该知道什么是善行。做企业要善待员工、做市场要善待客户、做领导要善待下属、做保险要善待消费者。保险是无形产品，消费者对保险评价主要来自对保险公司服务的体验，要尊重客户的需求和选择，不误导消费，保险条款要通俗易懂，不夸大产品功能。让人感到受尊重。保险服务应体现于每一张保单的每一环节中。销售过程中对容易产生误解的条款，特别是免责条款等做出详尽的解释说明；在保险存续过程中，要提醒缴费，提示风险；出险后及时受理、快速理赔。保险本该是充满着人性关怀的，不要把保险看成了纯"技术活"，忽视了客户的心理感受。周到服务包括一个真诚的微笑，一个善意的提示。服务需要简便快捷，需要多种多样，需要不断创新。产品创新要以市场需求为导向，销售方式创新要以方便客户为导向，综合经营创新要以提高服务水平为导向。尽可能多地开发市场急需的险种，满足公众保险需求。探索"一站式"服务方式，推广电话销售、手机短信销售、网络销售、职场营销、产寿互相代理等一系列营销方式。广泛运用现代保险科技，提升信息化服务水平。推进理赔服务标准化，简化理赔手续，提供方便快捷的理赔服务。向客户公示服务流程、服务内容等有关事项，充分告知被保险人享有的合法权益。加强保险防灾防损工作，为客户提供风险咨询、制定风险防范方案、辅助开展防灾防损工作等方面的服务。让消费者感受到周到细致的保险服务。这样才能充分反映出保险的善，才能实现以人为本，达到人道要求。重服务是保险业的人道。

四、合规范——保险行业的王道取向

王道本意是指君王所走的正确的道路和采取的方法，被理解为公正无偏的一种政治理念，是以仁义治天下，以德政安臣民的统治方法。春秋战国以来王道思想对中国历代治乱安邦，对推动中华各民族融合、发展和统一，对文化的繁荣稳定都起到了不可估量的作用。

（一）王道核心是"正"

王道乃内圣外王之道。"王道"一词始见于《尚书·洪范》："无偏无陂，遵王之义；无有作好，遵王之道；无有作恶，遵王之路。无偏无党，王道荡荡；无党无偏，王道平平；无反无侧，王道正直。"这时"王道"一般是指夏、商、周"先王之道路"，即由一个君王以仁义统领众多诸侯国的原则和方针。孔子希望诸侯施仁爱、崇礼乐、弃霸业、尊周室；孟子的时代周王早已被边缘化，天下群雄并争，面对几个争雄的超级大国，孟子希望有一个诸侯国能够实行"王道"以统一天下。"王道"在孔孟那里是处理国与国关系、寻求一统的利器。及至汉世，天下早已统一，"王道"有了很大变化，借用"王道"概念以表达对朝廷施行仁政的期望。例如刘向在《新序·善谋》中就说："王道如砥，本乎人情，出乎礼义。"汉初经过提倡黄老思想休养生息，又经文景之治以及武帝固边拓疆，中央集权得到空前加强，这时的"王道"主要是指处理内政问题了。"王道"思想是历代君主、帝王治国、成就霸业重要核心理念之一。

（二）王道主张"内圣外王"

王道思想强调内圣，内圣就是通过修己，不断提升自身的综合素质和道德修养。王道思想的最高境界是要做到外王。就商业领域王道就是人们按照现行的商业道德和法律规范行事，使自己的商业活动取得预期效果，从而内和外顺，受人尊崇。遵守公平竞争的游戏规则，维护公正、平等、和谐的市场秩序，不以大欺小、以强示弱，不欺行霸市，不巧取豪夺等，这是市场经济的基本原则和商业逻辑，破坏了这种逻辑就会带来无序的竞争和不公平的获利。改革开放三十多年来，虽然我国市场经济取得了巨大成就，但是，商业领域违法违规的事情时有发生，坑蒙拐骗、以假乱真、以次充好，投机取巧问题、短期行为问题、损人利己问题等司空见惯，严重影响了社会的商业信誉和社会进步。君子爱财取之有道。人间正道是沧桑。《道德经》有云：知其雄，守其雌；知其荣，守其辱；知其白，守其黑。就是强调个体自我修炼、自我约束，自律守法。该做的事做好，不该做的事不做。以义取利，相尊重、相包容。体现王者风范。

（三）保险业的王道是"合规范"

合规范就是指保险公司的经营管理行为应当符合法律法规、监管机构规定、行业自律规定、公司内控管理制度等。保险公司通过完善治理结构、决策机制、执行机制、激励机制、竞争机制，形成权责分明、运行通畅、监督有效的企业经营机制，加强业务和财务环节的管控，防范内部违规风险，真正实现合规运营。这才是保险企业的王道选择。但我国保险业目前粗放经营、发展手段单一、高手续费、高返还、发展的非理性明显，通过违法违规、破坏行业规则野蛮式发展成为一些保险企业的通病和救命稻草，从而加剧了保险市场上的恶性竞争，扰乱了正常的市场秩序。迫切需要综合进行治理，规范恶意竞争行为，促进依法合规经营，改善市场环境。保险监管部门要从维护社会经济秩序和社会公共利益，防范风险和促进保险业健康发展的高度，遵循"不忘初心、回归保障、保险姓保、监管姓监"的理念，依法行政，加强监管，起到惩治违规者，警示观望者，保护合规者的效果。加强对保险公司法人的偿付能力监管，推行保险公司的退出机制；严肃查处数据不真实行为，堵住恶性价格竞争的费用出口；加强对保险公司的内控检查，提高内控制度执行力；加强对高管人员的考核、培训，强化监督机制和问责机制，把培训情况与任职资格结合起来。中国保险业的快速发展正以摧枯拉朽之势涤荡落后的行业潜规则，市场化、国际化的程度日益提高，保险的商业文明曙光已然照耀中国大地。保险的行业自律越来越成熟，越来越发挥出其巨大的约束和控制作用。保险业必须以保险行业核心价值理念为统领，按照商道、天道、人道的基本要求，以"守信用、担风险、重服务、合规范"的价值理念开疆破土、征战市场，这样才能在市场经济的大潮中顺风顺水，稳健前行，健康发展，在经济建设和国民经济中扮演越来越重要的角色。合规范是保险业的王道。

参考文献

[1] 柳才久 . 保险手册 [M]. 北京：新华出版，1987.

[2] 孙祁祥 . 保险学 [M]. 北京：北京大学出版社，1996.

[3] 陈朝先 . 保险学 [M]. 成都：西南财经大学出版社，2000.

[4] 吴小平 . 保险原理与实务 [M]. 北京：中国金融出版社，2002.

[5] 吴定富 . 保险原理与实务 [M]. 北京：中国财政经济出版社，2010.

[6] 李民，刘连生 . 保险原理与实务 [M]. 北京：中国人民大学出版社，2012.

[7] 中国保险行业协会 . 保险原理 [M]. 北京：中国金融出版社，2016.

[8]（法）卢梭 . 社会契约论 [M]. 李平沤译 . 北京：商务印书馆，2011.

[9] 许蓉 . 一本书读懂世界历史大全集 [M]. 沈阳：辽海出版社，2013.

[10]（德）弗伦德里希·尼采 . 希腊悲剧时代的哲学 [M]. 周国平译 . 北京：北京联合出版公司，2014.

后记：保险的高度

保险的高度是指保险被认可的程度，是否值得信赖、是否有好的评价，及人们如何看待保险等。这是可感知的，但又是难以量化的。人人心中有杆秤，不用标尺可丈量。这就是口碑，口碑不是镌刻在大理石上，也不是镌刻在铜表上，而是镌刻在人们的心中。保险的高度往往和具体的事联系在一起，因此，保险人的高度决定保险业的高度。保险人的思想、文化、教育、信仰、情怀、价值观都会对行业产生直接影响。追求高度是指保险人、保险业的价值追求，体现理念性指标，体现价值取向、人文关怀，不是规模，不是利润，而是素养、情怀、文化、境界。一个行业的高度，不能简单看其影响力、知名度、资产规模，关键要看它起什么样的作用，是否干好自己该干的事，美誉度如何。保险行业要提高保险产品的保障能力，不能让保险产品丧失应有的保障功能，更不能异化成少数人的融资工具。

正如西方人心目中的苏格拉底是至高无上的，甚至把他与耶稣相比，一个人是否伟大，完全取决于他自己是否神圣。仰视、平视或俯视，是否任由别人怎么看，我们就无可奈何了呢？肯定不是的，正如苏格拉底，本来他是可以在死前跑掉的，但是为了捍卫法律、捍卫信仰，毅然决然地选择了死亡，成就了崇高，形成了难以逾越的高度，后世仰望星空一样地仰望着他，这就是高度。在别人心目中的位置，我们是可以有作为的。没有无缘无故的恨，也没有无缘无故的爱，要想被爱就首先要爱人。

保险的宗旨是共济互助、扶危济困，"我为人人、人人为我"，保险业应该是一个崇高的行业。这几年，我国保险行业发展很快，尤其是私家车普及之后，保险走进了千家万户，人寿保险也被广泛接受，被使用，保险规模、实力和影响都上去了，成为世界第二大保险市场，但从业人员没有自豪感和满足感，行业也没有因此而崇高和被敬仰。因为，行业发展的同时，并没有充分体现出保险应有的价值，恶性竞争、忽视风险管控、盲目拼规模、抢份额，重投资买产权，重保费轻保障，甚至有的保险产品已经不是保险了，追求吸收保险资金去投资，认为这是成本最低的用钱方式。而且，有的公司为了追求利润，在车险处于亏损边缘时，无限地设计低风险、高手续费的产品，以换回经营的总体打平或是盈利，也就是，保险越来越怕风险了。长此以往，保险会何去何从？这不是背离了本原吗？如此，何来的崇高，何来的高度呢？社会又怎能给予肯定呢。这几年，行业在发展方向、价值理念、评价体系、理论实践、市场准入等方面出现了一些偏差，一定程度上影响了保险业的形象，让这个本应是崇高的行业变得不是那么崇高，甚至多有诟病。销售误导、理赔难长期困扰行业整体形象。这不得不让我们自省和反思。保险业是一个崇高的行业，我们每一个保险人都有义务、有使命让保险业再次崇高。

让保险业崇高也不难做到。最容易，也是最必要的是让保险像保险，让保险业是保险业。念好"保险姓保"这本经，干好本行，追求保障功能的充分发挥。要把保险当事业做，不能把保险当生意的工具用。以最简单、最直接、最有效的产品提供给大众以合理、急需、普惠的保障，探寻本原，深度耕耘，勿问东西。

保险的本原是保障，保险对个人、家庭、企事业单位、国家社会都具有消除后顾之忧、稳定财务状况、灾后抚慰精神创伤等作用。如果保险业真正把风险保障做到家、做到极致，围绕保障人民美好生活这个核心，服务实体经济这条主线，在服务国家战略和人民福祉方面做出实实在在的业绩，发挥好保险的经济"减震器"和社会"稳定器"功能，建设人民可信赖、可托付的保险业，保险的高度就会大幅提升，保险业离崇高就不远了。

希望我们的保险人、保险行业，能够有情怀、有信仰、有善心，带着爱心去工作，敬畏法律、敬畏市场、敬畏道德、敬畏人民，不是只有业绩指标，不是一味地追求上规模，不是见了风险就躲避，不是进入保险业就是想挣快钱，而是常常想一想哪里更需要保险，农民、留守儿童、农民工的保障如何，下岗职工的保障如何，老人的养老、医疗保障如何，社会治安、环境保护、食品卫生、脱贫攻坚、产业升级、科技创新、产品研发、一带一路、供给侧改革等诸方面保障如何？

这些年保险业在为经济、社会提供保障方面做了一些贡献，但在情怀、道德方面还有所欠缺。一如卢梭所言："人类从自然状态一进入社会状态，他们便发生了一种巨大的变化，在他们的行为中，正义代替了本能，从而使他们的行为具有了他们此前所没有的道德性。"如果业内同仁能够怀着爱心、怀着让保险业崇高的信念开展工作，势必能促进行业健康发展。

经济补偿是保险业的主要逻辑，为客户提供风险管理服务，使单个客户的风险在参保的团体中得以分散，以此获得经济救助和保障，保险正是满足了减少不确定性、分散风险这一根本目的。人们风险意识的提升催生保险需求的增长，然而，销售误导、理赔难等，引发公众对保险行业的不信任甚或反感，保险从业人员的素质不高、保险合同看不懂等，人们对保险从内心处于不信任状态。保险行业赔付率的高低、经营成本高低也会对社会产生影响，过低的赔付或过高的成本会让社会产生保险暴利的错觉，使社会认为保险行业不厚道，高收费。

作家李存葆说："不管是伟大先哲的功与过，还是芸芸众生的是与非；不管是神奇的创造，还是无谓的牺牲……一旦成为过去，后人统统称它为历史。历史是有局限的，没有局限也就没有历史。虽然历史是一面镜子，但是人们从中看到的却不尽相同。"历史已经翻篇，新的一天已然到来。

中国已经进入新时代，保险业的主要矛盾转化为不平衡不充分的保险供给与人民群众日益迸发、不断升级的保险需求之间的矛盾。从我国的保险供给看，不平衡不充分的问题仍然十分突出。在区域结构上，东部、中部、西部不平衡；在业务结构上，人身险中的健康、养老等长期寿险业务发展不足；财产险中的车险占比过高，超过70%，企财险、责任险等专业险种的份额不高，同时，在医疗、农业、巨灾、责任保险等领域，仍然存在巨大的保障缺口。中国特色社会主义进入了新时代，这是我国发展新的历史方位，更是保险业发展新的历史方位。走进这个伟大的新时代，是我们这一代保险人的幸运。在这个新时代，顺应我国社会主要矛盾的变化，保险业要不忘初心、永存爱心、常怀敬畏之心，在服务中华民族伟大复兴的中国梦中做出自己的贡献，缔造保险业的新高度。

保险是人类的伟大发明，是传递爱与责任的崇高行业，在经济社会蓬勃发展的今天，保险的作用将更加凸显。